U0117205

古文觀止

上

全本全注全译全彩图本

阙勋吾 张孝美 许凌云 曹日升 喻岳衡 注译

陈蒲清 校订

岳麓書社

·长沙·

图书在版编目（CIP）数据

古文观止:全本全注全译全彩图本/阙勋吾,张孝美,许凌云,等注译；
陈蒲清校订. -- 长沙:岳麓书社,2024.1（2024.3重印）
ISBN 978-7-5538-1890-0

Ⅰ.①古… Ⅱ.①阙… ②许… ③张… ④陈… Ⅲ.①《古文观止》-注释
②《古文观止》-译文 Ⅳ.①H194.1

中国国家版本馆CIP数据核字(2023)第114754号

GUWEN GUANZHI:QUAN BEN QUAN ZHU QUAN YI QUAN CAITU BEN

古文观止：全本全注全译全彩图本

注　　译 | 阙勋吾 张孝美 许凌云
曹日升 喻岳衡
校　　订 | 陈蒲清
出 版 人 | 崔　灿
出版统筹 | 马美著 蒋　浩
策划编辑 | 陈文韬
责任编辑 | 陈文韬 陶嶒玲 曾　倩
周家琛 肖　航
助理编辑 | 夏楚婷
责任校对 | 舒　舍
营销编辑 | 谢一帆 唐　睿 向嫒嫒
书籍设计 | 罗志义

岳麓书社出版发行
地址 | 长沙市岳麓区爱民路47号
承印 | 湖北金港彩印有限公司
开本 | 890mm × 1240mm 1/32　印张 | 39.75　字数 | 898千字
版次 | 2024年1月第1版　印次 | 2024年3月第2次印刷
书号 | ISBN 978-7-5538-1890-0
定价：258.00元

如有印装质量问题，请与本社印务部联系
电话：0731-88884129

前　言

鲁迅先生说："评选的本子，影响于后来的文章的力量是不小的，恐怕还远在名家的专集之上，我想，这许是研究中国文学史的人们也该留意的罢。"（《选本》）他又说："选本所显示的，往往并非作者的特色，倒是选者的眼光。"（《〈题未定〉草（六）》）《古文观止》便是一部值得研究的选本。

《古文观止》是清初康熙年间吴楚材、吴调侯叔侄两人编选评注的。它自康熙三十四年（1695）付印问世以来，流传城乡，雅俗共赏，影响非常广泛。

一、《古文观止》的选材范围

《古文观止》共分十二卷，选古代散文二百二十二篇，上起东周，下至明末。

《古文观止》的编选目的是"正蒙养而裨后学"（吴兴祚原序），即给青少年提供一个学习文言散文的入门读物。蘅塘退士孙洙在《唐诗三百首》的序言中说："熟读唐诗三百首，不会作诗也会吟。”我们也不妨说：“熟读古文两百篇，等闲可过文言关。”如果能熟读《古文观止》中的大部分文章，就熟悉了文言的词汇、语法现象和文章布局谋篇的道理，具有了大量感性知识，打下了阅读乃至写作（写作是对当时人来说）文言文的基础，并把握了中国古代散文发展的大体轮廓，进一步深造也就有门径了。而且，这两百多篇文章篇幅短小，大多脍炙人口，易于记诵。所以三百年来，它受到了读者的热烈欢迎，在一般群众中流传之广，可以说在清代就压倒了桐城派大师姚鼐编选的《古文辞类纂》，成了初学文言文的必读课本；辛亥革命以后，仍有很多学校用它作为国文教材。

《古文观止》漏选了辞赋与记事散文中的很多名篇，受到不少人的批评。这个批评当然有一定的道理，但忽视了本书的选材标准，有片面之处。

选本不选儒家经书、诸子散文、人物传记，这是古代选家的一个传统习惯。梁代的《昭明文选》便是这样做的，而且是时代条件决定的。儒家经书是官方规定的必读书，编入选本没有必要，本书选了《左传》中的一些精彩段落，还算是一种突破。诸子散文，是代表不同哲学、政治观点的学术专著，离开了整体而节取个别篇章，作为一个普及性的入门读物，也许是不适宜的。至于不选纯粹的传记文，大概是为了适应当时的需要，在科举时代应用最广泛的不是纯粹的记叙文而是议论、抒情或夹叙夹议的文章。所以即使像《左传》《史记》这样的叙事巨著，《古文观止》也只选了少数夹叙夹议的文章，大量入选的是古人的辞令与作者的论赞；情节曲折细腻的战争故事与人物传记则一篇也没有选。如果求全责备，这不能不算是一个缺陷，但只要另外学点优秀的传记文章，也就可以弥补了。

《古文观止》基本上不收辞赋是什么原因呢？辞、赋本不属散文，而是一种韵文。所以，《古文观止》只收散文化了的《卜居》《阿房宫赋》《秋声赋》《赤壁赋》，而不收《吊屈原赋》《登楼赋》等典型的名赋。而且，在没有学好散文之前，学习辞赋，也不合学习语言的规律。此外，《古文观止》还能打破门户之见，收了一些著名的骈体文，如《北山移文》《滕王阁序》等。

《古文观止》选文是比较全面而有重点的。从春秋到明末两千年间，各个时代（除元朝）都有作品入选，而又突出了先秦和唐宋，先秦入选七十三篇，唐代入选四十三篇，宋代入选五十一篇。在各个时代中，则突出了重点作家作品。《左传》有三十四篇，《战国策》十四篇，《国语》十一篇，共占先秦部分的百分之八十以上；韩愈二十四篇，柳宗元十一篇，欧阳修十三篇，苏轼十七篇，约占唐宋散文的百分之七十；汉代入选文章两卷三十一篇，司马迁占一卷十五篇，而且列在前面，然后是西汉文章十二篇，东汉二篇，蜀汉二篇。吴氏这种处理是恰当的。大家知道，先秦散文是中国古代散文的源头，《左传》《国语》《战国策》各有独特的成就，对后世有着深远的影响；汉代的司马迁就是直接继承了《左传》的优秀传统。唐宋古文运动，总结了秦汉散文与六朝骈文正反两个方面的经验，既重视文章的思想内容，又重视文章的写作技巧与语言的锤炼，把说理、记叙、抒情、写景熔为一炉，创作了很多优秀的散文名篇，韩愈、柳宗元、欧阳修、苏轼则是其中的代表人物。

《古文观止》也有个别失误。如：后人拟作的《李陵答苏武书》，伪托苏洵的《辨奸论》，入选时便没有仔细鉴别。

二、《古文观止》入选作品的特色

《古文观止》吸收前代选家（如金圣叹）的成果，入选的作品大都是比较优秀的。全书表现出两个方面的特色。

（一）对一部作品或一个作家，选择了那些可以代表其思想与艺术风格的篇章。

《左传》是《古文观止》选得最多的一部书。这部书的思想特点是宣扬了当时具有进步意义的民本思想，反对重神轻民，反对荒淫残暴。本书选的《季梁谏追楚师》《曹刿论战》《宫之奇谏假道》《子产告范宣子轻币》《晏子不死君难》，都反映了《左传》的这一进步倾向。季梁提出："夫民，神之主也。是以圣王先成民，而后致力于神。"晏子将君主与社稷加以区分，忠于社稷而不忠于一夫。这都在我国政治思想史上占有一席地位。《左传》在艺术上以善于描写战争场面和记叙外交政治辞令而著称。描写战争场面的记叙文，不在本书的选择范围，而记叙外交政治辞令的妙品则比比皆是。政治谏辞如《石碏谏宠州吁》《臧僖伯谏观鱼》《臧哀伯谏纳郜鼎》《子产论尹何为邑》《子革对灵王》等；外交辞令如《齐桓公伐楚盟屈完》《阴饴甥对秦伯》《展喜犒师》《烛之武退秦师》《齐国佐不辱命》《驹支不屈于晋》等。这些辞令或铺陈道理，中肯周到，或委婉曲折，变化多端。

唐宋八大家的散文，是各有独特的思想与艺术风格的。韩文气势磅礴，曲折自如，善于发不平之鸣，又善于在论说中插入对人情世态的典型刻画；柳文能突破儒家的某些思想禁区，充满对黑暗现实的揭露与对人民的同情，他的山水游记在写景中寄托着忧愤，意境幽深，语言精粹；欧文善于跌宕唱叹，一往情深，风神疏淡自然，语言流畅清新；三苏父子都善于纵横议论，特别是苏东坡的散文，思想活跃，立论新奇，境界开旷，汪洋恣肆，前人有“韩潮苏海”的赞誉，语言也很清丽，像行云流水，流转自如，往往在散文中创造出诗意盎然的境界；曾巩散文，立论平实，笔力沉着，论述如层层剥笋，愈出愈精，在明清两代影响极大；王安石散文则以见解深刻著称，表现出一个杰出政治家的锐利眼光，语言简练，风格挺拔。《古文观止》选了八大家的文章七十八篇，基本上都能代表他们的特色。且举两个例子吧：

世皆称孟尝君能得士，士以故归之，而卒赖其力以脱于虎豹之秦。嗟乎！孟尝君特鸡鸣狗盗之雄耳，岂足以言得士？不然，擅齐之强，得一士焉，宜可以南面而制秦，尚何取鸡鸣狗盗之力哉？鸡鸣狗盗之出其门，此士之所以不至也。（王安石《读孟尝君传》）

今夫平居里巷相慕悦，酒食游戏相征逐，诩诩强笑语以相取下，握手出肺肝相示，指天日涕泣，誓生死不相背负，真若可信；一旦临小利害，仅如毛发比，反眼若不相识；落陷阱，不一引手救，反挤之，又下石焉者，皆是也。（韩愈《柳子厚墓志铭》）

这两段文字，第一段仅八十九个字，却是一篇完整的读后感。前面二十六个字高度概括了孟尝君养士的作用及世人的称许；后面六十三个字则是作者的评论，分三层：第一句提出孟尝君不能得士的论点，第二句从政治大局着眼加以论证，第三句得出结论。真是疾转疾收，字字警策，抑扬吞吐，曲尽其妙，表现出王安石的超出世俗的政治眼光与“奇崛峭拔如悬崖断堑”的文章风格。第二段文字八十四个字，却仅仅是一篇文章中的一个长句。前面八十个字与“者”共同组成一个名词性结构，作为主语，后面三个字是谓语。“者”前的八十个字，刻画出了唐代官场那种虚伪浇薄、相互倾轧的风气，典型生动；“皆是也”三字，表现出无限的愤慨。作者把这种现象写入柳宗元的墓志铭，是为了衬托柳宗元的高风亮节，为柳宗元鸣不平。一个句子长到八十四个字，在古文中是非常罕见的，表现了韩愈“横空盘硬语”“词必己出”的创造精神。

就是个别篇章的入选，也往往能代表该作者的精神风貌。《过秦论》《治安策》，显示出贾谊的才气横溢，议论深切；前后《出师表》，反复致意，可看出诸葛亮的一片忠心；《岳阳楼记》，立意高远，情景交融，能反映范仲淹的思想境界与文章风貌。

当然，由于时代及选材原则的限制，不仅遗漏了不少名家名作（特别是不合正统思想的），而且选了一些不能代表作者成就的作品，如：宋濂的几篇文章就不如他的传记文；归有光的几篇文章，就不如他的家庭记事小品；韩愈的上宰相书等也显得格调卑下，有摇尾乞怜之态。

（二）对同一体裁的作品，入选时能从不同角度着眼，因而

很少有雷同单调的感觉。

《古文观止》选的书信达十九篇，但大多不是一般的应酬之作，而是各具特色、情文并茂的作品。有的曾影响了一代的重要决策，如李斯的《谏逐客书》；有的发表了重要的政治主张，如路温舒《尚德缓刑书》；有的是长辈对子弟的教育，如马援《诫兄子严敦书》；有的是才智之士内心的不平，如司马迁《报任安书》；有的深刻讽刺了腐朽的社会风气，如宗臣《报刘一丈书》；有的实际上论述了一种专门的文体，如曾巩《寄欧阳舍人书》。写法上也变化多端，邹阳的《狱中上梁王书》，反复引喻，不能自止，几乎可以听到蒙冤哭泣之声；柳宗元的《贺进士王参元失火书》，险语惊人，蹊径独辟，用独特的议论开导友人，可以使人破涕为笑；同是干谒的书信，李白《与韩荆州书》，“生不用封万户侯，但愿一识韩荆州”，豪放倜傥，没有乞怜之态；韩愈《应科目时与人书》，通篇用一个比喻，反复形容自己的才能与处境，恳求于人而又自负甚高。

《古文观止》中，杂记（主要是景物记）分量很重，达二十七篇，而且各具特色。柳宗元的《钴鉧潭西小丘记》，寄托着自己放逐蛮荒的悲凉身世，把山水游记与抒情散文结合起来，含意深隐，别开生面；王禹偁的《待漏院记》，抓住人物片刻间的思想活动，着力渲染，解剖灵魂，披露肝胆，又用对比映衬的手法，突出刻画了两种政治品质截然相反的典型人物，这种写法已开了《岳阳楼记》的先河；欧阳修的《醉翁亭记》，句句是记亭，又句句是写政绩，句句是抒发作者的“与民同乐”的政治主张，排句散行，从容委婉；苏轼的《喜雨亭记》，抓住“喜雨亭”三字，反复发挥，文情荡漾，笔法灵活，最后归结到及时雨贵于珠玉，表现出对人民疾苦的同情；王安石的《游褒禅山记》，因小见大，结构严谨，从游洞引申出一篇研究学问、创造事业的大道理；宋濂的《阅江楼记》虽是一篇歌功颂德的作品，但也巧妙地规劝了皇帝应以国计民生为重；王守仁的《尊经阁记》，名为尊儒家经典，实则是阐述自己的哲学主张，读了它对“王学”也就有了一个大体轮廓。

吴氏叔侄把选本定名为《古文观止》，是颇为自负的。“观止”二字来自《左传》的《季札观周乐》（见本书），有无以复加的意思。这个命名虽然不免有王婆卖瓜之嫌，但在当时它的确超过了其他选本，也有符合实际的地方。即使今日新出的不少古文选本，也往往参考了《古文观止》这个选本。其中有的选本后来居上，补救了《古文观止》的某些缺陷，但往往又有新的不足之处。直至目前，还没有一个选本在读者中的影响超过《古文观止》。

三、《古文观止》的评、注、翻译

《古文观止》的版本很多，自本世纪二十年代开始，又陆续出了很多言文对照本。这次武汉大学阙勋吾、张孝美同志（一至三卷），广西师院许凌云同志（四至六卷），湖南益阳教师进修学校曹日升同志（十至十二卷），以及其他同志共同注释了一个新的版本，每篇文章分提示、原文、注释、译文四个部分。我在学习、校订之余，颇体会到这方面的一些艰苦。

古人的文章在传抄中往往发生字句的歧异，《古文观止》又对原文偶尔有所删节。如果完全依照“别集”校订，便会失掉《古文观止》的原貌，而且过去很多人都是按《古文观止》诵读记忆的；如果完全不顾“别集”的原本特别是善本，则又鉴别不精，贻误后学。所以，本书以中华书局一九五九年新版《古文观止》为原文依据，再在注释中注明别本中字句有差异的地方。

本书对各篇文章都有简要提示，以帮助读者理解原文全貌，鉴别精华糟粕，学习写作技巧。《古文观止》原来就有评注。吴氏叔侄的原评语，往往有精当之处，能点明作品的思想与写作特色。如：

“肉食者鄙，未能远谋”，骂尽谋国偾事一流人，真千古笑柄！未战考君德，方战养士气，既战察敌情，步步精详，着着奇妙，此乃所谓远谋也。左氏推论始末，复备参差错综之观。（《曹刿论战》尾批）

起手“死”“亡”“归”三层叠下，无数烟波，只欲逼出“社稷”两字也。注眼看着“社稷”两字，君臣死生之际乃有定案。（《晏子不死君难》尾批）

本书在写提示时，对这些具有思想识力与鉴赏眼光的评语，一般都予以吸收，或取其精神，或撷取某些精彩字句。原批中也有平庸不实之词。如：宋濂《阅江楼记》，格调本不甚高，但原评竟由此文推断宋濂“洵堪称一代词宗”。王阳明的《尊经阁记》，尾批中也只是一味推崇，而无片言只字的批评。本书的提示对这一类原评，完全没有采用，而力求做到既不苛求古人，也不盲目吹捧。

《古文观止》的原注是文言，其他版本的注释也往往是文言或半文半白，这很不适合今天的读者。本书一律改作白话，并纠正了一些错误之处。如贾谊《治安策一》的开头一句："夫树国固，必相疑之势。"这是开门见山，提出全文中心论点：封植的诸侯国太强大坚固了，势必形成与朝廷势均力敌的形势，酿成祸乱。"疑"通"拟"，是相比、相当的意义。贾谊在《论积贮疏》中也是这样用的："远方之能疑（拟）者，并举而争起矣。"有的注本把"相疑之势"解释为"互相疑忌"，与全文的精神并不符合。再如：张溥的《五人墓碑记》，"予犹记周公之被逮，在丁卯三月之望"，很多注本都没注明是作者误记，我们经过多方考证，注明"丁卯"是"丙寅"之误；"待圣人之出，而投缳道路"，不少注本把魏忠贤的死误为崇祯元年，实际上是天启七年冬，我们也订正了。此外，为了"知人论文"，本书有作者简介。但为了保持原书体例，作者介绍采用注释形式，在该作者入选的第一篇文章中作为第一条注释出现。为了照顾读者阅读方便，各篇注释有相对独立性，疑难字句往往不避重注；注音则部分参考原注，与现代汉语读音不尽相同。

学习古文，要熟读原文，才能提高水平，有所收获，正和学习外语一样，不能光读译文。译文只是一根拐杖。作为拐杖，直译是比较传信的，但传神很难。为了便于初学者对照学习，本书还是采取了直译的原则。不过完全直译几乎是不可能的。特别是骈文，两句对偶往往说的是一个意思，在修辞上又喜用"互文""变文"，直译更是常常捉襟见肘。所以，本书中几篇骈文的译文，有时两句作一句翻译。总之，初学者可以参考译文，疏通原意，但绝不可代替对原文的揣摩。

鲁迅曾慨叹标点注释古书确是一件“难事”，这是经验之谈啊。本书译注仓促，校订者又学识浅陋、庶务繁杂，失误一定不少，诚恳希望大家指教。

陈蒲清

目录

卷之一　周文

卷之二 周文

卷之三 周文

卷之四　战国文

卷之一　周文

郑伯克段于鄢(yān)

《左传[1]·隐公元年》

本篇记载的是我国春秋时代一个家庭的母子、兄弟为了争夺政权，彼此感情破裂以致互相残杀的故事。文中表现了姜氏的偏私任性、共叔段的贪得无厌以及郑庄公的老谋深算。篇末赞扬的孝是对的，但颍考叔为庄公所设的解决办法则有点勉强，隧道中的表演则有点滑稽。

初，郑武公娶于申，曰武姜。[2]生庄公及共(gōng)叔段。庄公寤(wù)生，惊姜氏，故名曰“寤(wù)生”，遂恶(wù)之。[3]爱共叔段，欲立之。亟(qì)请于武公，公弗许。及庄公即位，为之

当初，郑武公从申国娶来妻子，叫作武姜。生了庄公和共叔段两个儿子。庄公出生时难产，惊吓到了姜氏，所以取名叫“寤生”，姜氏因此就厌恶他。姜氏喜欢共叔段，想要立他做太子。屡次向武公请求，武公不同意。等到庄公即位后，姜氏

1《左传》又称《春秋左氏传》《左氏春秋》，相传为春秋时曾做过鲁国太史的左丘明所作，后来又经过许多人增益。一般人认为它原是一部独立的历史著作，但也有人认为是左丘明根据《春秋》所作的编年史。据近人研究，《左传》是战国初期人根据各诸侯国的史料最后编订的。它按照鲁国先后十二个国君在位的年代，记载了自鲁隐公元年（前722）至鲁哀公二十七年（前468）春秋各国的重要史实，是我国第一部叙事详细的完整的历史著作，也是先秦历史文学中一部优秀的作品。

2 初：当初。古文追述往事的常用词。郑武公：姓姬，名掘突。申：国名，姜姓，在今河南南阳。武姜：“武”表示丈夫为武公，“姜”是她娘家的姓。

3 寤生：逆生，即胎儿出生时先下脚。寤，通“牾”。恶：憎恨，讨厌。

请制[4]。公曰：“制，岩邑也，虢(guó)叔[5]死焉，他邑唯命。”请京，使居之，谓之京城大(tài)叔。[6]

祭(zhài)仲[7]曰：“都城过百雉(zhì)[8]，国之害也。先王之制：大都，不过参(sān)[9]国之一；中，五之一；小，九之一。今京不度，非制也。君将不堪。”公曰：“姜氏欲之，焉辟(bì)[10]害？”对曰：“姜氏何厌之有？不如早为之所，无使滋蔓(màn)[11]。蔓，难图也；蔓草犹不可除，况君之宠

请求把制这个地方封给共叔段。庄公说：“制是很险要的城邑，从前虢叔就死在那里，其他城邑可以听从您的吩咐。”姜氏替共叔段讨封京地，庄公叫他住在那里，人们称他为京城太叔。

祭仲说：“都市的城墙面积超过了一百雉，便是国家的祸害。先王的制度：大城不得超过国都的三分之一，中等的不得超过五分之一，小的不得超过九分之一。现在京的城墙不合法度，不是先王的制度。您将要受不了了。”庄公说：“姜氏要这样，又怎能够避开祸害呢？”祭仲回答说：“姜氏哪里有满足的时候？不如早点做好安排，不要使他的势力滋长蔓延。蔓延开来，就难以对付了；蔓延的野草，尚且难以

4 制：地名，在今河南荥阳西北。原为东虢国的领地，东虢为郑所灭，制便为郑地。
5 虢叔：东虢国的国君。
6 京：郑邑名。在今河南荥阳东南。大：同“太”。下同。
7 祭仲：郑大夫。大夫，周代官职等级名，当时分卿、大夫、士三等级。
8 雉：量词。古代计算城墙面积，长以三丈为一雉，高以一丈为一雉。
9 参：同“叁（三）”。
10 辟：通“避”。
11 滋蔓：滋长蔓延。

原文	译文
弟乎?”公曰:“多行不义,必自毙。子姑待之。”	除掉,何况是您受宠爱的弟弟呢?”庄公说:“做了许多坏事的人,必然会自取灭亡。你暂且等着吧。”
既而大叔命西鄙北鄙贰于己[12]。公子吕[13]曰:“国不堪贰,君将若之何?欲与大叔,臣请事之;若弗与,则请除之。无生民心。”公曰:“无庸,将自及。”	不久,太叔命令郑国西部、北部边境的城邑既从属于庄公也从属于自己。公子吕说:“国家受不了这种两属的情况,您打算怎么办?如果要把郑国送给太叔,那就允许我侍奉他;要是不给太叔,那就请您除掉他。不要使百姓产生二心。”庄公说:“不用除掉,他会自己害自己。”
大叔又收贰以为己邑,至于廪(lǐn)延[14]。子封曰:“可矣,厚[15]将得众。”公曰:“不义不昵(nì),厚将崩。”	太叔又把原是两属的地方收归自己所有,并扩展到了廪延。公子吕说:“可以采取行动了,他的土地扩大将会控制更多的人。”庄公说:“他对国家不道义,对兄长不亲昵,土地增多,也会垮台的。”
大叔完聚,缮(shàn)甲兵,具卒乘(shèng),将袭郑。[16]	太叔修筑城墙,储积粮草,修整铠甲、兵器,编组步兵和车兵,将要偷袭郑

12 鄙:边邑。贰:两属,两方管理。
13 公子吕:姬吕,字子封,郑大夫。
14 廪延:郑邑名,在今河南延津东北。
15 厚:指土地扩大。
16 缮:修理,制造。卒:步兵。乘:车兵。

夫人将启之。公闻其期，曰：“可矣！”命子封帅车二百乘（shèng）以伐京。京叛大叔段，段入于鄢（yān）[17]，公伐诸鄢。五月辛丑，大叔出奔共（gōng）。[18]

国的国都。姜夫人准备替他打开城门，作为内应。庄公得知太叔袭郑的日期，便说：“可以了！”于是命令公子吕率领二百辆战车去征讨京城。京城的人背叛太叔，太叔逃跑到鄢，庄公又追到鄢去征讨他。五月二十三日，太叔便逃到共地去了。

书曰：“郑伯克段于鄢。”段不弟（tì），故不言弟（dì）；如二君，故曰克；称郑伯，讥失教（jiào）也，谓之郑志[19]；不言出奔，难（nán）之也。

鲁国史书上写道：“郑伯克段于鄢。”这样写是因为：段的所作所为不像个做弟弟的，所以不说“弟”；两兄弟像是两个敌国的君主打仗，所以叫作“克”；直称庄公为“郑伯”，是讽刺他没有尽到教育的责任，这样的结果是他本来的意思；不说“出奔”，是难以明说其中的缘故。

遂置姜氏于城颍（yǐng）[20]而誓之曰：“不及黄泉[21]，无相见也！”既而悔之。

于是庄公把姜氏安置在城颍，并发誓说：“不到黄泉，不再见面！”不久又后悔这样做。

17 鄢：郑地名，在今河南鄢陵。
18 五月辛丑：即鲁隐公元年（前722）五月二十三日。共：古国名，在今河南辉县。后被卫国吞并。段出奔共，故称共叔段。
19 郑志：郑伯的意图，暗指郑伯存心不良。
20 城颍：郑邑名，在今河南临颍西北。
21 黄泉：地下的泉水，这里指墓穴。

颍(yǐng)考叔为颍谷封人[22]，闻之，有献于公。公赐之食，食舍(shě)肉。公问之，对曰："小人有母，皆尝小人之食矣，未尝君之羹(gēng)[23]，请以遗(wèi)[24]之。"公曰："尔有母遗，繄(yī)[25]我独无！"颍考叔曰："敢问何谓也？"公语(yù)之故，且告之悔。对曰："君何患焉？若阙(jué)[26]地及泉，隧(suì)而相见，其谁曰不然？"公从之。公入而赋："大隧之中，其乐也融融。"姜出而赋："大隧之外，其乐也泄(yì)

颍考叔是在颍谷主管疆界的官，听到这件事，就去给庄公进献礼物。庄公赐他吃饭，他吃时把肉留着。庄公问他，他回答说："我有母亲，我孝敬她的食物她都吃过了，就是没有吃过国君的食物，请您让我把肉带回去给母亲。"庄公说："你有母亲可献食物，唯独我没有啊！"颍考叔说："请问这是怎么说？"庄公说明了缘由，并且告诉了他自己很后悔。颍考叔回答说："您何必为这件事情忧虑呢？如果挖掘土地见到了泉水，再挖一条地道在里面相见，有谁会说您不对呢？"庄公听从了他的意见。庄公进入地道时赋诗说："隧道里面，母子相见，多么快乐啊。"姜氏走出地道时赋诗说："隧道外面，母子刚刚相见，多么舒畅

22 颍考叔：郑大夫。颍谷：郑边邑，在今河南登封。封人：管理疆界的官。
23 羹：肉汁。这里是指肉食。
24 遗：给，留给。
25 繄：句首语助词。
26 阙：挖掘。

泄(yì)[27]。”遂为母子如初。

君子曰[28]：颍考叔，纯孝也。爱其母，施(yì)及庄公。《诗》曰：“孝子不匮(kuì)，永锡(cì)尔类。”[29]其是之谓乎！

啊。”于是母子便像从前一样。

君子说：颍考叔可算是个真正的孝子。爱他的母亲，又把孝心影响到庄公。《诗经》说：“孝子的孝心没有穷尽，永远影响和感化同类的人。”大概就是说的这种情况吧！

南宋 李嵩 《水殿招凉图》

27 泄泄：和上文的“融融”同义，都是形容快乐的样子。
28 君子曰：这是《左传》作者用以发表评论的方式。
29 此二句出自《诗经·大雅·既醉》。匮：穷尽。锡：赐予。这里指影响。

周郑交质

《左传 · 隐公三年》

周朝自平王东迁以后，王室渐衰，控制不了诸侯国，以致发生了与郑国交换人质的事件。本篇就是在这一历史背景下写的。文中从“信”“礼”二字着眼，批评周、郑靠人质来维持关系，既谈不上“信”，也未遵循上下之间的“礼”。称周、郑为“二国”，就含有讥刺的意思。写周平王的虚词掩饰，郑国的强横，都能反映出那个时代的面貌。

郑武公、庄公为平王卿士[1]。王贰于虢(guó)[2]，郑伯[3]怨王。王曰：“无之。”故周郑交质(zhì)[4]。王子狐为质于郑，郑公子忽为质于周。[5]

郑国武公、庄公担任周平王的卿士。平王对西虢公比较信任，便把一部分政权分给西虢公，于是郑庄公埋怨平王。平王说：“没有这回事。”因此，周王朝和郑国交换人质。平王的儿子狐去郑国做人质，庄公的儿子忽去周王朝做人质。

1 卿士：执政大臣。郑武公及郑庄公父子先后以诸侯的身份在周王朝做卿士，兼掌王室实权。
2 贰：贰心。此指周王不专任郑庄公，而分权与虢公。虢：这里指的是西虢公，也是在周王朝留仕的诸侯。周平王担心郑庄公专权，便分政于虢公，削弱郑庄公的实权。
3 郑伯：郑庄公。
4 交质：双方互相用亲子或贵臣作抵押。质，人质，抵押品。
5 王子狐：周平王的儿子。郑公子忽：郑庄公的儿子。

王崩，周人将畀[6]虢公政。四月，郑祭足帅师取温之麦[7]；秋，又取成周[8]之禾。周郑交恶。

平王死后，王室的人想把政权都交给虢公。四月，郑国祭足领兵强收了王室所管温地的麦子；秋天，又割走了成周的禾。从此周王室和郑国互相怀恨、猜疑了。

君子曰："信不由中[9]，质无益也。明恕而行，要[10]之以礼，虽无有质，谁能间[11]之？苟有明信，涧溪沼沚之毛[12]，蘋蘩蕰藻之菜[13]，筐筥锜釜之器[14]，潢污行潦之水[15]，可荐于鬼神，可羞于王公。[16]而

君子说："诚意不是发自内心，交换人质也没有用处。能懂得将心比心地办事，并用礼来约束，即使没有人质，又有谁能离间他们呢？如果确有诚意，那么，山溪、池沼、沙洲旁边的野草，蘋草、白蒿、水藻之类的野菜，方筐、圆筥、鼎、釜等简陋器皿，停滞的死水、路旁的积水，都可以进献鬼神，也可以供奉王公。何况君子订

6 畀：授予，托付。
7 祭足：即祭仲，郑大夫。温：周地，在今河南温县西南。
8 成周：周地，即洛邑，在今河南洛阳东。
9 中：同"衷"，内心。
10 要：约束。
11 间：挑拨离间。
12 涧溪：山中小河。沼：池塘。沚：小洲。毛：野草。
13 蘋：即四叶菜，又叫田字草。蘩：即白蒿。蕰藻：即金鱼藻，一种喜欢聚生的水草。
14 筐筥：筐、筥皆为盛物的竹器。方形为筐，圆形为筥。锜：有三只脚的锅。釜：锅。
15 潢、污：停积的死水。行潦：路旁的积水。
16 荐：向鬼神进献物品。羞：进献美味的食品。

况君子[17]结二国之信，行之以礼，又焉用质？《风》有《采蘩》《采蘋》[18]，《雅》有《行苇》《洞酌》[19]，昭忠信也。”

jiǒngzhuó

立两国的信约，遵礼行事，又哪里用得着人质呢？《国风》中有《采蘩》《采蘋》，《大雅》中有《行苇》《洞酌》，这四篇诗都是表彰忠信的呢。”

明 仇英 《临溪水阁图》（局部）

17 君子：春秋时通指统治者和贵族男子。
18 《风》：指《诗经》中的《国风》。《采蘩》《采蘋》都是《国风·召南》中的诗篇，叙妇女采野菜供祭祀之用。这里取其菲薄的意思。
19 《雅》：指《诗经》中的《大雅》《小雅》。《行苇》《洞酌》为《大雅·生民之什》中的两篇。《行苇》为祭祀后宴请父兄耆老的诗，歌颂相互间的忠诚、友爱。《洞酌》讲取积水以供祭祀。

石碏谏宠州吁

（què jiàn xū）

《左传·隐公三年》

“宠”字为本篇之纲。自古宠子未有不骄，骄子未有不败。石碏有见及此，提出教以“义方”为爱子之法。无奈卫庄公不听，后来州吁果然作乱，杀了桓公自立。至于所谓“六逆”“六顺”，所反映的则是当时的等级、伦理观，但也并非毫无可取之处，如父慈、子孝、兄爱、弟敬，至今仍有现实意义。

卫庄公娶于齐东宫得臣之妹[1]，曰庄姜，美而无子。卫人所为赋《硕人》[2]也。又娶于陈，曰厉妫（guī）[3]。生孝伯，蚤（zǎo）[4]死。其娣（dì）[5]戴妫，生桓（huán）公，庄姜以为己子。

卫庄公娶了齐国太子得臣的妹妹，叫庄姜，容貌漂亮，却没有儿子。卫国人作了一首题名《硕人》的诗就是描写她的美貌的。庄公又从陈国娶了一个妻子，叫厉妫，生了儿子孝伯，很小就死了。厉妫陪嫁来的妹妹戴妫，生了桓公，庄姜就把桓公当作自己的儿子。

1 东宫：太子所住的宫室，故太子也称东宫。得臣：齐国的太子名。
2《硕人》：《诗经·卫风》篇名。
3 妫：陈国为妫姓。
4 蚤：通“早”。
5 娣：春秋时期，诸侯娶国君之女为妻，有妹妹随嫁；既嫁，其妹叫娣。

公子州吁，嬖(bì)[6]人之子也。有宠而好(hào)兵，公弗禁，庄姜恶(wù)之。

公子州吁，是庄公爱妾生的儿子。州吁得到庄公的宠爱，又喜欢玩弄武器，庄公不管束他，庄姜很厌恶他。

石碏[7]谏曰：“臣闻爱子，教之以义方，弗纳于邪。骄、奢、淫、佚，所自邪也。四者之来，宠禄过也。将立州吁，乃定之矣；若犹未也，阶之为祸。夫宠而不骄，骄而能降，降而不憾，憾而能眕(zhěn)者，鲜(xiǎn)矣。[8]且夫贱妨贵，少陵长(zhǎng)，远间(jiàn)亲，新间(jiàn)旧，小加大，淫破义，所谓六逆[9]也。君义、臣行，父慈、

石碏规劝庄公道：“我听说一个人爱自己的儿子，就要用规矩法度去教育他，不要使他走到邪路上去。骄傲、奢侈、淫荡、逸乐，就是走向邪路的开端。这四个方面的产生，都是宠爱和赏赐太过的缘故。如果要立州吁做太子，就应该定下来；要是还没有想法，这样就会引导他造成祸害。受宠爱而不骄傲，骄傲了而能受压制，受了压制而不怨恨，有怨恨而不为非作歹的人，是很少有的。再说卑贱的妨害高贵的，年少的欺侮年长的，疏远的离间亲近的，新的挑拨旧的，地位低的压着地位高的，淫乱的破坏有礼义的，这是人们常说的六种逆理的事。君主行事公正适宜，臣子服

6 嬖：宠爱。
7 石碏：卫国大夫。
8 眕：安定。鲜：少。
9 六逆：都是针对庄姜、桓公和嬖人、州吁说的。庄姜为正妻，桓公为嫡子，是贵、是长、是亲、是旧、是大；嬖人为妾，州吁为庶子，是贱、是少、是远、是新、是小。

子孝，兄爱、弟敬，所谓六顺也。去顺效逆，所以速[10]祸也。君人者，将祸是务去，而速之，无乃不可乎？”弗听。

其子厚与州吁游。禁之，不可。桓公立，乃老[11]。

从命令，父亲疼爱子女，子女孝顺父母，哥哥爱护弟弟，弟弟敬重哥哥，这是人们常说的六种顺理的事。抛开顺理的事去做逆理的事，这就是招致祸害的原因。做君主的应该尽力除掉祸害，现在却要招来祸害，这恐怕不可以吧？”庄公不听。

石碏的儿子石厚和州吁交往，石碏禁止他，石厚不听。桓公即位后，石碏就告老还乡了。

南宋 马远 《观瀑图》

10 速：招致。
11 老：年老退休。

zāng xī jiàn
臧僖伯谏观鱼

《左传·隐公五年》

本篇反映了当时的“礼”制思想，即国君不能把游玩逸乐看作小节。臧僖伯认为国君的一举一动与国家的“政治”有关，所以极力劝阻鲁隐公去观看捕鱼。

春，公将如棠观鱼者[1]。臧僖伯[2]谏曰：“凡物不足以讲大事，其材不足以备器用，则君不举焉。[3]君将纳民于轨物[4]者也。故讲事以度（duó）[5]轨量谓之轨，取材以章物采[6]谓之物。不轨不物，谓之乱政。乱

春天，鲁隐公想前往棠地观看捕鱼。臧僖伯劝阻道：“凡是一种东西，不能够用来演习大事，它的材料不能够作为器具来使用，那么，国君就不要去理会它。国君所要做的事情是引导百姓走上正轨，善于择取材料。所以演习大事来衡量器物是否合于法度就叫作‘轨’；择取材料来显示器物的文采就叫作‘物’。不轨不物就是乱政。

1 如：往。棠：一作唐，鲁国地名，在今山东鱼台。鱼：同“渔”，捕鱼。
2 臧僖伯：即公子彄（kōu）。
3 讲：演习。大事：古代指祭祀和军事。材：材料。不举：不要去理会。举，行动。
4 轨物：指法度。
5 度：衡量。
6 采：华美的装饰。

政亟(qì)行，所以败也。故春蒐(sōu)、夏苗、秋狝(xiǎn)、冬狩(shòu)，[7]皆于农隙以讲事也。

“三年而治兵，入而振旅[8]，归而饮至，以数(shǔ)军实。昭文章，明贵贱，辨等列，顺少(shào)长(zhǎng)，习威仪也。鸟兽之肉，不登于俎(zǔ)[9]，皮革、齿牙、骨角、毛羽，不登于器，则君不射，古之制也。若夫山林川泽之实，器用之资，皂(zào)隶[10]之事，官司之守，非君所及也。”公曰：“吾将略地焉。”遂

乱政屡行，国家就要衰败。所以春蒐、夏苗、秋狝、冬狩这些带有演习武事的田猎活动，都是在农闲时进行的。

“每过三年，还要出兵演习，入城时整顿军队，列队归来，到宗庙祭祖宴饮，清点军用器械和所猎获的禽兽。在演习中显示车服旌旗的文采，表明贵贱等级，分别等第行列，依少长次序前进或后撤，这都是演习上下有别的威仪。鸟兽的肉，不能放入祭器做祭品的，皮革、齿牙、骨角、毛羽，不能做礼器上的装饰的，那国君就不必亲自射猎，这是自古以来的制度。至于山林河湖的物产，把它们取来做日用品，那是皂隶的事，是特定官员的职责，不是国君所应参与的。”隐公回答说：“我是要去巡视边境。”于是动身前往棠

7 蒐：搜索。指春季打猎应择取不孕的禽兽。苗：指夏季打猎是为苗除害。狝：杀。指顺应秋天肃杀之气。狩：围猎。指见禽兽即猎获，不再择取。
8 振旅：整顿军队。
9 俎：古时祭祀时用以载牲（猪、牛、羊）的礼器。
10 皂隶：服贱役的人。

往，陈鱼而观之。僖伯称疾不从。

地，在那里陈列出各种捕鱼的器具并观看人们捕鱼。僖伯托病没有随从。

书曰：“公矢[11]鱼于棠。”非礼也，且言远地也。

史书上说：“隐公陈设渔具在棠地。”这是批评隐公举动不合礼法，并且说明棠地是距离国都很远的地方。

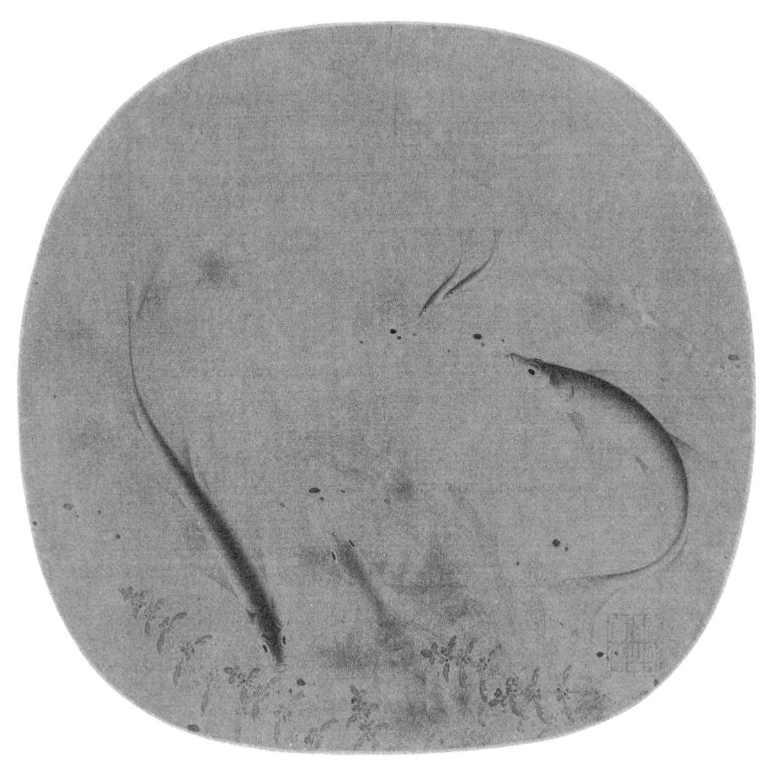

南宋 佚名 《群鱼戏藻图》

11 矢：陈列，摆放。

郑庄公戒饬(chì)守臣

《左传·隐公十一年》

春秋时期，诸侯国之间，以强凌弱是常见现象，本篇便是反映这种情况的。郑庄公的戒饬之词，虽处处为自己打算，但吞吐灵活，说得委婉曲折。

秋，七月，公会齐侯、郑伯伐许[1]。庚辰(gēng chén)，傅(fù)[2]于许。颍(yǐng)考叔取郑伯之旗蝥(máo)弧[3]以先登。子都[4]自下射之，颠。瑕(xiá)叔盈[5]又以蝥弧登，周麾(huī)而呼曰："君登矣！"郑师毕登。壬(rén)午，遂入许。许庄公奔卫。

秋天，七月，鲁隐公会合齐侯、郑伯去攻打许国。初一这一天，三国的军队逼近许国城下。颍考叔拿着郑伯的蝥弧旗，首先登上了城墙。子都从下面射了他一箭，颍考叔栽倒下来死了。瑕叔盈又拿着蝥弧旗冲上城墙，并向四面挥舞着旗子大喊道："我们的国君登城了。"于是郑国的军队全部登上了城墙。初三这一天，便占领了

1 许：国名，姜姓，西周初年分封给伯夷的后代文叔。其地在今河南许昌东。
2 傅：迫近。
3 蝥弧：大旗名。
4 子都：郑国大夫公孙阏。
5 瑕叔盈：郑国大夫。

齐侯以许让公。公曰：“君谓许不共（gōng）[6]，故从君讨之。许既伏其罪矣，虽君有命，寡人弗敢与（yù）闻[7]。”乃与郑人。

许国。许庄公逃到卫国去了。齐侯要把许国的领土让给鲁隐公。隐公说：“您说许国不交纳贡物，又不履行诸侯职责，所以跟随您来攻打它。现在许国已经服罪了，虽然您有命令，我也不敢参与这件事。”于是把许国的领土给了郑庄公。

郑伯使许大夫百里奉许叔[8]以居许东偏，曰：“天祸许国，鬼神实不逞（chěng）于许君[9]，而假手于我寡人。寡人唯是一二父兄，不能共亿，[10]其敢以许自为功乎？寡人有弟[11]，不能和协，而使糊其口于四方，其况能久有许乎？吾子其奉许叔以抚柔此民也，吾

郑庄公让许国大夫百里侍奉许庄公的弟弟许叔，住在许国东面的边邑，对他说：“上天降祸给许国，鬼神也对许君不满，所以借我的手来进行惩罚。我只有少数的几个同姓臣子尚且不能同心协力，怎么敢把打败许国作为自己的功绩呢？我有个弟弟共叔段，不能与他和睦相处，致使他在四方奔走寄食，我又怎么能长久地占领许国呢？你侍奉许叔去安抚这里的百姓，我将派公孙获

6 共：同“供”，供奉，供职。
7 弗敢与闻：意为不敢接受许国的领土。
8 许叔：许庄公的弟弟。
9 不逞：不满，不高兴。许君：指许庄公。
10 父兄：指同姓群臣。共亿：同心。亿，通“臆”。
11 弟：指共叔段。事见《郑伯克段于鄢》篇。

将使获[12]也佐吾子。

“若寡人得没(mò)于地，天其以礼悔祸于许，无宁(nìng)兹许公复奉其社稷(jì)[13]？唯我郑国之有请谒焉，如旧昏媾(gòu)[14]，其能降以相(xiāng)从也。无滋他族[15]，实逼处(chǔ)此，以与我郑国争此土也。吾子孙其覆亡之不暇(xiá)，而况能禋(yīn)祀(sì)[16]许乎？寡人之使吾子处(chǔ)此，不惟许国之为(wéi)，亦聊以固吾圉(yǔ)[17]也。”

乃使公孙获处(chǔ)许西偏，曰：“凡而[18]器用

来帮助你。

“假如我能得到善终埋在地下，上天也许会依礼懊悔曾经对许的降祸，难道这许公就不能再来主持他的国家？只是我们郑国有一个请求，希望相亲相近像老亲家一样，想必许国能够委屈接受吧。千万不要助长他族，逼近、居住在这里，从而跟我们郑国争夺这块地方。如果那样，我的子孙将没有空暇来拯救自己的颠覆危亡，又怎么能祭祀许国的山川呢？我之所以叫你住在这里，不仅是替许国打算，也是姑且以此来巩固我的边防。”

于是派遣公孙获住在许国的西面边境，对他说：“凡是你的财物，不

12 获：郑大夫公孙获。
13 兹：此。社稷：社，土神。稷，谷神。古代帝王、诸侯以土地、五谷为重，设坛专祭土神和谷神，故以社稷代指政权或国家。
14 昏媾：相互结亲。昏，同“婚”。
15 他族：指能够威胁郑、许两国的其他诸侯国。
16 禋祀：用清洁的祭品祭神。
17 圉：边界。
18 而：同“尔”，你的。

财贿(huì)，无置于许。我死，乃亟(jí)去之。吾先君新邑于此[19]，王室而既卑矣，周之子孙，日失其序[20]。夫(fú)许，大(tài)岳之胤(yìn)也[21]。天而既厌周德[22]矣，吾其能与许争乎？”

要放在许国。我死了，你就赶快离开许国。我的先君刚刚在这里建成新的都邑，眼看周王室的权力地位一天天衰落，周朝的子孙也一天天地失掉了自己的世系次序。许国是太岳的后代。上天既然厌弃周的气运，我们是周的子孙，又怎么能和许国相争呢？”

君子谓：郑庄公于是乎有礼。礼，经国家，定社稷(jì)，序人民，利后嗣(sì)者也。许无刑而伐之，服而舍(shě)之，度(duó)德而处(chǔ)之，量力而行之，相(xiàng)时而动，无累(lèi)后人，可谓知礼矣。

君子认为：郑庄公在这件事情上是有礼的。“礼”是治理国家，稳定政权，使人民知道长幼尊卑，有利于后世子孙的法度。许国不守法度就去征讨它，服罪了就宽恕它，衡量自己的德行去处理问题，估量自己的能力去行事，看清形势再行动，不连累后人，可以说是懂得礼了。

19 先君：指郑庄公之父郑武公。新邑：指郑武公东迁建新国都于新郑。
20 序：世系班次。周代很讲究“系”，先同姓，后异姓，同姓又有嫡、庶之分。
21 大岳：即太岳，相传为神农之后，唐尧时掌四岳祭祀。胤：后代。
22 周德：周的气运。

元 佚名 《水殿梅花图》

臧(zāng)哀伯谏(jiàn)纳郜(gào)鼎

《左传 · 桓公二年》

发扬美德，堵塞邪恶，所谓“昭德塞违”，是本篇之纲。本篇用了大量篇幅谈礼仪，保存了古代关于礼仪的资料。礼仪是道德的一种外在体现。在阶级社会里，道德礼仪自然是有阶级性的，但臧哀伯提出国君、大臣不能接受贿赂，应厉行俭约，以免导致国家衰败，是对的。

夏，四月，取郜(gào)[1]大(tài)鼎于宋，纳于大庙[2]，非礼也。

鲁桓公二年夏天，四月，桓公从宋国取来郜国制造的大鼎，放进太庙，这是一件不合礼的事。

臧哀伯[3]谏曰：“君人者，将昭德塞(sè)违，以临照百官，犹惧或失之，故昭令德以示子孙。是以清庙[4]茅屋，大路越(huó)席[5]，

臧哀伯进谏说：“管理百姓的君王，应该发扬美德，堵塞邪恶，来为百官做表率，就是这样还担心会有什么过失，所以彰显美德来教导子孙。因此，宗庙使用茅草盖的房子，

1 郜：国名，姬姓，始封之君为周文王之子。故都在山东成武东南。此时已被宋国吞并。
2 大庙：天子或诸侯的祖庙。大，同“太”。
3 臧哀伯：鲁大夫。本名臧孙达，臧僖伯之子。
4 清庙：周人祭祀祖先的地方。“清”取肃穆清静的意思。
5 大路：亦作“大辂”，天子乘以祭天的车子，朴素无装饰。越席：结蒲草为席。越，通“括”，结扎。

大羹(tài gēng)不致[6],粢食(zī sì)不凿[7],昭其俭也。衮(gǔn)、冕(miǎn)、黻(fú)、珽(tǐng)[8],带、裳(cháng)、幅(bī)、舄(xì)[9],衡、紞(dǎn)、纮(hóng)、綖(yán)[10],昭其度也。藻率(lǜ)、鞞鞛(bǐng běng)[11],鞶(pán)、厉、游(liú)、缨[12],昭其数(shù)也。火、龙、黼(fǔ)、黻(fú)[13],昭其文也。五色比象[14],昭其物也。钖(yáng)、鸾(luán)、和、铃[15],昭其声也。

祭天用朴素的车子,铺着草编的席子,肉汁不调五味,粮食不加工成细粮,这都是表明节俭。尊贵的礼服、礼帽,皮做的蔽膝,玉制的朝板,皮带、下衣、绑腿、有夹底的鞋子,以及帽子上的簪子、丝带、纽带、布料,这都是表明尊卑等级制度的。皮做的衬玉器,刀鞘上的装饰品,束衣的皮带,下垂的大带,旗上悬挂的小玉,马头上的皮带,这也是表明尊卑等级法度的。衣服上绣着的火、龙以及各种不同颜色的花纹,这是表明贵贱的文采。车服、器械上用五色来象征天地四方,这是表明器物都

6 大羹：不和五味的肉汁。古代祭祀时用。不致：不另加调味品。
7 粢：黍稷合称粢，是当时主要食粮。不凿：不再加工。
8 衮：古时天子和最高级官吏祭宗庙时穿的礼服。冕：一种最尊贵的礼帽。古代祭祀时，大夫以上官员都戴它。黻：熟皮做的蔽膝。珽：帝王所持玉笏。
9 幅：斜裹在小腿上的布。舄：有复底的鞋。
10 衡：使冠冕固着于发上的簪子。紞：古时帽子两边悬挂瑱（tiàn）的带子。纮：纽带。古人戴帽时，用一支笄把帽别在发髻上，再用纮由颔下挽上系在笄的两端。綖：冕上长方形的板外包的黑布。衡、紞、纮、綖四物都是冠饰。
11 藻率：放玉的衬垫，熟皮制作。鞞鞛：刀鞘上的装饰物。
12 鞶：皮做的束衣带。厉：垂着的大带子。游：旌旗上悬挂着的小玉。缨：马头上的皮带。
13 黼、黻：古代礼服上所绣的花纹。
14 五色：青、赤、黄、白、黑五种颜色。比象：象征天地四方。
15 钖、鸾、和、铃：都是车马上装饰的铃铛之类。马额上的叫钖，马嚼子上的叫鸾，车前横木上的叫和，旂子上的叫铃。

三辰旂(qí)旗[16]，昭其明也。

“夫(fú)德，俭而有度，登降[17]有数，文物以纪之，声明以发之，以临照百官，百官于是乎戒惧而不敢易纪律。今灭德立违[18]，而置其赂(lù)器于大(tài)庙，以明示百官，百官象之，其又何诛焉？国家之败，由官邪也。官之失德，宠赂章也。郜鼎在庙，章孰甚焉？武王克商，迁九鼎[19]于雒(luò)邑，义士犹或非之，而况将昭违乱

有本源。车马上的各种铃铛，表明声音。画有日、月、星的旂旗，表示光明灿烂。

“那美德，就是节俭而且有法度，升降而有礼数，用文采、器物来表示它，用声音、光彩来显现它，把这些摆在百官面前，百官才感到警惕和畏惧，不敢轻视纲纪法律。现在摒弃美德而摆设违礼的物品，将人家贿赂的大鼎放在太庙里，明明白白告诉百官，如果百官也照着去做，又有什么理由去责怪他们呢？国家的衰败，是由于官吏的失德；官吏的失去德行，是由于自恃宠信，明目张胆地接受贿赂。现在，郜鼎放在太庙里，还有什么比这更显眼的？武王灭了商朝，把九鼎迁移到洛阳，当时的义士还认为武王做得不对。何况把明显地违

16 三辰：日、月、星。旂旗：古代旗帜上画有龙并系有铜铃的叫“旂”，绣有熊虎的叫“旗”。
17 登降：增减。指礼的变通。
18 灭德立违：德，指合礼义的事；违，指违命之物。宋大夫华督杀掉宋殇公，另立宋庄公，害怕诸侯讨伐，取了郜国所造的鼎贿赂鲁国，鲁桓公接受了他的贿赂，默认此事，并同意华督为宋相。灭德立违即指此。
19 九鼎：相传为夏禹所铸，夏、商、周三代以为传授政权的国宝。

之赂器于大庙(tài),其若之何?”公不听。

周内史闻之,曰:“臧孙达其有后于鲁乎!君违,不忘谏之以德。”

德招乱的贿赂器物放在太庙里,这怎么行呢?”桓公不听他的劝告。

周王室的史官听到这件事,说:“臧孙达将会在鲁国有好的后代吧!国君虽然违背了美德,他却不忘记用昭德塞违的道理去劝谏他。”

南宋 马和之 《周颂清庙之什》(局部)

季梁谏（jiàn）追楚师

《左传·桓公六年》

本篇反映了春秋时代对于民和神的关系的一种进步主张：民是主体，神是附属。所以好的君主必须首先做好对民有利的事情，然后再去致力于祭祀神祇一类的事，即“圣王先成民而后致力于神”。季梁先是忠民、信神并提，然后深入论述应该以民为主，以神为附。在谈到神的地方都是从民着眼，所以说服力很强，能使“随侯惧而修政”。

楚武王侵随[1]，使薳（wěi）章[2]求成焉，军于瑕（xiá）[3]以待之。随人使少师董成[4]。

楚武王侵犯随国，派薳章去要求和议，同时把军队驻扎在瑕等待时机进攻。随国派了少师主持和议。

鬭（dòu）伯比言于楚子曰[5]：“吾不得志于汉东[6]也，我则使然[7]。我张吾三军

鬭伯比对楚王说：“我们不能在汉水以东一带达到目的，是自己的失策造成的。我们扩充我国的军

1 楚：芈（mǐ）姓国。西周时，立国于荆山一带。周成王封其首领熊绎以子男之田，为楚受封的开始。但后来楚国自称王，与周实际上不是臣属关系，而是处于对立地位了。楚武王为楚国的第十七代君。随：西周初年分封的诸侯国，姬姓。在今湖北随州。
2 薳章：楚大夫。
3 瑕：随地，在今湖北随州。
4 少师：官名。董：主持。
5 鬭伯比：楚大夫。楚子：指楚武王。因楚为子爵，故称楚子。
6 汉东：汉水以东，这里指汉水以东的小国。
7 我则使然：是我们自己造成的。

而被吾甲兵[8]，以武临之，彼则惧而协以谋我，故难间(jiàn)也。汉东之国，随为大。随张，必弃小国。小国离，楚之利也。少(shào)师侈(chǐ)[9]，请羸(léi)师[10]以张之。”熊率(lǜ)且(jū)比[11]曰：“季梁[12]在，何益？”鬬伯比曰：“以为后图。少师得其君。”王毁军而纳少师。

少师归，请追楚师。随侯将许之。季梁止之曰：“天方授[13]楚。楚之羸(léi)，其诱我也，君何急焉？臣闻

队，又配备武器，用武力去压迫他们，他们害怕，只好同心协力来对付我们，所以很难离间他们。汉水以东的诸侯国，随国最大。只要随国骄傲了，一定会抛弃那些小国。小国离心，就对楚国有利。少师这人很骄傲，请您把军队假装成疲弱的样子来助长他的骄气。”熊率且比说：“季梁还在，这有什么用呢？”鬬伯比说：“这是为将来打算。这位少师比季梁更得他们国君的宠信。”楚王听了伯比的话，把军队假装成疲弱的样子，迎接少师。

少师回到随国，就请求追击楚军。随侯将要答应。季梁拦阻他说：“上天正在福佑楚国。楚军的疲弱是假装出来引诱我们上当的，您何必这样急？我听说小国之所以能够对抗大国，是

8 张：陈设。被：同“披”。
9 侈：骄傲自大。
10 羸师：故意使军队表现出疲弱的样子。羸，弱。
11 熊率且比：楚大夫。
12 季梁：随国的贤臣。
13 授：付予。

小之能敌大也，小道大淫[14]。所谓道，忠于民而信于神也。上思利民，忠也；祝史正辞[15]，信也。今民馁(něi)[16]而君逞欲，祝史矫(jiǎo)[17]举以祭，臣不知其可也。”

公曰：“吾牲牷(quán)肥腯(tú)[18]，粢盛(zī chéng)[19]丰备，何则不信？”对曰：“夫民，神之主也。是以圣王先成民而后致力于神。故奉牲以告曰：‘博硕(shuò)[20]肥腯(tú)。’谓民力之普存也，谓其畜之硕大蕃(fán)滋也，谓其不疾

因为小国有道而大国淫暴。所谓‘道’，就是对人民忠诚，对神祇诚信。君主能够想到怎样对人民有利，就是忠；管祭祀的官员宣读的祝词诚实不欺，就是信。现在人民挨饿而君主却尽情享乐，祭祀时，祝史的祝词讲假话欺骗神祇，我不知道这样做有什么好处。”

随侯说：“我们祭祀用的牛、羊、猪三牲纯色、完整、肥壮，盛在祭器里的黍稷丰足、完备，怎么说不诚信呢？”季梁回答说：“人民是神祇的依靠。因此，圣明的君主首先完成对人民有利的事，然后再虔诚地去祭祀神祇。所以献三牲的时候祝告神祇说：‘三牲完整又肥壮。’这是说人民的物力、财力普遍充裕，牲口长得肥壮而且繁殖很

14 淫：淫乱，暴虐。
15 祝史：管理祭祀的官吏。正辞：祝词诚实不欺。
16 馁：饥饿。
17 矫：假。
18 牲牷：纯色而完整的牛、羊、猪。腯：肥壮。
19 粢盛：盛在祭器里供神用的谷物。
20 硕：大，高大。

瘯蠡(cù luǒ)[21]也，谓其备腯咸有[22]也。奉盛以告曰：'洁粢(zī)丰盛(shèng)。'谓其三时[23]不害而民和年丰也。奉酒醴(lǐ)[24]以告曰：'嘉栗旨酒。'[25]谓其上下皆有嘉德而无违心也。所谓馨香，无谗慝(chán tè)也[26]。故务其三时，修其五教(jiào)[27]，亲其九族[28]，以致其禋(yīn)[29]祀(sì)。于是乎民和而神降之福，故动则有成。今民各有心，而鬼神乏主，君虽独丰，其何福之有？君

快，没有生过疥癣等疾病，完备肥壮，样样都好。献黍稷的时候祝告神祇说：'黍稷清洁丰盛。'这是说春、夏、秋三季都没有灾害，人民和睦，年成丰收。献酒的时候祝告神祇说：'敬谨献上美酒。'这是说君臣上下都有美好的德行而没有邪恶的心思。人们所说的祭品芳香远闻，就是说没有谗言恶语。所以做国君的必须尽力于人民的三季农事，整治好五教，亲睦九族，拿这个去诚心祭祀神祇。这样人民都齐心，神祇也会赐福，因此一行动就有成效。现在人民各有各的心思，鬼神失去了依靠，您的祭品虽然特别丰盛，又哪里会求到什么福祉？您暂

21 瘯蠡：六畜所患之皮肤病。
22 咸有：兼备而无所缺。
23 三时：指春、夏、秋三个农忙季节。
24 醴：甜酒。
25 嘉：美好。栗：敬。旨：美味。
26 谗：诬陷人的坏话。慝：邪恶。
27 五教：指父义、母慈、兄友、弟恭、子孝。
28 九族：上自高、曾、祖、父，下至子、孙、曾、玄，加上本身。另一说，父族四代，母族三代，妻族二代，合为九族。
29 禋：祭祀诚心。

姑修政而亲兄弟之国，庶免于难。”

且修明内政，亲近兄弟国家，或者可以避免灾难。”

随侯惧而修政，楚不敢伐。

随侯心生恐惧，于是修明国内的政事，楚国也就不敢来侵犯了。

元 郭畀 《晓烟平楚》

曹刿(guì)论战

《左传·庄公十年》

长勺之战是以弱胜强的著名战例，它发生在鲁庄公十年（前684）。当时齐是强国，鲁是弱国。齐进攻鲁，是强国欺凌弱国，但结果是鲁胜齐败。本文略于对战斗情景的描述，而详于对战争胜败因素的分析，通过肉食者的“鄙”衬托曹刿的“远谋”，肯定了曹刿“取信于民”的政治远见和“后发制人”的指挥艺术，是一篇短小精悍的佳作。

齐师伐我，公[1]将战。曹刿(guì)[2]请见。其乡人曰：“肉食者[3]谋之，又何间(jiàn)焉？”刿曰：“肉食者鄙(bǐ)，未能远谋。”遂入见。

齐国的军队攻打我国，庄公准备应战。曹刿请求面见庄公。他的乡亲们说：“国家的事自有位高禄厚的大官谋划，你又何必去参与呢？”曹刿说：“位高禄厚的大官眼光短浅，不能深谋远虑。”于是进见庄公。

问：“何以战？”公曰：“衣食所安，

曹刿问庄公：“您凭借什么作战？”庄公说：“衣食一类养生的物品，不敢独

1 公：指鲁庄公。
2 曹刿：《史记》作曹沫，鲁国谋士。
3 肉食者：指居高位、享厚禄的大官。

弗敢专也[4]，必以分人。”对曰：“小惠未遍，民弗从也。”公曰：“牺牲玉帛[5]，弗敢加[6]也，必以信。”对曰：“小信未孚(fú)[7]，神弗福也。”公曰：“小大之狱[8]，虽不能察，必以情。”对曰：“忠之属(shǔ)也，可以一战。战则请从。”

公与之乘(chéng)，战于长勺[9]。公将鼓之[10]，刿曰：“未可。”齐人三鼓，刿曰：“可矣。”齐师败绩。公将驰

自享用，一定把它分给众人。”曹刿回答说：“小恩小惠不能遍及全国，民众是不会跟从您的。”庄公说：“祭祀用的牲口、玉、帛，我从不敢虚夸假报，一定用诚心去祭祀神明。”曹刿回答说：“小小的诚心不能得到神的信任，神不会降福给您。”庄公说：“大大小小的案件，虽然不能一一彻底查清，但一定要根据实情去处理。”曹刿回答说：“这是为百姓尽心做事的表现，可以凭借这一点作战。作战时请让我随从。”

庄公和曹刿同坐一辆兵车，在长勺展开了战斗。两军刚相遇，庄公就要击鼓进兵，曹刿说：“不行。”齐军擂了三次鼓，曹刿说：“可以了。”齐军大败。庄公准备命令兵车追击。曹刿说：“不行。”他跳下

4 弗：不。专：独享。
5 牺牲：牛、羊、猪。帛：丝织品。
6 加：虚夸。意即以小报大，以少报多，以恶报美。
7 孚：为人所信服。
8 狱：诉讼案件。
9 长勺：鲁地名，在今山东莱芜东北。
10 鼓之：击鼓进兵。古代作战，击鼓是命令军队前进。

之，刿曰："未可。"下视其辙，登轼[11]而望之，曰："可矣。"遂逐齐师。

车察看齐军的车轮痕迹，又登上车扶住车前横木观望齐军败退情况，说："可以了。"于是追击齐军，把他们赶出了鲁国国境。

既克，公问其故。对曰："夫战，勇气也。一鼓作[12]气，再[13]而衰，三而竭。彼竭我盈，故克之。夫大国，难测也，惧有伏焉。吾视其辙乱，望其旗靡[14]，故逐之。"

打了胜仗之后，庄公问为什么要这样指挥。曹刿回答说："打仗全靠勇气。第一次擂鼓，士兵勇气大振，第二次擂鼓，勇气衰退，第三次擂鼓，勇气全消耗完了。敌人的勇气用尽了而我军的勇气正旺盛，因此打败了齐军。大国的情况难以捉摸，我怕有埋伏。我看到他们的车轮痕迹混乱，望见他们的旗帜倒下，因此才追击他们。"

11 轼：车前的横木。
12 作：起，振作。
13 再：第二次。
14 靡：倒下。

清 王原祁 《丹山碧树图》（局部）

齐桓公伐楚盟屈完

《左传·僖公四年》

齐桓公为了称霸天下，带领八国的军队去伐楚，但楚国这时正处于强盛时期，所以毫不示弱。齐国终未达到目的，最后齐、鲁等国不得不和楚国在神前立誓，订立和约。文中对双方的描写都很传神：管仲是在无理中找借口，齐侯则是一副霸主神气；楚国使者的对答，随机应变，无懈可击，特别是屈完的话，不卑不亢，委婉中带强硬，是绝好的外交辞令。

春，齐侯[1]以诸侯之师侵蔡。蔡溃，遂伐楚。楚子[2]使与师言曰："君处[3]北海，寡人处南海，唯是风马牛不相及也[4]。不虞(yú)[5]君之涉吾

春天，齐侯率领诸侯的军队去侵犯蔡国。蔡国的军队被打垮了，随即移兵讨伐楚国。楚王派使者对齐侯说："你们住在北海，我们住在南海，就是马牛放牧走失了，也到不了对方国境之内。没有料想到你们会来到我们

1 齐侯：齐桓公。当时他率领宋、鲁、陈、卫、郑、许、曹和齐八国的军队侵犯蔡国。
2 楚子：楚成王。
3 处：居住。
4 风：走失。本句指两国相距极远，一向不发生关系，即使放牧走失了牛马，也到不了对方境土之内。一说雌雄相诱叫风。马牛不同类，当然不会相诱。比喻齐楚两国毫不相干。
5 不虞：不料。

地也，何故？”

管仲[6]对曰：“昔召(shào)康公命我先君太公曰[7]：‘五侯九伯[8]，女(rǔ)[9]实征之，以夹辅[10]周室。’赐我先君履(lǚ)[11]：东至于海，西至于河，南至于穆(mù)陵[12]，北至于无棣(dì)[13]。尔贡包茅不入[14]，王祭不共(gōng)[15]，无以缩酒[16]，寡人是征[17]；昭王[18]南征而不复，寡人是问。”

这里，这是什么缘故呢？”

管仲回答说：“从前召康公代表周王命令我齐国先君太公道：‘诸侯如有罪过，你可以去征讨他们，辅佐周王治理天下。’周王还赐给我先君征伐的范围：东到海边，西到黄河，南到穆陵，北到无棣。你们应该进贡给周王的包茅却不进献，以致周王祭祀的时候没有滤酒的东西，我要责问这件事；昭王南下巡狩到楚国没有回去，这件事我也要问个清楚。”

6 管仲：名夷吾，字仲。齐国大夫，春秋初期政治家。
7 召康公：周成王时太保召公奭（shì），“康”是他的谥号。太公：即吕尚，名望，齐国始祖。因姓姜，故通称姜太公，又称姜子牙。
8 五侯九伯：五、九皆虚数，泛指所有的诸侯。
9 女：通“汝”，你。下同。
10 夹辅：辅佐。
11 履：践踏。这里是指齐国可以管辖的国土。
12 穆陵：地名，今山东临朐（qú）南一百里的大岘山上有穆陵关。
13 无棣：位于齐国的北境，在今山东无棣北。
14 包茅：裹束成捆的青茅，祭祀时用以滤去酒中渣滓。入：纳。此处指纳贡。
15 共：同“供”。
16 缩酒：滤酒。一说为古代祭祀时的仪式之一，即把酒倒在茅束上渗下去，视同神饮了酒。
17 征：问，追究。
18 昭王：即周昭王。相传昭王南巡，渡汉水时船坏而被淹死。

对曰："贡之不入，寡君[19]之罪也，敢不共（gōng）给？昭王之不复，君其问诸水滨。"

楚使回答道："没有贡上包茅，确是我君的罪过，以后怎么敢不供给？至于昭王没有回去，您可以到汉水边去问问。"

师进，次于陉（xíng）[20]。

于是诸侯的军队向前推进，驻扎在陉地。

夏，楚子使屈完如师[21]。师退，次于召（shào）陵[22]。

夏天，楚王派屈完去诸侯军中求和。诸侯的军队向后撤，驻扎在召陵。

齐侯陈诸侯之师[23]，与屈完乘（chéng）而观之[24]。

齐侯把诸侯的军队摆开，和屈完同坐一辆兵车检阅队伍。

齐侯曰："岂不穀（gǔ）[25]是为？先君之好是继[26]。与不穀同好[27]，何如？"对曰："君惠徼（yāo）[28]福于敝邑之社稷（jì），辱收寡君，寡君之愿也。"

齐侯说："这么多诸侯同来，难道是为了我吗？不过是为了继续先君的友好关系罢了。你们和我同样友好，怎么样？"屈完回答说："您的恩惠使我们国家获得幸福，您又不嫌屈辱，接

19 寡君：臣子对别国君臣称自己国君时所用的谦辞。
20 次：进驻。陉：地名。在今河南漯河郾城区。
21 屈完：楚大夫。如师：赴齐师请盟。
22 召陵：地名，在今河南漯河郾城区。
23 陈："阵"的古字，列阵。
24 乘：乘兵车。
25 不穀：不善。古代诸侯自称的谦辞。
26 先君之好是继：继承先君的友好关系。
27 与不穀同好：跟我友好。
28 徼：同"邀"，求。

齐侯曰："以此众[29]战，谁能御之？以此攻城，何城不克？"对曰："君若以德绥(suí)[30]诸侯，谁敢不服？君若以力，楚国方城[31]以为城，汉水以为池，虽众，无所用之！"

屈完及诸侯盟。

纳我君，这正是我君的愿望。"

齐侯道："我用这么多军队去战斗，谁能抵御他们？用这些军队去攻城，哪座城不能攻破呢？"屈完回答说："您如果用恩德来安抚诸侯，哪一个诸侯敢不服从您？您如果要动用武力，那么，楚国有方城山可以作为城墙，有汉水可以作为护城河，您的军队再多，也没有什么用处！"

屈完便和诸侯订了盟约。

29 众：众将士。
30 绥：安抚。
31 方城：山名，在今河南叶县南。

明 仇英 《山水图》（局部）

宫之奇谏假道

jiàn jiǎ

《左传 · 僖公五年》

本篇反映了春秋时代的民本思想。宫之奇在劝谏的过程中，有力地驳斥了虞公迷信宗族关系和神权的思想，指出存亡在人不在神，应该实行德政。又指出了"辅车相依，唇亡齿寒"的道理，保护邻国不受侵犯同时也是为了保护自己不受侵犯。但虞公固执己见，拒不接受忠告，致使虞国灭亡，自己也成了阶下囚。

晋侯复假道于虞(yú)以伐虢(guó)[1]。宫之奇谏(jiàn)曰[2]："虢，虞之表[3]也。虢亡，虞必从之。晋不可启，寇不可玩[4]。一之为甚，其可再乎？

晋侯再次向虞国借道去攻打虢国。宫之奇向虞公进谏说："虢国，是虞国的屏障。虢国一亡，虞国必然随着灭亡。晋国的贪心不可助长，外部的敌人不可忽视。借道一次给它就已经过分了，难道还可以来第二次吗？

1 晋侯：晋献公。复：又。假：借。周惠王十九年（前658），晋侯曾向虞国借道攻打虢国，夺虢夏阳。所以这是第二次借道了。虞：国名。周武王时封大（tài）王次子虞仲的后代于虞（在今山西平陆东北六十里）。虢：国名。在今山西平陆。为周文王之弟虢仲的别支。

2 宫之奇：虞大夫。谏：进忠言规劝。

3 表：外面，屏障。

4 寇：外来的敌军。玩：忽视。

谚所谓‘辅[5]车相依，唇亡齿寒’者，其虞虢之谓也。”

公曰：“晋，吾宗[6]也，岂害我哉？”对曰：“大(tài)伯、虞仲[7]，大(tài)王之昭也。大(tài)伯不从，是以不嗣(sì)。[8]虢仲、虢叔[9]，王季之穆(mù)也，为文王卿士[10]，勋在王室，藏(cáng)于盟府[11]。将虢是灭，何爱于虞？且虞能亲于桓、庄[12]乎？其爱

俗话说：‘车夹板和车是互相依存的，没有嘴唇，牙齿就要受冻。’这正是说的虞和虢的关系。”

虞公说：“晋君是我的同宗，难道会害我吗？”宫之奇回答说：“太伯、虞仲，都是太王的儿子。太伯不从父命，所以没有继承王位。虢仲、虢叔都是王季的儿子，做了文王的卿士，为王室建立过功勋，记载他们功劳的典册还保存在官府里（可见虢与晋的关系比虞和晋的关系亲密得多）。晋国打算把虢国灭掉，哪里还会爱惜虞国呢？况且虞国能比晋献公的曾祖桓叔、祖父庄伯与晋更亲

5 辅：车旁夹着的木板。或说，辅以喻颊骨，车比喻牙床。
6 宗：同祖为宗。晋、虞、虢均为姬姓国，同一个祖宗。
7 大伯：太王的长子。虞仲：太王的次子。
8 不从：太伯是长子，本应继承太王的位，但他认为小弟季历的儿子姬昌有“圣德”，能使周兴盛强大，就和大弟仲雍一道出走，好让季历继承王位传给姬昌，所以说他“不从”。不嗣：太伯出走后，当然没有继承太王之位，所以说“不嗣”。
9 虢仲、虢叔：虢的开国祖先，是王季的次子和三子，周文王的弟弟。王季在宗庙中位于昭，所以王季的儿子为穆。虢叔封东虢，已在郑武公时为郑国所灭。虢仲封西虢，即文中所指之虢。
10 卿士：执掌国政的大臣。
11 盟府：主管盟誓典策的官府。
12 桓、庄：桓叔与庄伯。桓叔是晋献公的曾祖，庄伯是晋献公的祖父，桓、庄之族是晋献公的同祖兄弟。

之也，桓、庄之族何罪，而以为戮，不唯逼[13]乎？亲以宠[14]逼，犹尚害之，况以国乎？”

吗？晋君对桓、庄两族是应该爱护的，桓、庄两族有什么罪过，竟遭到杀戮，不就是因为他们使晋献公觉得受到威胁了吗？对至亲的人仅是因为地位尊贵，一旦感到有威胁，尚且要杀害他们，又何况是一个国家呢？”

公曰：“吾享祀[15]丰洁，神必据[16]我。”对曰：“臣闻之，鬼神非人实[17]亲，惟德是依。故《周书》曰：‘皇天无亲，惟德是辅。’[18]又曰：‘黍稷非馨，明德惟馨。’[19]又曰：‘民不易物，惟德繄物。’[20]如是，则

虞公说：“我祭祀鬼神的祭品丰盛洁净，鬼神一定会保佑我的。”宫之奇说：“我听说鬼神并不对每个人都亲近，只依附有德行的人。所以《周书》上说：‘上天没有至亲，只辅佑有德行的人。’又说：‘并不是因为祭祀的黍稷散发出的香气，而是因为显著的德行的芳香，才得到鬼神的辅佑。’又说：‘人们的祭物虽然相同，但只有那有德者供的才是鬼神享用

13 逼：迫近，威胁。
14 宠：尊贵。
15 享祀：祭祀。把食物祭鬼神叫享。
16 据：依附。既依附，则必保佑。
17 实：是，宾语前置的标志词。
18 《周书》：古书名，已亡佚。辅：助。这里指保佑。伪古文《尚书·蔡仲之命》袭用了这两句。
19 黍稷：泛指五谷，是祭祀用品。馨：散布很远的香气。古人以为，鬼神闻到香气就是享用了祭品。这两句见伪古文《尚书·君陈》。
20 繄：语气词。这两句见伪古文《尚书·旅獒》。今本《尚书》“民”作“人”，“繄”作“其”。

非德，民不和，神不享矣。神所冯(píng)[21]依，将在德矣。若晋取[22]虞，而明德以荐馨香[23]，神其吐之乎？”

的祭物。’这样看来，如果没有德行，人民就不会和睦，鬼神也不会来享用祭品了。鬼神所依凭的，就在于德行了。如果晋国吞并了虞国，修明德行，再把丰洁的祭品奉献给鬼神，鬼神难道还会吐出来吗？”

弗听，许晋使。宫之奇以其族行，曰：“虞不腊[24]矣。在此行也，晋不更(gèng)举矣[25]。”

虞公不听宫之奇的规劝，答应了晋国使者借道的要求。宫之奇便带领他的家族离开虞国，说道：“虞国等不到举行腊祭那天了。晋国灭虞就在这次行动中，用不着再发兵了。”

冬，晋灭虢。师还，馆于虞[26]。遂袭虞，灭之，执虞公。

冬天，晋国灭掉了虢国。晋军回师时，停驻在虞国。于是袭击虞国，把虞国灭掉了，捉住了虞公。

21 冯：通“凭”。
22 取：夺取，即灭掉。
23 馨香：这里指祭品。
24 腊：一种年终的祭祀典礼。
25 更：再。举：起兵。晋将用灭虢的军队来灭虞，不用再起兵了。
26 馆于虞：晋军停驻在虞国。

北宋 王诜 《秋林鹤逸图》

齐桓下拜受胙

《左传·僖公九年》

周朝自平王东迁以后，王室渐衰，但春秋时代诸侯中想要成为霸主的，还必须打着尊重周王室的旗号。本篇便反映了这种情况，文字虽简短，但对齐桓公受宠若惊的情态，写得细腻生动。

夏，会于葵丘[1]。寻盟[2]，且修好，礼也。

夏天，诸侯在葵丘集会，重申前次的盟约，加强友好关系，这是合乎礼的事。

王使宰孔赐齐侯胙[3]，曰："天子有事于文、武[4]，使孔赐伯舅[5]胙。"

周襄王派宰孔赐给齐侯祭肉，说道："天子正在祭祀文王、武王，差我把肉赐给伯舅。"

齐侯将下拜。孔

齐侯将要下阶拜谢。宰孔说：

1 葵丘：在今河南民权境内。当时齐桓公在这里与周王室的使者和鲁、宋、卫、郑、许、曹诸国的国君集会。

2 寻：重申旧事。前一年，即僖公八年（前652）春，齐桓公曾在曹国的洮（táo）地会集鲁、宋等国诸侯，所以这一次集会称"寻盟"。

3 王：指周襄王。宰孔：宰是官，孔是名，当时周王室的卿士。齐侯：齐桓公。胙：古代祭祀用的肉。周王赐给异姓诸侯祭肉，是一种优礼。

4 事：这里指祭祀。文、武：周文王和周武王。

5 伯舅：天子称异姓诸侯叫伯舅。当时周王室是与异姓诸侯通婚的，所以这样尊称他们。

曰："且有后命。天子使孔曰：以伯舅耋(dié)[6]老，加劳[7]，赐一级，无下拜。"对曰："天威不违颜咫(zhǐ)尺[8]，小白[9]余敢贪天子之命无下拜？恐陨(yǔn)越[10]于下，以遗天子羞，敢不下拜？"下，拜，登，受。

"后头还有命令。天子叫我说：因为伯舅年老了，加之对王室有功劳，所以晋升一级，无须下阶拜谢。"齐侯回答说："天子的威严就在我的面前，我小白怎敢贪受天子的宠命而不下阶拜谢呢？那样，恐怕要从诸侯的位子上掉下来，给天子丢脸，我怎敢不下阶拜谢？"于是下阶，拜谢，登堂，接受祭肉。

6 耋：年七十为耋。
7 加劳：加上有功劳于王室。鲁僖公七年（前653），周惠王死，惠王后欲立其爱子叔带。太子郑向齐桓公求援，八年（前652）一月，齐桓公召集八国诸侯讨论，支持太子郑，郑得立，是为周襄王，所以说"加劳"。
8 咫尺：形容很近。
9 小白：齐桓公名。
10 陨越：坠落。

明 仇英《吹箫引凤图》（局部）

阴饴甥对秦伯

《左传·僖公十五年》

通篇借“君子”“小人”的话回答秦穆公所提出的问题：一面说人民要坚决报仇，一面说群臣对秦国寄予希望。正反开合，不亢不卑，是一篇出色的外交辞令。

十月，晋阴饴（yí）甥会秦伯[1]，盟于王城[2]。秦伯曰：“晋国和乎？”对曰：“不和。小人耻失其君而悼丧其亲[3]，不惮（dàn）征缮（shàn）以立圉（yǔ）[4]也，曰：‘必报仇，宁（nìng）事戎（róng）狄（dí）。’君子[5]爱

僖公十五年十月，晋国大夫阴饴甥会见秦穆公，在王城订立盟约。秦穆公问道：“你们晋国人的意见协调吗？”阴饴甥回答说：“不协调。一般人因为失去了自己的国君而羞愧，因为失去了自己的亲人而悲痛，所以不惜征召兵卒，修缮城防，立太子圉做国君，他们说：‘一定要报仇，宁可因此而侍奉戎狄。’君子们虽爱戴国君，但是知道他有罪责，也不惜征

1 阴饴甥：晋大夫，即吕甥。秦伯：秦穆公。
2 王城：在今陕西大荔东。
3 小人：这里指缺乏远见的人。君：指晋惠公。他是借助秦穆公的力量才当上国君的，但后来和秦发生矛盾，在秦、晋、韩之战中被俘。
4 圉：晋惠公太子。
5 君子：这里指晋国有远见的贵族。

其君而知其罪，不惮征缮以待秦命[6]，曰：'必报德，有死无二。'[7]以此不和。"

召兵卒，修缮城防，来等待秦国释放晋君的命令，他们说：'一定要报答秦国的恩德，即使死了，也没有二心。'因此意见不协调。"

秦伯曰："国谓君何？"对曰："小人戚[8]，谓之不免；君子恕，以为必归。小人曰：'我毒秦[9]，秦岂归君？'君子曰：'我知罪矣，秦必归君。'贰[10]而执之，服而舍(shě)之[11]，德莫厚焉，刑莫威焉。服者怀德，贰者畏刑。此一役也，

秦穆公说："国内怎样议论你们的国君？"阴饴甥回答说："一般人忧愁，说他不免一死；君子们推己及人，认为一定会回来。一般人说：'我们得罪了秦国，秦国怎么肯归还我们的国君？'君子们说：'我们已经认罪了，秦国必定会归还我们的国君。'背叛了就抓起来，服罪了就释放他，恩德没有比这样更大的了，刑罚也没有比这样更威严的了。服罪的人怀念恩德，背叛的人畏惧刑罚。仅是这一桩，秦国就可以成就霸业了。当初送他

6 不惮征缮以待秦命：这是委婉的说法。真正的意思是：我们做了战争的准备，如果你不送回我们的国君，就不惜一切，再打一仗。
7 必报德，有死无二：一定要报答秦国对晋的恩德，至死没有二心。这是传达晋国君子所说的话。
8 戚：忧愁，悲哀。
9 我毒秦：晋国得罪了秦国。指晋惠公本是在秦穆公的支持下回晋继位的，后来却与秦为敌。又，以前晋国发生灾荒的时候，秦国输送了粮食；后来秦国发生灾荒，晋国不但拒绝卖出粮食，还出兵攻打秦国。
10 贰：背叛。
11 舍：释放。

秦可以霸。纳而不定，废而不立，以德为怨，秦不其然。”秦伯曰：“是吾心也。”改馆晋侯，馈（kuì）七牢焉。[12]

回晋为君，现在使他不能安定于君位；把他抓起来废掉君位，认罪了却不放他回去立为国君，这样把过去的恩德变为现在的怨仇，秦国是绝不会这样做的。”秦穆公说：“这正是我的想法。”于是让晋侯改住馆舍，赠他牛、羊、猪各七头，表示尊敬。

南宋 夏圭 《湖畔幽居图》

12 改馆：换一个住所，改用国君之礼接待。馈：赠送。七牢：牛、羊、猪各一头，叫作一牢。七牢是当时款待诸侯的礼节。

子鱼论战

《左传·僖公二十二年》

鲁僖公十七年（前643），齐桓公死，宋襄公想继续齐桓公的霸业。楚王假装答应宋襄公当盟主，却于鲁僖公二十一年（前639）在盂地的集会上，把宋襄公抓起来，并进攻宋国，不久又释放了他。宋襄公不但不知醒悟，反而继续联合几个诸侯国进攻郑国，因为郑国归附了楚。于是发生了泓水之战。宋襄公想以假仁假义笼络诸侯，在你死我活的战争中也要摆出一副仁义长者的姿态，结果吃了败仗，自己也负了伤。而他却自认为有理，至死不悟，以致成为千年笑柄。和宋襄公的愚蠢相对照的是司马子鱼的睿智。他一开始就指出宋弱楚强，敌众我寡，反对轻率地和楚国作战。但在宋襄公决定作战之后，他就积极谋划，主张趁己方处于有利的地位和有利的时机，一举击溃楚军，争取战争的胜利。最后反驳宋襄公的一段话，驳中立论，有理有据，层层深入，句句斩截，颇有说服力。

楚人伐宋以救郑[1]。宋公[2]将战。大司马固[3]谏曰："天之弃商久矣[4]。

楚国为了援救郑国，出兵攻打宋国。宋襄公将要应战。大司马公孙固劝阻说："上天抛弃商朝已经很久

1 鲁僖公二十二年（前638），宋襄公联合许、卫等国讨伐郑国，因为郑国依附楚国，所以楚人伐宋以救郑。
2 宋公：宋襄公，名兹父。
3 大司马固：即宋庄公之孙公孙固。司马是统率军队的高级长官。或以为固即子鱼。
4 天之弃商：宋是商朝的后代，所以公孙固这么说。这时周灭商已经四百多年。

君将兴(xīng)之，弗可赦(shè)也已[5]。”弗听。

了。您想要复兴它，就是上天也不会宽赦您的。”襄公不听他的劝告。

及楚人战于泓(hóng)[6]。宋人既成列，楚人未既济。司马曰：“彼众我寡，及其未既济也，请击之。”公曰：“不可。”既济而未成列，又以告。公曰：“未可。”既陈(zhèn)[7]而后击之，宋师败绩。公伤股，门官歼焉。

宋军和楚军在泓水展开战斗。宋军已经摆好了阵势，楚军还没有完全渡过泓水。公孙固说：“对方的兵多，我们的兵少，趁他们还没有完全渡过河来的时候，请下令进攻他们吧。”襄公说：“不可以。”楚军已经渡过泓水还没有摆好阵势，公孙固又请求下令进攻。襄公说：“还不行。”等楚军摆好了阵势，然后才进攻它，宋军大败。宋襄公的大腿受了伤，侍卫官全部被杀死。

国人皆咎(jiù)公。公曰：“君子不重(chóng)伤[8]，不禽二毛[9]。古之为军也，不以阻隘(ài)[10]也。

宋国的人都责怪襄公。襄公说：“君子在战争中不再伤害已经受伤的敌人，不俘虏头发半白的人。古人作战，不趁对方处于险阻时取得胜利。

5 弗可赦也已：公孙固的意思是说，宋弱楚强，要想战胜楚国那是不可能的。

6 泓：宋国水名，在今河南柘城西北。此句前，《左传》原文还有“冬十一月己巳朔（这年的十一月初一），宋公”几个字。

7 陈：古“阵”字。这里作动词用。

8 重伤：伤害已经受伤的人。

9 禽：同“擒”。二毛：头发黑白相间的人，即将近年老的人。

10 阻隘：险阻之地。

寡人虽亡国之余[11]，不鼓不成列。”

子鱼曰：“君未知战。勍(qíng)敌之人[12]，隘而不列，天赞[13]我也。阻而鼓之，不亦可乎？犹有惧焉。且今之勍(qíng)者，皆吾敌也，虽及胡耇(gǒu)[14]，获则取之，何有于二毛？明耻教(jiào)战，求杀敌也。伤未及死，如何勿重(chóng)？若爱[15]重(chóng)伤，则如勿伤；爱其二毛，则如服焉。三军[16]以

我虽然是已灭亡的商朝的后代，也决不击鼓进攻还没有摆好阵势的敌人。”

子鱼说：“您不懂得战争。强大的敌人遇到险阻又没有摆好阵势，正是上天对我们的帮助。敌人遇到险阻而向他们进攻，不是很好的战机吗？即使这样，还怕不能够取胜呢。况且现在强劲的士兵，都是我们的敌人，即使是老年人，捉住了也不能放，有什么理由不抓头发半白的人呢？平时使战士认识到什么是耻辱，教育他们勇敢作战，目的就是杀伤敌人。敌人受伤没有死掉，还可以和我们战斗，怎么不再给予打击呢？如果怜惜他们不再加伤害，那就不如一开始就不要伤害；如果不忍俘虏头发半白的敌人，就不如干脆服输，向敌人投降。军队就是要利用

11 亡国之余：宋是商朝后代，所以宋襄公这样说。
12 勍敌之人：强劲的敌军。勍，强有力。
13 赞：助。
14 胡耇：老人。
15 爱：怜惜。
16 三军：春秋时，大的诸侯国有上、中、下三军。这里泛指军队。

利用也，金[17]鼓以声气也。利而用之，阻隘(ài)可也；声盛致志[18]，鼓儳(chán)[19]可也。”

有利的时机行动，鸣金击鼓就是用来鼓舞士气。既然军队要利用有利的时机行动，那么趁敌人遇到险阻时进攻是可以的；既然金、鼓的洪大声音是用来鼓舞士兵的战斗意志的，那么击鼓进攻还没有摆好阵势的敌人也是可以的。”

南宋 夏圭 《观瀑图》

17 金：金属制成的响器（锣）。古代作战，击鼓进军，鸣金收兵。
18 致志：鼓起士兵的战斗意志。致，招致，引起。
19 儳：不整齐。鼓儳，没有摆好阵势的意思。

寺人披见文公

《左传·僖公二十四年》

寺人披见谁得势就依附谁，本不值得称道，但他掌握着关系晋文公命运的机密，又能说出一番堂堂正正的道理，不由得晋文公不见他。晋文公能放弃前怨，接受意见，表现出政治家的胸怀，所以能避免祸害。

吕、郤畏逼[1]，将焚公宫而弑晋侯[2]。寺人披请见[3]。公使让之，且辞焉，曰："蒲城[4]之役，君命一宿，女即至。其后余从狄君以田[5]渭滨，女为惠公[6]来求

吕甥、郤芮怕受到迫害，将要放火烧毁晋文公的宫室，杀掉文公。这时有个宫内小臣叫披的求见文公。文公派人责备他，并且拒绝接见，说："蒲城那一次，献公限你隔一晚到达，你却当天便赶到了。后来我逃到狄国跟狄君在渭水旁边打猎，你替惠公

1 吕、郤：吕甥、郤芮（ruì），都是晋惠公的亲信旧臣。吕甥，即前篇的阴饴甥，又称瑕甥、吕饴甥、瑕吕饴甥。晋文公为公子逃亡在外时，惠公曾经要杀死他，所以文公即位后，吕、郤怕被迫害。

2 晋侯：即晋文公重耳。

3 寺人：宫内的侍卫小臣，即后世的宦官。披：寺人的名。

4 蒲城：在今山西隰县西北。鲁僖公五年（前655），晋献公（重耳的父亲）命寺人披攻蒲，收捕重耳，重耳逃走。

5 田：打猎。

6 惠公：晋惠公，名夷吾。他是文公的弟弟，但先做国君。

杀余，命女(rǔ)三宿(sù)，女(rǔ)中宿(sù)[7]至。虽有君命，何其速也？夫袪(qū)[8]犹在，女(rǔ)其行乎！”

来设法杀我，他命令你三天到达，你却第二天夜晚就到了。虽然有国君的命令，为什么这样迫不及待呢？在蒲城被你斩断的那只袖子我还保存着，你还是走吧！”

对曰：“臣谓君之入也，其知之矣。若犹未也，又将及难(nàn)。君命无二，古之制也。除君之恶(è)，唯力是视。蒲人、狄人，余何有焉？今君即位，其无蒲、狄乎？齐桓(huán)公置射钩而使管仲相[9]，君若易之，何辱命焉？行者甚众，岂唯刑臣[10]！”公见之，以难(nàn)[11]告。

寺人披回答说：“我以为您这次回国，已经懂得做国君的道理了。要是还没有懂得，那么，恐怕您又将遭受祸害。国君的命令必须毫无二心地去执行，这是古代的遗训。除掉国君的仇敌，只看我有多大力量。而且您当时是蒲人或是狄人，对于我来说有什么关系呢？现在您做了国君，难道就不会发生在蒲、狄时那样的祸事吗？从前齐桓公把管仲射中自己带钩的事放下不问，让他做了国相，您要是跟齐桓公的做法不同，又何必劳您下命令呢？要离开晋国的人很多，难道只有我一个人吗？”文公听了，立即召见他，

7 中宿：次夜。
8 袪：衣袖。
9 《管子·大匡》载，鲁庄公九年（前685），鲁国送公子纠回晋国，在乾（地名）与公子小白发生战斗，公子纠的部下管仲用箭射中了小白衣上的带钩。后来小白即位为齐桓公，却不追究这件事，反而任命管仲为相国。
10 刑臣：这里是披的自称，因披是受了宫刑的阉人。
11 难：祸害。指吕、郤将要焚宫杀文公的计划。

三月，晋侯潜会秦伯于王城。己丑，晦[12]，公宫火。瑕（xiá）甥、郤（xì）芮（ruì）不获公，乃如河上。秦伯诱而杀之。

寺人披把吕甥、郤芮将要发动叛乱的阴谋告诉了晋文公。三月，晋文公暗地里在王城和秦穆公相会商量应付办法。三月的最后一天，晋文公的宫室果然起火，吕甥、郤芮搜寻不到文公，就跑到黄河之上。秦穆公把他们引诱出来杀掉了。

元 王振鹏 《养正图卷》（局部）

12 晦：阴历每月的最后一天。

介之推不言禄

《左传 · 僖公二十四年》

晋文公为公子时，由于父子、兄弟之间的冲突，被迫在国外流亡十九年，直到晋惠公死了，才在秦穆公的帮助下回国。他即位以后，跟他一起出国流亡的人都争功要俸禄。唯独介之推不这样做，在当时社会中真可算是凤毛麟角。介之推跟他母亲的三次对话，深刻批判了争功请赏、猎取名利的行径；但他把文公能够回国做国君看成是上天安排的，忽视了人的努力，陷于宿命论。

晋侯[1]赏从亡者。介之推[2]不言禄，禄亦弗及。推曰："献公[3]之子九人，唯君在矣。惠、怀[4]无亲，外内弃之。天未绝晋，必将有主。主

晋文公赏赐跟他一起流亡的人。介之推不讲自己有功劳应该享受俸禄，因此高官厚禄也没有他的份。介之推说："献公的儿子九个，现在只有君侯还活着。惠公、怀公没有亲近的人，国外的诸侯、国内的臣民都抛弃了他们。上天还不想断绝晋国国祚，必定会有人来掌

1 晋侯：即晋文公。
2 介之推：姓介名推，"之"是插在姓名之间的语助词。
3 献公：晋文公的父亲。
4 惠、怀：晋惠公与晋怀公。惠公是文公的弟弟，怀公是惠公的儿子。

晋祀者，非君而谁？天实置之，而二三子[5]以为己力，不亦诬乎？窃人之财，犹谓之盗，况贪天之功以为己力乎？下义其罪，上赏其奸，上下相蒙，难与处矣！”

管。这掌管晋国祭祀的人不是君侯还有谁呢？这本来是上天给安排的，然而那几位却认为是自己的功劳，不也太骗人了吗？偷别人的钱财，尚且叫他盗贼，何况是贪取上天的功劳作为自己的功劳呢？下面的人把贪天之功为己功的罪过当作正义，上面的人对他们的奸邪行为加以赏赐，上上下下相互欺骗，我难以跟他们相处啊！”

其母曰：“盍亦求之，以死谁怼[6]？”对曰：“尤[7]而效之，罪又甚焉！且出怨言，不食其食。[8]”其母曰：“亦使知之，若何？”对曰：“言，身之文[9]也，身

他的母亲说：“你何不也去求赏赐呢？如果不去求，就这样死了，又怨谁呢？”介之推回答说：“我已经责备了他们的所作所为，而又去效法他们，那罪过就更重了！况且说了怨恨的话，就不应该再吃他所赏赐的俸禄。”他的母亲说：“也使君侯知道这件事，怎么样？”介之推回答说：“言语，原是用来表白自身行动的，自

5 二三子：相当于现在讲的“那几位”，指跟从文公逃亡的人。
6 怼：怨恨。
7 尤：责备。
8 怨言：指前面讲的“窃人之财，犹谓之盗……难与处矣”等语。不食其食：前一“食”字，动词；后一“食”字，名词，指俸禄。
9 文：修饰。此处为“表白”意。

将隐，焉用文之？是求显[10]也。”其母曰：“能如是乎？与汝偕(xié)隐。”遂隐而死。

晋侯求之不获，以绵上为之田[11]，曰：“以志[12]吾过，且旌(jīng)[13]善人。”

身将要退隐了，还用得着表白吗？我要是去讲就是想得到显达啊。”他的母亲说：“你能这样吗？我和你一同隐居吧。”于是就隐居到死。

晋文公找他不着，就把绵上的田作为介之推的封田，并说：“用这来记下我的过失，并且用来表彰好人。”

10 显：显达。

11 绵上：地名，在今山西介休东南、沁源西北的介山（一说名绵山）下。为之田：作为介之推的封田。

12 志：标记。

13 旌：表彰。

明 仇英 《莲溪渔隐图》（局部）

展喜犒（kào）师

《左传 · 僖公二十六年》

齐大鲁小，齐强鲁弱，因此齐国总想侵略鲁国。齐孝公本来想要进攻鲁国，但展喜利用两国先君的关系和盟誓，以及齐孝公的虚荣心来谈判，说得有理有据、大义凛然而又委婉动听，齐孝公无话可答，只好收兵回去。

齐孝公伐我北鄙（bǐ）[1]，公使展喜犒（kào）师[2]，使受命于展禽[3]。

齐孝公攻打我国北部边境，僖公派展喜去慰问齐军，并叫他到展禽那里去接受犒劳齐军的辞令。

齐侯未入竟[4]，展喜从之，曰："寡君闻君亲举玉趾（zhǐ）[5]，将辱于敝邑，使下臣犒执事。"齐侯曰："鲁人恐乎？"对

齐侯还没有进入鲁国的国境，展喜迎上他，说："我们的国君听到您亲自移步，将要屈尊来到我国，因此派下臣我来慰劳您左右的人。"齐侯问道："你们鲁国人害怕吗？"展喜回答

1 齐孝公：齐桓公的儿子。鄙：边疆。
2 公：指鲁僖公。展喜：鲁大夫，展禽的弟弟。犒：慰劳。
3 受命：指向展禽领受犒劳齐军的辞令。展禽：名获，食邑于柳下，谥曰惠，故后来又叫柳下惠。
4 竟：同"境"。
5 玉趾：指脚。"玉趾"是客气的说法。

曰:“小人恐矣,君子则否。”齐侯曰:“室如县(xuán)罄(qìng),野无青草,何恃(shì)而不恐?”[6]

说:“小人害怕了,君子则不。”齐侯说:“你们的府库空虚得像挂着的磬,田野里连菜蔬都没有,依靠着什么不害怕呢?”

对曰:“恃先王之命。昔周公、大(tài)公[7],股肱(gōng)[8]周室,夹辅成王,成王劳之而赐之盟,曰:‘世世子孙,无相害也。’载在盟府[9],太师职[10]之。桓(huán)公是以纠合诸侯而谋其不协,弥缝其阙(quē)而匡救其灾,昭旧职[11]也。及君即位,诸侯之望曰:‘其率(shuài)[12]

展喜回答说:“依靠着先王的命令。从前周公、太公扶助周王室,两人共同辅佐成王,成王慰劳他们并赐给他们誓约,说:‘你们世世代代的子孙,要和睦相处,不要互相伤害。’这个盟约还藏在盟府里,由太师掌管着。齐桓公因此联合诸侯,解决他们之间的纠纷,弥补他们的过失,并且拯救他们的灾难,这都是表明执行成王交给的职责。到您登上君位,诸侯都寄予希望,说:‘他大概能遵循桓公的功业。’

6 县:同“悬”。罄:通“磬”。中间空虚的乐器。青草:指菜蔬。

7 周公:周文王的儿子,名旦,鲁国的始祖。大公:即吕望,姜姓,通称姜太公,齐国的始祖。

8 股肱:一般指得力的助手。这里作动词用,意为辅佐。股,大腿。肱,胳膊由肘到肩的部分。

9 载:载言,指盟约。盟府:掌管盟约文书档案的官府。

10 职:掌管。

11 旧职:从前的职守。指齐始祖姜太公股肱周室的事业。

12 率:遵循。

桓之功。'我敝邑用不敢保聚，曰：'岂其嗣(sì)世九年，而弃命废职，其若先君何？君必不然。'恃此以不恐。"齐侯乃还。

我们因此不敢修筑城池、缮治甲兵，作战争的准备，说：'难道他继承君位才九年，就要背弃先王的命令，废除自己应有的职责吗？要是这样，怎么对得住太公和桓公呢？想来齐君一定不会这样。'我们依靠着这个，所以不害怕。"齐侯于是收兵回国。

南宋 赵伯驹 《仙山楼阁图》（局部）

烛之武退秦师

《左传 · 僖公三十年》

烛之武在危急关头利用秦晋之间的矛盾，慷慨陈词，有形势的分析，又有史事的引用，骨子里是为了保全郑国，表面上却处处为秦国打算。这篇说辞终于收到了预期的效果，使秦穆公撤兵回国。在这种形势下，晋军也只好撤退。

晋侯、秦伯围郑[1]，以其无礼于晋[2]，且贰[3]于楚也。晋军函陵[4]，秦军氾(fán)南[5]。

晋文公和秦穆公围攻郑都，因为郑国以前对晋文公无礼，并且有了二心，暗地里依附了楚国。晋军驻扎在函陵，秦军驻扎在氾南。

佚(yì)之狐言于郑伯曰[6]："国危矣，若使烛之武[7]见秦君，师必退。"

佚之狐对郑文公说："国家很危险了，假如派遣烛之武去见秦君，他们的军队一定会撤走。"郑文公听从

1 晋侯：晋文公。秦伯：秦穆公。
2 无礼于晋：指晋文公为公子时在外逃亡，经过郑国，郑文公没有按礼节接待他。
3 贰：有二心。
4 函陵：郑地，在今河南新郑北。
5 氾南：郑地，在今河南中牟南。
6 佚之狐：郑大夫。郑伯：郑文公。
7 烛之武：郑大夫。

公从之。辞曰:“臣之壮也,犹不如人;今老矣,无能为也已。”公曰:“吾不能早用子[8],今急而求子,是寡人之过也。然郑亡,子亦有不利焉。”许之。

夜,缒(zhuì)[9]而出,见秦伯。曰:“秦、晋围郑,郑既知亡矣。若郑亡而有益于君,敢以烦执事。越国以鄙(bǐ)远,君知其难也,焉用亡郑以陪邻?邻之厚,君之薄也。若舍郑以为东道主[10],行李[11]之

了他的建议,去请烛之武。烛之武推辞说:“我年富力强的时候,尚且不如他人;现在年老了,没有能力办事了。”文公说:“我没有及早重用你,如今事情危急了才来求你,这是我的过错。然而郑国灭亡了,对你也不会有利吧!”烛之武便答应了郑文公。

晚上,烛之武用绳子缚住身体,让人把他从城墙上放下去而出了城,去拜见秦穆公。烛之武说:“秦、晋两军围攻郑都,郑国已经知道要灭亡了。假如灭了郑国而对您有益,那我就不敢麻烦您接见了。不过,越过一个国家,把偏远的地方作为边邑,您知道,要管辖它是很困难的,那么,又何必灭亡郑国去扩大邻邦晋国的土地呢?邻国的实力雄厚了,就等于您的力量被削弱了。假如留下郑国,把它作为东方道路上的主人,秦国的使

8 子:古代对男子的尊称。
9 缒:用绳子缚住身体,从城墙上放下去。
10 东道主:东方道路上招待宿食的主人。因郑在秦东,所以这么说。
11 行李:使者。也作“行理”。

往来，共(gōng)[12]其乏困，君亦无所害。且君尝为晋君赐矣[13]，许君焦、瑕(xiá)[14]，朝济而夕设版[15]焉，君之所知也。夫(fú)晋，何厌之有？既东封[16]郑，又欲肆(sì)其西封。若不阙(quē)[17]秦，将焉取之？阙秦以利晋，唯君图之。”

者来往经过，郑国可以供给他们各种需要，这对您秦国没有任何害处。况且您曾经对晋君有恩德，晋惠公答应过给您焦、瑕二地，可是他早晨渡河回了国，晚上就在那里修筑城墙了，这是您所知道的。晋国哪里还有满足的时候？晋国既然灭了郑国作为它东边的疆界，就又想极力扩展它西边的疆界。如果不损害秦国，还能从哪里取得土地呢？这种损害秦国而有利于晋国的事情，怎么处理，只有请您好好考虑了。”

秦伯说(yuè)[18]，与郑人盟，使杞(qǐ)子、逢(páng)孙、杨孙戍(shù)之[19]，乃还。

秦穆公听了很高兴，便和郑国订立盟约，派杞子、逢孙、杨孙驻扎在那里，就回去了。

子犯[20]请击之。公曰：“不可！微夫(fú)

子犯请求晋文公追击秦军。文公说：“不行！要不是那个人的力量，我就不

12 共：同“供”。
13 尝为晋君赐：指秦穆公曾经帮助晋惠公回国即侯位。
14 焦、瑕：二地名，在今河南三门峡一带。
15 设版：指筑城备战。版，打土墙用的夹板。
16 封：疆界。
17 阙：损害。
18 说：同“悦”。
19 杞子、逢孙、杨孙：都是秦国大夫。
20 子犯：即狐偃，晋大夫。晋文公的舅父。

人之力不及此[21]。因人之力而敝(bì)[22]之，不仁；失其所与，不知(zhì)[23]；以乱易整[24]，不武。吾其还也。”亦去之。

会到这个地位。依靠了人家的力量得到好处却去损害人家，这是不讲仁义；丢掉了自己的同盟国，这是不明智；把两国的和睦相处变为互相攻打，这不算勇武。我们还是回去吧。”晋军也撤走了。

明 仇英 《梧竹书堂图》（局部）

21 微：非。夫人：那个人。指秦穆公。此句指秦穆公在晋惠公死了之后又帮助晋文公回国继承君位的事。
22 敝：败坏，损害。
23 知：同“智”。
24 乱：指秦晋两国同盟破裂，互相攻战。整：指秦晋两国和睦相处。

蹇叔哭师

《左传·僖公三十二年》

烛之武说退秦军后，秦穆公派杞子等人驻守郑国。过了两年多，晋文公一死，秦穆公野心勃勃，想灭郑攻晋，进击中原。这时，秦国富有经验的老臣蹇叔预见到秦军千里远征，必然失败，所以一再劝阻，但秦穆公不听，坚持出兵袭郑。结果不出蹇叔所料，秦军在殽山被晋军打得全军覆没。本篇写蹇叔哭送秦军，不仅说明了他对形势分析的透彻和对战局预测的准确，更体现了他的爱国之心。

杞子自郑使告于秦曰："郑人使我掌其北门之管[1]，若潜师以来，国可得也。"穆公访诸蹇叔[2]。蹇叔曰："劳师以袭远，非所闻也。师劳力竭，远主[3]备之，无

杞子从郑国派人报告秦穆公说："郑人叫我掌管都城北门的钥匙，假如秘密派军队前来，就可以占领郑国。"秦穆公拿这件事去征询蹇叔的意见。蹇叔说："使军队受到很大的消耗去袭击远方的国家，我没有听说过。行军疲劳，力量耗尽，远方的国

1 管：钥匙。
2 蹇叔：秦国的老臣。
3 远主：指郑国，因为秦和郑的中间隔着晋国。

乃不可乎？师之所为，郑必知之。勤而无所，必有悖（bèi）心[4]。且行千里，其谁不知？”

家有了防备，这恐怕不可以吧？军队的行动，郑国一定会知道的。秦军劳苦了而毫无所得，士兵必定会产生叛逆作乱的心思。再说行军千里，哪个不知道呢？”

公辞焉。召孟明、西乞、白乙[5]，使出师于东门之外。蹇叔哭之曰：“孟子[6]！吾见师之出而不见其入也。”公使谓之曰：“尔何知！中寿，尔墓之木拱矣！[7]”

秦穆公拒绝了蹇叔的意见。召见孟明、西乞、白乙，叫他们从东门出兵。蹇叔哭着说：“孟子啊！我看见军队出去，却见不到他们回来了！”秦穆公打发人对他说：“你知道什么！你要是只活到中寿就死掉，现在你坟地的树木也有两手合抱那么粗了。”

蹇叔之子与（yù）[8]师。哭而送之，曰：“晋人御师必于殽（xiáo）[9]。殽有二陵[10]焉：其南陵，夏后

蹇叔的儿子也参加了这支军队。蹇叔边哭边送他，说：“晋人必定在殽山拦击我军，殽山有两座大山峰：那南边的大山峰是夏代君王皋的坟墓，那

4 悖心：叛逆作乱之心。
5 孟明：姓百里，名视，是贤臣百里奚的儿子。西乞：名术。白乙：名丙。三人都是秦将。
6 孟子：即孟明。
7 中寿：指活到约六七十岁。拱：两手合抱。
8 与：参加。
9 殽：同“崤”，山名，在今河南洛宁西北。
10 陵：大山峰。殽有两座山峰，称为东陵、西陵。

皋(gāo)之墓也；[11]其北陵[12]，文王之所辟(bì)风雨也。必死是间，余收尔骨焉！”

秦师遂东。

北边的大山峰曾是周文王避风雨的地方。你必定死在这中间，我到那里去收你的尸骨吧！”

秦国的军队于是向东进发。

南宋 夏圭 《烟岫林居图》

11 南陵：即西陵。夏后皋：夏代的天子，名皋，是夏桀的祖父。
12 北陵：即东陵。

卷之二　周文

郑子家告赵宣子

《左传·文公十七年》

郑国是夹在晋、楚两个对立的大国之间的小国，外交关系很难处理。郑子家的这篇外交辞令，利用两大国的矛盾，逐年逐月罗列事实，真正的用意是暗示晋国：郑对晋的恭顺已无以复加，如果再加逼迫，郑国就可能孤注一掷，或投靠楚国，或与晋人拼死一战。这番言辞最终迫使晋人让步。

晋侯合诸侯于扈（hù）[1]，平宋[2]也。

晋灵公在扈会合诸侯，为的是平定宋国的乱事。

于是晋侯不见郑伯[3]，以为贰于楚也。郑子家[4]使执讯而与之书，以告赵宣子[5]曰：

晋侯不肯接见郑伯，以为郑伯有二心，暗地里依附了楚。郑国的大夫子家，派了个通信官并给他一封信，在信中告诉赵宣子说：

“寡君即位三年，召

“我们的国君即位三年，就召请

1 晋侯：晋灵公，名夷皋。扈：郑地，在今河南原阳。
2 平宋：平定宋乱以立宋文公。宋昭公无道，公元前611年十一月，被宋襄公的夫人派人杀了。
3 郑伯：郑穆公，名兰，为郑国第九代国君。
4 子家：即公子归生，郑大夫。
5 赵宣子：即赵盾，晋国的执政大臣。

蔡侯而与之事君[6]。九月，蔡侯入于敝(bì)邑以行，敝邑以侯宣多之难(nàn)[7]，寡君是以不得与蔡侯偕(xié)。十一月，克减[8]侯宣多而随蔡侯以朝(cháo)于执事。十二年六月，归生佐寡君之嫡夷(dí yí)[9]，以请陈侯[10]于楚而朝诸君。十四年七月，寡君又朝，以蒇(chǎn)[11]陈事。十五年五月，陈侯自敝邑往朝于君。往年正月，烛之武往朝夷也。[12]八月，寡君又往朝。以陈、蔡之密迩(ěr)[13]于楚

蔡侯和他同来服侍你们襄公。九月，蔡侯来到我国从这里去你们晋国，我国由于有侯宣多的祸乱，我们的国君因此没有和蔡侯一同前往。十一月，侯宣多的乱事稍稍平息之后，我们的国君就跟随蔡侯来朝见你们国君。十二年六月，归生又辅佐我们国君的太子夷，为陈侯朝晋的事向楚国请命，然后来朝见晋君。十四年七月，我们的国君又来朝见，以完成陈侯朝晋的事。十五年五月，陈侯才得以从我国去朝见晋君。去年正月，烛之武辅佐太子夷去朝见晋君。八月，我们的国君又去朝见。陈、蔡两国非常接近楚国，却不敢对

6 蔡侯：蔡庄公。君：指晋襄公，晋灵公之父。
7 侯宣多：郑大夫。郑穆公为侯宣多所立，于是他恃宠专权，故说“侯宣多之难”。
8 克减：稍稍压制。
9 嫡夷：指郑穆公的太子夷。嫡，嫡子，正夫人所生的儿子，一般都立为继承君位的太子。
10 陈侯：陈共公。
11 蒇：完成。
12 往年：去年。烛之武：郑大夫。夷：太子夷。
13 密迩：紧密靠近。

而不敢贰焉，则敝邑之故也。虽敝邑之事君，何以不免？

“在位之中，一朝于襄，而再见于君。[14]夷与孤之二三臣相及于绛[15]。虽我小国，则蔑（miè）[16]以过之矣。今大国曰：‘尔未逞（chěng）[17]吾志。’敝邑有亡，无以加焉。古人有言曰：‘畏首畏尾，身其余几？’[18]又曰：‘鹿死不择音。’[19]小国之事大国也，德，则其人也；不德，则其鹿也。铤（tǐng）[20]

晋有二心，这都是由于我们的缘故啊。即使我们这样服侍晋君，为什么还得不到免罪呢？

“我们国君在位的岁月里，一次朝见襄公，两次朝见现在的晋君。太子夷和我们几位大臣相继来到绛都朝见。虽然我们是小国，但侍奉大国之礼没有谁能超过的了。现在大国却说：‘你们没有使我称心快意。’要是这样，我们郑国只有灭亡，因为我国事晋的礼数不能再增加了。古人有句话说：‘怕头怕尾，那身子还剩多少呢？’又说：‘鹿临死顾不得选择有树荫的地方。’小国服侍大国，大国有恩德，那小国还是懂得报答恩德的人；如果大国没有恩德，那么小国就只好是被逼冒险的鹿了。鹿飞奔在险路上，在

14 襄：晋襄公。君：这里指晋灵公。
15 及：来到。绛：晋都。在今山西翼城东南。
16 蔑：无，没有。
17 逞：快意。
18 此句言外之意是：郑北畏晋、南畏楚，又有什么办法呢？
19 此句言外之意是：郑被你们逼得濒于灭亡，就将不择所从之国了。音，通“荫”，树荫，引申为庇护（《左传》杜氏注）。
20 铤：疾走。

而走险，急何能择？

危急时还有什么工夫来选择庇护呢？

“命之罔极[21]，亦知亡矣。将悉敝赋以待于鯈(chóu)[22]，唯执事命之[23]。文公[24]二年，朝(cháo)于齐。四年[25]，为齐侵蔡，亦获成于楚。居大国之间而从于强令，岂其罪也？大国若弗图，无所逃命。”

“你们的命令没完没了，我们也知道终究要被灭亡。我们只好集中全国所有的兵力在鯈等待，就只听您的命令了。郑文公二年，我国君朝见齐桓公。四年替齐国袭击蔡国，蔡是楚的属国，可是我们也得到楚国的谅解，与楚讲和。小国夹在大国的中间，服从强国的命令，难道是它的罪过吗？大国要是不体谅，我们就没法逃避你们的命令了。”

晋巩(gǒng)朔[26]行成于郑，赵穿、公婿池为质焉[27]。

晋大夫巩朔跟郑国达成了和议，把赵穿和晋灵公的女婿池作为人质留在郑国。

21 罔极：无穷。
22 赋：兵。古代按田赋出兵，所以称赋。鯈：晋郑交界之地。
23 这是客气的说法。真正的意思是：看你们怎么回答吧！
24 文公：指郑文公。
25 四年：指郑文公四年（前669）。
26 巩朔：晋大夫。
27 赵穿：晋卿。公婿池：晋灵公的女婿。

明 仇英 《枫溪垂钓图》（局部）

王孙满对楚子

《左传 · 宣公三年》

鼎，周人当作王权的象征。楚子问鼎，有取代周王的意图。王孙满的回答，处处用“德”字、“天”字压服楚王。他重德轻鼎的观点是对的，但是宣扬天命、占卜，则是封建迷信。

楚子伐陆浑之戎(róng)[1]，遂至于雒(luò)[2]，观兵[3]于周疆。

定王使王孙满劳(lào)楚子[4]。楚子问鼎[5]之大小轻重焉。

对曰：“在德不在鼎。昔夏之方有德也，远方

楚庄王征讨陆浑的戎族，于是来到洛水，在周的边界上陈兵示威。

周定王派了王孙满去慰劳楚庄王。楚庄王问九鼎的大小轻重怎样。

王孙满回答说：“治理天下在于有德，不在于有鼎。从前夏朝在有德的时候，远方的人进献了描绘各种奇物的图画，九州的首领贡纳了

1 楚子：楚庄王。楚是子爵，但自称王。陆浑之戎：我国古代西北地区民族之一，原居秦、晋西北，后迁伊川。陆浑，治今河南嵩县东北。
2 雒：同“洛”，即洛水。
3 观兵：检阅军队以炫耀武力。
4 定王：名瑜，为周朝第二十一个王。王孙满：周大夫。劳：慰劳。
5 鼎：相传是夏禹所铸的九鼎。夏、商、周三代相传以为国宝。

图物[6]，贡金九牧[7]，铸鼎象物[8]，百物而为之备，使民知神奸。故民入川泽山林，不逢不若[9]。螭魅罔(chī mèi wǎng)两[10]，莫能逢之。用能协于上下，以承天休。[11]

各地出产的铜，夏禹用铜铸成九鼎，上面铸有奇物的形象，各种奇物都完备，就使百姓知道神鬼奸邪的样子而对它有防备。所以百姓进入河湖山林，就不会遇到不顺意的事。山水木石的鬼怪，也不会遇到。因此能够上下协调一致，承受上天所赐给的福分。

“桀(jié)有昏德，鼎迁于商，载祀(sì)[12]六百。商纣(zhòu)暴虐(nüè)，鼎迁于周。德之休明[13]，虽小，重也；其奸回昏乱，虽大，轻也。天祚(zuò)明德，有所底止[14]。成王定鼎于郏鄏(jiá rǔ)[15]，卜(bǔ)世

“夏桀昏乱无德，九鼎便转移给商，历年六百。商纣暴虐无道，九鼎便转移给周。这样看来，有美好的德行，鼎虽小，也是很重的，不会转移到他人手中；要是奸邪昏乱，鼎虽大，也是很轻的，容易为他人所得。上天降福给那些有德行的人，也是有最终年限的。周成王把九鼎安置在郏鄏的时候，曾经卜得传世

6 图物：描绘各地的奇异事物。
7 金：指铜。九牧：古代分中国的地域为九州，九牧就是九州的首领。贡金九牧，即“九牧贡金”。
8 铸鼎象物：即用九牧所贡的铜铸鼎，并把所描绘的奇异事物铸在鼎上。
9 不若：不顺；不利之物。
10 螭魅：山林的鬼怪。罔两：水里的鬼怪。
11 用：因。休：福佑。
12 载祀：记年。
13 休明：美善光明。
14 底止：指最终的年限。
15 成王：指周成王。郏鄏：周地，今河南洛阳。

三十，卜年七百，天所命也。周德虽衰，天命未改，鼎之轻重，未可问也。”

三十代，享国七百年，这是上天的旨意啊。周王室的气运虽然衰落了，但上天的旨意还没有改变，九鼎的轻重，是不可以问的。”

元 佚名 《寒江待渡图》

齐国佐不辱命

《左传 · 成公二年》

齐晋鞌之战（前589），齐失利，晋追击。齐要求讲和，晋提出苛刻条件。齐使者国佐不辱使命，据理驳斥,又婉转说出齐国“收合余烬，背城借一”的决心。整个说辞既无乞怜之态，又无唐突之病，刚柔相济，终于取得了外交上的胜利。

晋师从齐师，入自丘舆(yú)[1]，击马陉(xíng)[2]。齐侯使宾媚人赂(lù)以纪甗(yǎn)、玉磬(qìng)与地[3]。“不可，则听客[4]之所为。”

晋军追击齐军，从丘舆入齐境，进攻马陉。齐顷公派遣宾媚人把纪国的甗、玉磬和齐国准备割让的土地献给晋国，请求讲和。并说：“如不同意，那就随晋国人的方便好了。”

宾媚人致赂(lù)[5]，晋人不可，曰：“必以萧同叔子[6]为质，而使齐之封

宾媚人献上礼物，晋人不答应，说道：“必须拿萧同叔子做人质，并且把齐国境内的田地垄亩以及道路、沟

1 丘舆：齐邑名，在今山东青州。

2 马陉：齐邑名，在今山东青州西南。

3 齐侯：齐顷公。宾媚人：即国佐，齐国执政大臣。赂：赠送财物。纪：古国名，为齐所灭。甗：礼器。磬：乐器。纪甗、玉磬，是齐灭纪国时所得到的珍宝。

4 客：指晋国。

5 赂：赠送的财物。

6 萧同叔子：萧，当时的一个小国；同叔，萧国君主的名；子，女儿。萧君同叔的女儿，即齐顷公的母亲。

内尽东其亩[7]。”对曰：“萧同叔子非他，寡君之母也。若以匹敌，则亦晋君之母也。吾子布大命于诸侯，而曰必质其母以为信，其若王命[8]何？且是以不孝令也。《诗》曰：‘孝子不匮(kuì)，永锡(cì)尔类。’[9]若以不孝令于诸侯，其无乃非德类也乎？

渠全改为东西向。”宾媚人回答说：“萧同叔子不是别人，是我们国君的母亲。如果以同等地位相看待，那也相当于晋君的母亲。您向诸侯宣布重大的命令，偏说必须以他的母亲为人质才能当作凭信，这符合先王以孝治天下的遗命吗？况且这是拿不孝来号令诸侯。《诗经》说：‘孝子的孝心没有穷尽，永远以孝道影响和感化同类的人。’要是拿不孝来号令诸侯，恐怕不是符合道德准则的吧？

“先王疆理[10]天下，物土之宜而布其利，故《诗》曰：‘我疆我理，南东其亩。’[11]今吾子疆理诸侯，而曰‘尽东其亩’而已，

“先王划分天下的疆界和田地垄亩，要观察土地适宜于种植哪种农作物，使它得到合理的安排，所以《诗经》说：‘我划分疆界和垄亩，有的南北向，有的东西向。’现在您替诸侯划分疆界和田地垄亩，偏说全部都要东西向，

7 封内：国境内。尽东其亩：田地垄亩全改为东西向，道路、沟渠也相应地变为东西向。因为齐、晋是东西相邻，这样一改，以后晋国的兵车进入齐境便易于通行。古代亩制，一亩宽一步，长百步，有东西向和南北向的不同。
8 王命：先王以孝治天下的遗命。
9 此二句出自《诗经·大雅·既醉》。
10 疆理：指划分疆界和沟渠小路。
11 此二句出自《诗经·小雅·信南山》。

唯吾子戎车是利，无顾土宜，其无乃非先王之命也乎？反先王则不义，何以为盟主？其晋实有阙[12]！四王之王也[13]，树德而济[14]同欲焉。五伯[15]之霸也，勤而抚之，以役王命[16]。今吾子求合诸侯，以逞无疆之欲。

只图对您的兵车前进有利，不顾土地的适宜，这恐怕也不是先王的遗命吧？违反先王的遗命是不义的，怎么能够做诸侯的领袖呢？晋国实在也有缺点吧！四王能够成就王业，都树立了恩德而又能满足诸侯的共同愿望。五伯能够成就霸业，都辛勤地安抚诸侯，使他们共同服从王命。现在您希望集合诸侯，却只图满足您那无止境的贪欲。

"《诗》曰'敷政优优，百禄是遒'[17]，子实不优而弃百禄，诸侯何害焉？不然，寡君之命使臣，则有辞[18]矣。曰：'子以君师辱于敝邑，

"《诗经》说：'施政宽和，百福归聚。'您不讲宽和而先丢弃百福，这对于诸侯有什么损害呢？您要是不答应讲和，我们国君派遣我来时，还有另外的话。国君说：'您带领贵国军队屈驾来到我国，我们有一些单薄、

12 阙：缺点，过失。
13 四王：指夏禹、商汤、周文王、周武王。"四王之王"中后一"王"字读wàng。
14 济：满足的意思。
15 五伯：一说指夏的昆吾，商的大彭、豕韦，周的齐桓公、晋文公。一说指春秋的五霸：齐桓公、宋襄公、晋文公、秦穆公、楚庄王。
16 役王命：从事于王命。
17 此二句出自《诗经·商颂·长发》。敷，布，施。优优，和缓宽大的样子。遒，聚。
18 辞：言辞，话。

不腆(tiǎn)敝赋，以犒(kào)从者。[19]
畏君之震，师徒挠(náo)败[20]。
吾子惠徼(yāo)[21]齐国之福，
不泯(mǐn)其社稷(jì)，使继旧好，
唯是先君之敝器、土地
不敢爱[22]，子又不许，请
收合余烬(jìn)，背(bèi)城借一。[23]
敝邑之幸，亦云从也；
况其不幸，敢不唯命是
听！'"

疲弱的军队，来和你们周旋。由于畏惧您的声威，我们的军队被打败了。由于您的恩惠，肯为齐国求福，不灭亡齐国，使两国能继续以前的友好，那我们先君留下来的甗、磬、土地，都不敢吝惜，您再不答应讲和，那么，我们只好收拾集合残余部队，在城下和您决一死战。我国幸而战胜，也还会跟随您的；如果不幸又打败了，哪里还敢不听从您的命令！'"

19 不腆：不丰厚。敝赋：自称其兵卒的谦辞。犒：慰劳。
20 挠败：挫败。挠，一作"桡"。
21 徼：同"邀"。求取。
22 敝器：指纪甗、玉磬等。爱：吝惜。
23 余烬：这里指残余部队。烬，火灰。背城借一：背靠着城，再打一仗。意即在城下决一死战。

明 戴进 《春耕图》（局部）

楚归晋知罃

《左传·成公三年》

鲁宣公十二年（前597）晋楚邲之战时，楚俘虏了知罃。知罃的父亲荀首被提拔为中军副统帅后，晋要用楚国縠臣和襄老的尸体换回知罃，楚王答应了。本文就是知罃临走时和楚王的一席对话。知罃虽为累囚，但在楚王面前，毫无卑躬屈膝的表现。文中楚王的问话句句紧逼，知罃的答话处处巧妙，结果，楚王反而被知罃折服。

晋人归楚公子縠（gǔ）臣与连尹襄老之尸于楚[1]，以求知罃（yīng）[2]。于是荀首佐中军矣[3]，故楚人许之。

晋人送还被俘的楚公子縠臣和连尹襄老的尸体给楚国，要求换回知罃。这时，知罃的父亲荀首已是中军副统帅了，所以楚国答应了。

王[4]送知罃，曰："子其怨我乎？"对曰："二国治戎，臣不才，不胜其任，以为俘馘（guó）[5]。执事不

楚共王送别知罃说："你怨恨我吗？"知罃回答说："两国打仗，我不中用，不能胜任所担当的职务，以致当了俘虏。您不把我杀掉，用我的

1 縠臣：楚庄王的儿子，被囚在晋。连尹：楚官名。襄老：楚臣，邲之战时被晋射死。
2 知罃：又称荀罃，晋楚邲之战被楚俘虏。
3 荀首：即知庄子，晋卿，知罃的父亲。荀，姓；首，名；知，封邑；庄子，死后谥号。佐中军：中军的副职。
4 王：指楚共王。
5 俘馘：俘虏。

以衅鼓[6]，使归即戮，君之惠也。臣实不才，又谁敢怨？”王曰：“然则德我乎？”对曰：“二国图其社稷而求纾[7]其民，各惩其忿以相宥也[8]，两释累囚[9]以成其好。二国有好，臣不与及，其谁敢德？”王曰：“子归，何以报我？”对曰：“臣不任受怨，君亦不任受德，无怨无德，不知所报。”

王曰：“虽然，必告不穀[10]。”对曰：“以君之灵，累臣得归骨于晋[11]，寡君之以为戮，死且不朽。若

血涂鼓祭祀，让我回晋国接受诛戮，这是您的恩惠。我实在不中用，还敢怨谁呢？”楚王说：“那么将感激我吗？”知䓨回答说：“两国都为自己国家考虑，设法减轻人民的痛苦，各自克制怒气而互相宽恕，双方释放俘虏而实现和好。两国和好，我没参与这事，那又感谢谁呢？”楚王说：“你回去以后，用什么报答我呢？”知䓨回答说：“我没有怨您，您也没有给我恩德，无怨无德，不知道怎样报答。”

楚王说：“尽管是这样，你一定要告诉我你的想法。”知䓨回答说：“托您的福，我能活着回到晋国，我们的国君会将我杀死，虽然我死

6 衅鼓：古代杀牲（牛、羊、猪）将其血涂在鼓上，也有杀人涂鼓的。这里是说杀死他。

7 纾：缓和，解除。

8 惩：抑止。忿：怒气，怨恨。宥：赦免。

9 累囚：被捆绑起来的俘虏。

10 不穀：古代诸侯的谦称。

11 累臣：这是知䓨自称，意为被俘虏的臣子。归骨于晋：骨头能回到晋国。意即能活着回到晋国。

从君惠而免之，以赐君之外臣[12]首，首其请于寡君而以戮于宗[13]，亦死且不朽。若不获命而使嗣(sì)宗职[14]，次及于事，而帅偏师以修封疆[15]，虽遇执事[16]，其弗敢违[17]。其竭力致死[18]无有二心，以尽臣礼，所以报也。”王曰：“晋未可与争。”重为之礼而归之。

了，但气节不会腐朽。要是因为您的恩惠赦免了我，把我交给您的外臣荀首，荀首向晋君请命，把我杀死在祖宗面前，我也死而不朽了。如果没有得到国君杀我的命令，却要我继承祖宗的官爵，轮到我担任军职，并且带领一支人马保卫边疆，那时，即使遇到您的军队，我也是不敢逃避的。哪怕竭尽全力直到战死，我也不会有背叛国家之心，这才是尽我做臣子所应尽的职责，也是我用来报答您的方法。”楚王说：“晋国是不可以和它相争的。”于是隆重地举行了仪式，把他送回晋国。

12 外臣：一国的臣子对他国国君自称外臣。
13 戮于宗：执行家法，在宗族内处死。
14 宗职：家族世袭的官职。
15 帅：同“率”。偏师：副师、副将所属的军队。这里是客气话。修封疆：指保卫边疆。修，治理。封疆，边界。
16 执事：办事人员。这也是客气话，实指楚王。
17 违：躲避。
18 致死：效死，贡献生命。

北宋 李成 《寒林平野图》（局部）

吕相绝秦

《左传 · 成公十三年》

鲁成公十三年（前578），晋统率诸侯的军队进攻秦国，先派遣吕相到秦国绝交，宣布秦的罪状。秦晋一直互相倾轧，正义并不全在晋方。但这篇绝交辞令，却把罪过全推给秦方，在行文上步步紧逼，变化错综，深文曲笔，堪称辞令方面的代表作。

晋侯使吕相绝秦[1]，曰："昔逮(dài)我献公及穆(mù)公相好[2]，戮(lù)力[3]同心，申之以盟誓，重(zhòng)之以昏姻[4]。天祸晋国[5]，文公如齐，惠公如秦。

晋厉公派遣吕相去跟秦国绝交，说："从前我国献公和秦穆公开始互相交好，合力同心，用盟约誓言来明确两国关系，又用婚姻来加深两国关系。上天降祸给晋国，发生内乱，以致文公奔往齐国，惠公奔往秦国。

"无禄[6]，献公即世[7]，穆公不忘旧德，俾(bǐ)我惠公

"不幸献公去世，秦穆公不忘往日的恩德，使我惠公因此能够回国即

1 晋侯：晋厉公。吕相：晋大夫魏锜的儿子。
2 逮：自从。献公：晋献公。穆公：秦穆公。
3 戮力：合力，勉力。
4 重：又。昏：同"婚"。此指晋献公的女儿为秦穆公夫人。
5 天祸晋国：指骊姬之乱。
6 无禄：无福，不幸。
7 即世：去世，死。

用能奉祀于晋[8]。又不能成大勋而为韩之师[9]。亦悔于厥(jué)心，用集我文公[10]，是穆之成[11]也。

"文公躬擐(huàn)甲胄[12]，跋(bá)履(lǚ)山川，逾越险阻，征东之诸侯虞(yú)、夏、商、周之胤(yìn)[13]而朝(cháo)诸秦，则亦既报旧德矣。郑人怒君之疆埸(yì)[14]，我文公帅诸侯及秦围郑。秦大夫不询于我寡君，擅及郑盟，诸侯疾之，将致命于秦[15]。文公恐惧，绥(suí)靖[16]诸侯，秦师克还无害，则是我

位，主持祭祀。秦国又不能把好事做到底，却和我们发生了韩原之战。后来穆公心里也有些懊悔，因此帮助我文公回国，这是穆公的成全结果。

"文公亲自穿戴着铠甲、头盔，登山涉水，经历各种艰难险阻，率领东方的诸侯虞、夏、商、周的后代，去朝见秦国，也就已经报答了你们旧时的恩德了。郑人侵犯您的边界，我们文公率领诸侯和秦国共同包围郑都。你们的大夫不同我们国君商量，私自和郑国订立盟约，诸侯都痛恨这事，要和秦拼命。文公怕秦国受害，安抚诸侯，秦军才得以平安回国，这是我们对秦国有重大的恩德啊！

8 俾：使。晋惠公是由秦穆公送回晋国即位为国君的。
9 韩之师：指鲁僖公十五年（前645）秦伐晋，战于韩原，晋惠公被俘事。
10 指秦穆公帮助重耳（晋文公）回国做国君。
11 成：成全。
12 躬擐甲胄：亲自穿戴着铠甲与头盔。
13 胤：后代。
14 疆埸：边境。
15 致命于秦：和秦拼命。
16 绥靖：安抚。

有大造于西也[17]。

“不幸，文公去世，秦穆公不来吊丧，对我们去世的国君无礼，欺我们的襄公孤弱，突然侵犯我们的殽地，断绝和我们的友好关系，又攻打我们边境城邑，灭掉我们的费滑，离间我兄弟国的关系，扰乱我们的同盟，妄图颠覆我们的国家。

“无禄，文公即世，穆为不吊[18]，蔑死[19]我君，寡我襄公，迭(yì)[20]我殽(xiáo)地，奸(jiān)绝我好，伐我保城[21]，殄(tiǎn)灭我费(fèi)滑[22]，散离我兄弟，挠(náo)乱我同盟[23]，倾覆我国家。

“我们襄公没有忘掉穆公以前的功勋，但惧怕国家灭亡，因此有殽地的战争。即使这样，我们还是希望穆公能够赦免我们，穆公不听，却亲近楚国来谋害我们。只是上天显示它的心意，保佑我国，而使楚成王被杀丧命，穆公因此侵犯我国的阴谋未能得逞。

“我襄公未忘君之旧勋，而惧社稷之陨(yǔn)[24]，是以有殽之师[25]。犹愿赦罪于穆公，穆公弗听，而即楚谋我[26]。天诱其衷，成王陨命[27]，穆公是以不克逞志于我。

17 造：成就，贡献。这里作恩德讲。西：指秦，因秦在晋西方。
18 不吊：不来吊丧慰问。
19 蔑死：对死者（晋文公）不礼貌。
20 迭：通“轶”。侵犯。
21 保城：边防上的城市。
22 殄灭：灭绝。费：滑国的都城，在今河南偃师西南。滑国都费，故连称费滑。
23 挠乱：扰乱。郑、滑都和晋同姓，又是同盟之国，故称“兄弟”“同盟”。
24 陨：死亡，灭亡。
25 殽之师：鲁僖公三十三年（前627），晋败秦军于殽。
26 即楚：亲近楚国。此指秦释放鬭克回楚，同谋伐晋事。
27 成王陨命：指鲁文公元年（前626）楚成王被杀之事。

“穆、襄即世，康、灵即位[28]。康公，我之自出[29]，又欲阙(quē)剪我公室，倾覆我社稷，帅我蝥(máo)贼[30]，以来荡摇我边疆，我是以有令狐之役[31]。

“康犹不悛(quān)[32]，入我河曲[33]，伐我涑(sù)川[34]，俘我王官[35]，剪我羁(jī)马[36]，我是以有河曲之战[37]。东道之不通，则是康公绝我好也。

“及君[38]之嗣(sì)也，我君景公，引领西望曰：‘庶

“秦穆公、晋襄公去世，秦康公、晋灵公即位。康公是我们晋国的外甥，又想削弱我们的公室，颠覆我们的国家，带领我国的内奸，来扰乱我们的边疆，我们因此才有令狐之战。

“康公还不悔改，侵入我河曲，攻打我涑川，掳掠我王官地方，占领我羁马，我国因此和秦又有河曲之战。秦晋两国不通往来，那是你们康公断绝和我们的友好关系所造成的。

“到了您即位，我国君景公，伸长着脖子向西盼望说：‘秦国也许会

28 康：秦康公。灵：晋灵公。
29 秦康公的母亲是晋献公的女儿，秦康公是晋的外甥，所以说“我之自出”。
30 蝥贼：两种吃庄稼的害虫。此处是指晋国的公子雍。
31 令狐：晋地名。在今山西临猗西。令狐之役在鲁文公七年（前620）。晋襄公死后，晋国的执政大臣赵盾主张立公子雍。这时公子雍在秦国，便派了使者去迎接。不料襄公夫人坚持要立原定的太子，赵盾不得已立了晋灵公。秦国还不知道这消息，派了军队送公子雍回国，晋出兵迎击，于是发生令狐之战。
32 悛：悔改。
33 河曲：晋地名，在今山西永济西南一带。此地是黄河转折之处，故名“河曲”。
34 涑川：水名。源出山西绛县，至永济流入黄河。
35 王官：晋地名，在今山西闻喜南。
36 羁马：地名。在今山西永济南。
37 河曲之战，胜负未分，秦军连夜撤走。
38 君：指秦桓公。

抚我乎！’君亦不惠称盟，利吾有狄难（nàn）[39]，入我河县[40]，焚我箕（jī）、郜（gào）[41]，芟（shān）夷我农功[42]，虔（qián）刘[43]我边陲（chuí），我是以有辅氏之聚[44]。

安抚我们吧！’可是您也不考虑我们的希望和我们缔结盟约，却利用我有赤狄之战的危难，侵入我河县，焚烧我箕、郜，割掉我们的庄稼，杀戮我们边境的人民，我们因此有辅氏的聚众抵御。

“君亦悔祸之延，而欲徼（yāo）福于先君献、穆[45]，使伯车[46]来命我景公曰：‘吾与女（rǔ）同好弃恶（wù），复修旧德，以追念前勋。’言誓未就，景公即世，我寡君是以有令（líng）狐之会[47]。君又不祥，背弃盟誓。

“您也懊悔不该使战祸延长，而想向先君晋献公、秦穆公求得福佑，派遣伯车来向我景公说：‘我和您重新和好，抛弃以前的仇怨，恢复、发展过去的友好关系，来追念先君献公、穆公的功勋。’盟约还没有订立，景公就去世了，我国国君因此和秦有令狐的会盟。您又不安好心，违背、废弃了盟约。

“白狄（dí）[48]及君同州，

“白狄和您秦国同属雍州，是您

39 有狄难：指鲁宣公十五年（前594）晋灭赤狄潞国一事。
40 河县：靠近黄河的县邑。即下文的箕、郜等地。
41 箕：今山西蒲县东北有箕城，即其地。郜：在今山西祁县西。
42 芟夷：铲除。农功：指庄稼。
43 虔刘：屠杀。
44 辅氏之聚：辅氏之战在鲁宣公十五年。辅氏，地名，在今陕西大荔朝邑镇。
45 献、穆：晋献公、秦穆公。
46 伯车：秦桓公的儿子。
47 令狐之会：在鲁成公十一年（前580）。
48 白狄：狄族中的一支。

君之仇雠(chóu)而我之昏姻[49]也。君来赐命曰：‘吾与女(rǔ)伐狄(dí)。’寡君不敢顾昏姻，畏君之威而受命于使[50]。君有(yòu)二心于狄，曰：‘晋将伐女(rǔ)。’狄应且憎(zēng)，是用告我。楚人恶君之二三其德也，亦来告我曰：‘秦背令(líng)狐之盟而来求盟于我，昭告昊(hào)天上帝、秦三公、楚三王曰[51]：“余虽与晋出入[52]，余唯利是视。”不穀(gǔ)恶(wù)其无成德，是用宣之，以惩不一。’诸侯备闻此言，斯是用痛心疾首，昵(nì)就寡人。寡人帅

的冤家，却是我们的亲戚。您来吩咐说：‘我和你一起征讨白狄。’我们的国君不敢顾及亲戚，害怕您的威势，听从了您使者的命令。您却对狄耍两面派，说：‘晋国将要攻打你。’白狄表面上答应您，骨子里却十分憎恶，因此告诉了我们。楚国人讨厌您三心二意，反复无常，也告诉我们说：‘秦国违背了令狐的盟约，却来向我要求结盟。他们还向皇天上帝以及秦国的三公、楚国的三王宣誓说：“我们秦国虽然和晋国有往来，但我们只是为了追求利益。”我厌恶秦国没有道德，因此把这件事公开宣布，来惩戒那些言行不一致的人。’诸侯们全都听到了这话，因此都痛恨异常，和我亲近。现在我率领诸侯来听候您

49 我之昏姻：白狄和赤狄同属狄族，而赤狄女季隗是晋文公的一位夫人，所以说是婚姻。

50 使：指秦使臣。

51 昊天：上天。秦三公：秦穆公、秦康公、秦共公。楚三王：楚成王、楚穆王、楚庄王。

52 出入：有来往。

南宋 赵伯驹 《仙山楼阁图》（局部）

以听命，唯好（hǎo）是求。君若惠顾诸侯，矜（jīn）哀寡人，而赐之盟，则寡人之愿也，其承宁诸侯以退，岂敢徼（yāo）乱？君若不施大惠，寡人不佞（nìng）[53]，其不能以诸侯退矣。敢尽布之执事，俾（bǐ）执事实图利之。"

的答复，只求和您永结友好。您如看得起诸侯，并且怜悯我，而跟诸侯订立盟约，那是我的愿望。我也当承受秦君的命令，安定诸侯，然后退去，岂敢来扰乱您呢？您要是不施大恩，我没有什么才能，那就不能使诸侯退兵了。我大胆地把所有的意见都向您宣布，请您好好考虑利害关系吧。"

53 不佞：不才。

驹支不屈于晋

《左传·襄公十四年》

中国自古以来就是一个多民族的大国。各个民族都在中华民族的开发史上作出了自己的贡献。驹支所言，就反映了这方面的一些情况。文中范宣子责难驹支的话，气势汹汹，但是驹支逐句批驳，理直辞婉，使得范宣子不得不向他道歉。这也看出怎样运用辞令进行外交斗争。

会于向[1]……将执戎(róng)子驹(jū)支[2]。范宣子亲数(shǔ)诸朝(cháo)曰[3]："来，姜戎氏！昔秦人迫逐乃祖吾离于瓜州[4]，乃祖吾离被(pī)苫(shān)盖、蒙荆棘[5]，以来归我先君。我先君惠公有不腆(tiǎn)之田[6]，与女(rǔ)剖分而食之。今诸

晋国在向地会集诸侯……打算把姜戎的首领驹支抓起来。范宣子亲自在大堂上数落驹支的罪状说："来，姜戎氏！从前秦人逼迫你的祖宗吾离到瓜州，你的祖宗吾离编茅草做衣服，戴着荆条编的帽子，来归附我们先君。我们先君惠公只有少量的土地，仍和你们平分享受。现

1 向：地名，在今安徽怀远。
2 戎：姜戎。附属于晋的一个少数民族。驹支：姜戎的首领。
3 范宣子：晋大夫，又叫士匄（gài）。朝：指当时会集的大堂。
4 瓜州：在今甘肃敦煌。
5 被：同"披"。苫：编茅草盖屋。这里是指编茅草做衣服穿。盖：苫的别名。蒙：冒。荆：灌木名。棘：多刺的草木。
6 不腆之田：不多的土地。

侯之事我寡君不如昔者，盖言语漏泄，则职[7]女(rǔ)之由。诘朝(jié zhāo)[8]之事，尔无与(yù)[9]焉！与(yù)，将执女(rǔ)。”

在诸侯侍奉我们国君不及以前了，大概是走漏了什么机密，而这主要是由于你的原因。明天会盟的事，你不要参加了！如果参加，就把你抓起来。”

对曰：“昔秦人负恃(shì)其众，贪于土地，逐我诸戎。惠公蠲(juān)[10]其大德，谓我诸戎是四岳之裔胄(yì zhòu)[11]，毋是剪弃[12]。赐我南鄙之田，狐狸所居，豺狼所嗥(háo)[13]。我诸戎除剪其荆棘(jí)，驱其狐狸豺狼，以为先君不侵不叛之臣，至于今不贰。

驹支回答说：“从前秦人自恃他们人多，贪婪地侵占土地，赶跑我们戎族。惠公显示了他的大恩德，认为我们戎族是四岳的后代，不应当灭绝。赐给我们南部边界的土地，那是一块狐狸居住、豺狼嗥叫的地方。我们戎人砍掉那里的荆棘，赶跑那里的狐狸豺狼，做你们先君既不内侵又不外叛的臣子，到现在也没有二心。

“昔文公与秦伐郑，秦人窃与郑盟而舍戍焉，于是乎有殽(xiáo)之师。晋御

“过去你们文公跟秦国攻打郑国，秦人私自跟郑订立盟约，并留人驻守，于是发生了殽的战争。在这

7 职：主要。
8 诘朝：明早。
9 与：参加。
10 蠲：昭明，显示。
11 四岳：尧时诸侯之长。裔胄：远代子孙。
12 剪弃：灭绝。
13 嗥：吼叫。

其上，戎亢[14]其下，秦师不复，我诸戎实然。譬如捕鹿，晋人角之[15]，诸戎掎(jǐ)之[16]，与晋踣(bó)之[17]，戎何以不免？

“自是以来，晋之百役，与我诸戎相继于时，以从执政，犹殽(xiáo)志也，岂敢离逷(tì)[18]？今官之师旅[19]，无乃实有所阙(quē)，以携诸侯，而罪我诸戎。我诸戎饮食衣服不与华同，贽(zhì)币不通[20]，言语不达，何恶(è)之能为？不

次战争中，你们晋兵在上面抵御，我们戎人在下面攻击，秦兵全军覆没，这是因为我们戎人效力，才能取得这样大的胜利。好比捕鹿，晋国从正面抓住它的角，我们戎人在后面抓住它的脚，和晋国共同把它弄倒，我们戎人有这么大的功劳，为什么还不能免罪呢？

“自从这次打败秦国以来，晋国的各次战争，我们戎人都随时跟从，听从你们执政的命令，仍像殽之战那样，丝毫没有变心，怎么敢背叛、疏远你们？现在晋国官府的将帅、大臣，恐怕确实有什么差错吧，以致疏远了诸侯，却怪罪我们戎人。我们戎人所吃的、所穿的与华夏不相同，没有使者往来，言语也不通，还能做什么坏事呢？不要我参加明天的会

14 亢：通“抗”。
15 角之：从正面抓住其角。
16 掎之：从后面抓住其足。
17 踣：仆倒。
18 逷：远。
19 官之师旅：指晋国群臣。
20 贽币不通：意思是没有来往。贽币，古人见面时所赠送的礼物。币指车、马、玉、帛等。

与(yù)于会，亦无瞢(méng)[21]焉。”赋《青蝇》[22]而退。

议，我心里也没有什么不舒畅的。”他念完《青蝇》这首诗便退下了。

宣子辞焉，使即事于会，成恺悌(kǎi tì)[23]也。

范宣子向他道歉，请他参加会盟，成全了自己和乐友爱的美名。

南宋 佚名 《清溪晚渡》

21 瞢：闷，不舒畅。
22 《青蝇》：《诗经·小雅》中的一篇，大意是说君子不应相信谗言。
23 恺悌：和乐友爱。

祁(qí)奚(xī)请免叔向

《左传·襄公二十一年》

乐（yuè）王鲋（fù）本是一个看国君眼色行事的小人，却要装出一副慷慨相助的样子，以讨好别人。祁奚为国家利益着想，爱惜人才，不顾自己已告老还乡而且路途遥远，急忙赶来营救叔向，事成则"不见而归"，根本不希图别人的报答。两人的品格形成鲜明的对比。叔向临危不惧，善于识人，也给人留下深刻印象。

栾(luán)盈出奔楚[1]。宣子杀羊舌虎，囚叔向。[2]人谓叔向曰："子离于罪，其为不知(zhì)乎？"[3]叔向曰："与其死亡若何？《诗》曰：'优哉游哉，聊以卒岁。'[4]知(zhì)也。"

栾盈被范宣子驱逐，逃到楚国。范宣子杀了他的同党羊舌虎，囚禁了羊舌虎的哥哥叔向。有人对叔向说："你遭了罪，这恐怕是你不够明智吧？"叔向说："我虽然被囚禁，但和那些死亡的人比较起来又怎么样呢？《诗经》说：'多么悠闲自得啊，姑且以此来度过我的岁月。'这也是明智啊。"

1 栾盈：晋大夫。他因与晋国的另一大夫范鞅不和，谋害范鞅。事败被驱逐，故出奔楚。
2 宣子：即范鞅。羊舌虎：栾盈的同党。叔向：羊舌虎的哥哥，叫羊舌肸（xī）。
3 离：通"罹"，遭遇。知：同"智"。
4 优哉游哉：闲暇而快乐自得的样子。这两句出自逸诗。

乐(yuè)王鲋(fù)[5]见叔向曰:“吾为子请。”叔向弗应,出不拜。其人皆咎(jiù)叔向。叔向曰:“必祁(qí)大(dà)夫[6]。”室老[7]闻之,曰:“乐王鲋言于君无不行,求赦(shè)吾子,吾子不许。祁大夫所不能也,而曰必由之,何也?”叔向曰:“乐王鲋从君者也,何能行?祁大夫外举不弃仇[8],内举不失亲[9],其独遗我乎?《诗》曰:‘有觉(jué)德行,四国顺之。’[10]夫子,觉(jué)者也。”

乐王鲋去见叔向说:“我替您请求国君,免您的罪。”叔向不答理他,他出去时也不拜谢。人们都责怪叔向不对。叔向说:“能让我免罪的,一定是祁大夫。”他的家臣头领听了这话说:“乐王鲋在国君面前说话,没有不被采纳的,他要向国君请求赦免您,您不答应。祁大夫是无能为力的,您却说一定只有他能做到,这是什么缘故呢?”叔向说:“乐王鲋是一个顺着国君心意行事的人,哪里能做这救人的事呢?祁大夫为国家推荐人才,对外不抛开自己的仇人,对内不遗漏自己的亲人,难道会独独丢弃我吗?《诗》上说:‘有正直的德行,天下都会顺从。’祁大夫这个人,就是有正直德行的人。”

5 乐王鲋:即乐桓子,晋大夫。
6 祁大夫:即祁奚。
7 室老:古时卿大夫家中有家臣,室老是家臣之长。
8 不弃仇:祁奚曾经向晋君推荐过他的仇人解狐。
9 不失亲:祁奚曾经向晋君推荐过他的儿子祁午。
10 此二句出自《诗经·大雅·抑》。觉,正直。

晋侯[11]问叔向之罪于乐王鲋，对曰："不弃其亲，其有焉。"于是祁奚老矣，闻之，乘驲(rì)[12]而见宣子，曰："《诗》曰：'惠我无疆，子孙保之。'[13]《书》曰：'圣有谟(mó)勋，明征定保。'[14]夫谋而鲜(xiǎn)过，惠训不倦者，叔向有焉，社稷(jì)之固也。犹将十世宥(yòu)之[15]，以劝能者。今壹[16]不免其身，以弃社稷，不亦惑乎？

晋平公向乐王鲋问及叔向的罪状，乐王鲋回答说："叔向是个不会背弃他的亲人的人，可能有和他弟弟同谋的事。"这时祁奚已经告老了，听到叔向被囚禁的消息，便急忙坐了传车去见范宣子，说："《诗经》上有句话：'文王、武王给的恩惠没有止境，子孙要世世代代保持。'《尚书》上说：'圣人有谋略功勋，应当明守信用安定他们。'谋划而很少有过失，给人恩惠、给人教诲而不知道疲倦，叔向是具备这种品格的，国家就依赖这样的人来得到安定巩固。对于这样的人，即使他十代之后的子孙犯了罪，也要加以宽宥，以此来鼓励那些贤能的人。现在仅为了羊舌虎这一件事就使他自身也不能免于罪责，抛弃了国家所依靠的人，不也太糊涂了吗？

11 晋侯：指晋平公。
12 驲：驿站专用的车。
13 此二句出自《诗经·周颂·烈文》。保，依赖。
14 伪古文《尚书·胤征》篇袭用此二句。谟，谋略。
15 十世：指远代子孙。宥：赦宥。
16 壹：指因羊舌虎这一件事。

“鲧殛而禹兴[17]。伊尹放大甲而相之[18]，卒无怨色。管、蔡[19]为戮，周公右王[20]。若之何其以虎也弃社稷？子为善，谁敢不勉？多杀何为？”

“从前鲧虽然被杀，他的儿子禹却被舜重用。伊尹放逐太甲，后来仍辅佐他，太甲也从不流露出怨恨的神色。管叔、蔡叔被杀，周公虽然是他们的兄弟，仍然辅佐成王。为什么要因羊舌虎的缘故而抛弃国家的贤臣呢？您做善事，谁敢不努力？多杀人又为的什么呢？”

宣子说[21]，与之乘，以言诸公而免之[22]。不见叔向而归，叔向亦不告免[23]焉而朝。

宣子听了很高兴，便和祁奚同坐一辆车去向晋平公说情，免去了叔向的罪。事情办妥之后，祁大夫没有见叔向就回去了，叔向也不面谢祁大夫就去朝见晋平公。

17 鲧：夏禹的父亲。殛：诛杀。

18 伊尹：商初大臣。名伊，尹是官名。大甲：商代王，汤的嫡长孙，太丁之子。大，同“太”。传说太甲破坏汤法，不理国政，被伊尹放逐。三年后，他悔过，又被接回复位。

19 管、蔡：管叔、蔡叔，周公的弟弟。

20 周公：周武王的弟弟，名旦，亦称叔旦。曾助武王灭商。武王死后，成王年幼，由他摄政。右王：指辅佐成王。

21 说：同“悦”。

22 诸：“之于”的合音。公：即晋平公。免之：免去了叔向的罪。

23 告免：告诉祁奚自己被免了罪。意即向祁奚道谢。

明 仇英 《帝王道统万年图册》之周成王

子产告范宣子轻币

《左传·襄公二十四年》

春秋时代，弱小的诸侯国要向强大的诸侯国进贡，而且漫无止境。这是弱小诸侯国一项很沉重的负担。本文采取对比的手法，子产以“令德”“令名”和“重币”两相对照，阐明利害关系，终于说服了范宣子，减轻了小诸侯国的一些负担。

范宣子为政，诸侯之币[1]重。郑人病[2]之。二月，郑伯[3]如晋。子产寓书于子西以告宣子[4]，曰：“子为晋国，四邻诸侯不闻令德，而闻重币，侨[5]也惑之。

范宣子执掌晋国的政权，诸侯贡纳的礼物加重了。郑国很忧虑这件事。鲁襄公二十四年二月，郑简公到晋国去。子产托子西带书信告诉范宣子，说：“您当晋国的执政，四周的诸侯没有听到您的美德，却听到您加重贡物，我感到疑惑不解。

“侨闻君子长（zhǎng）国家

“我听说执掌国家政权的人，并

1 币：礼物。
2 病：这里作动词用，忧虑。
3 郑伯：郑简公。
4 子产：即公孙侨，春秋时杰出政治家。寓：寄，传书。子西：郑大夫，当时随从郑简公去晋国。
5 侨：子产自称。

者，非无贿[6]之患，而无令名[7]之难。夫诸侯之贿，聚于公室[8]，则诸侯贰。若吾子赖[9]之，则晋国贰。诸侯贰，则晋国坏；晋国贰，则子之家坏。何没没[10]也，将焉用贿？

不愁没有财物，只担忧没有好的名声。如果诸侯的财物，都集中在晋国，那么诸侯就要叛离。如果您贪图这些财物，那么晋国的人民就要叛离。诸侯叛离，那晋国就要崩溃；晋国人民叛离，那您的家就要崩溃。您为什么要这样贪恋财物呢？贪图得来的财物又有什么用呢？

“夫令名，德之舆[11]也。德，国家之基也。有基无坏，无亦是务乎？有德则乐，乐则能久。《诗》云：‘乐只君子，邦家之基。’[12]有令德也夫！‘上帝临女，无贰尔心。’[13]有令名也

“好的名声，是装载德的车子。德，是国家的根本。有了根本，国家才不致败坏，为什么不去尽力追求那好名声呢？求好名声才有德，有德才能和别人同乐，和别人同乐才能在位长久。《诗经》说：‘君子能和别人同乐，这是国家的根本啊。’这是说有美好的德行呀！《诗经》又说：‘上帝看顾着你，

6 贿：财物。
7 令名：好的名声。
8 公室：指晋君。
9 赖：恃，凭借。
10 没没：沉溺，贪恋。
11 舆：车子。
12 此二句出自《诗经·小雅·南山有台》。只，语助词，没有意义。
13 此二句出自《诗经·大雅·大明》。无贰尔心，使尔心无贰。

夫(fú)！恕思以明德，则令名载而行之，是以远至迩(ěr)[14]安。毋宁(wú nìng)使人谓子'子实生我'，而谓'子浚(jùn)[15]我以生'乎。象有齿以焚其身[16]，贿也。"

宣子说(yuè)，乃轻币。

你不要三心二意。'这是说有好名声呀！只有心存恕道来显示德行，那美好的名声才能随着德行传播到各地，于是远方的人闻风而至，近处的人得到安宁。宁可叫人议论您'您实在是生养了我'，不可叫人议论您'您夺取了我的财物而自己享受'。大象有牙而被杀，因为象牙也是财物呀。"

宣子听了很高兴，就减轻了诸侯贡纳的礼物。

14 迩：近。
15 浚：取。
16 焚其身：丧身。

明 仇英 《玉洞仙源图》（局部）

晏子不死君难

《左传·襄公二十五年》

齐庄公因为荒淫被崔杼杀死，晏子不为庄公殉身，同时发表了对事件的看法。晏子的言论，着眼点在国家，认为无论是做国君的还是做臣子的，都应对国家负责。文章从“死”“亡”“归”三个方面设问，最后归结到“社稷”两字，既波澜起伏，又中心突出。

崔武子见棠姜而美之[1]，遂取[2]之。庄公通焉[3]，崔子弑（shì）[4]之。

崔武子看见棠姜很美丽，于是娶了她。齐庄公和棠姜私通，崔武子就把庄公杀死了。

晏子[5]立于崔氏之门外。其人[6]曰：“死乎？”曰：“独吾君也乎哉？吾死也？”曰：“行乎？”曰：“吾罪也

晏子听到齐庄公被杀，站在崔家的门外。左右的人说：“要为国君殉死吗？”晏子说：“只是我一个人的国君吗？我为什么要为他去死呢？”左右的人说：“逃走吗？”晏子说：“是我的罪

1 崔武子：齐卿，即崔杼。棠姜：棠公的妻子。棠公是齐国棠邑大夫。棠邑在今山东金乡东。
2 取：通“娶”。棠公死，崔杼去吊丧，见棠姜美，于是就娶了她。
3 庄公：齐庄公。通：私通。
4 弑：古时称臣杀君、子杀父为弑。
5 晏子：即晏婴，字平仲，夷维（今山东高密）人，齐国大夫。齐灵公二十六年（前556），其父晏弱死后，继任齐卿，历仕灵公、庄公、景公三世。
6 其人：晏子左右的人。

乎哉？吾亡也？”曰：“归乎？”曰：“君死安归？君民者[7]，岂以陵民？社稷(jì)是主。臣君者，岂为其口实[8]？社稷是养。故君为社稷死则死之，为社稷亡则亡之。若为己死，而为己亡，非其私昵(nì)[9]，谁敢任之？且人有君而弑之，吾焉得死之，而焉得亡之？将庸何[10]归？”

门启而入，枕尸股而哭。兴(xīng)，三

过吗？我为什么要逃走呢？”左右的人说：“回家去吗？”晏子说：“国君死了，回到哪里去？做百姓君主的人，难道是要凌驾在百姓之上？是要他来治理国家的。做国君臣子的人，难道是为了自己的俸禄吗？是要扶持国家啊。所以国君为国家而死，那么做臣子的就应该和他同死；国君为了国家而逃走，做臣子的就应该跟他一起逃走。如果国君是为一己之私而死，或为一己之私而逃走，不是他最宠爱、亲近的人，谁敢承担这个责任呢？况且人家是深得国君信任的大臣却把国君杀了，我不过是一般的臣子，我怎么能为国君死又怎么能为国君逃走呢？现在国君已经死了，我又能回到哪里去呢？”

崔家开了门，晏子便走进去，一脚跪地把庄公的尸体枕在自己的大腿上哭了

7 君民者：做人民的君主的人。
8 口实：这里指俸禄。
9 昵：亲近。
10 庸何：即“何”，哪里。

踊(yǒng)而出。[11]人谓崔子必杀之。崔子曰："民之望[12]也，舍(shě)[13]之得民。"

一回。站起来，跳跃了三下才走出来。有人说崔子一定会把晏婴杀掉。崔子说："他是百姓所敬仰的人呀，放了他可以得民心。"

南宋 刘松年《松荫鸣琴图》

11 兴：起立。三踊：跳跃了三下，表示哀痛。踊，跳跃。
12 望：为人所敬仰的、有声望的人。
13 舍：释放。

季札观周乐

《左传·襄公二十九年》

中国的音乐、舞蹈，自古就很盛行，不同时代、不同地域的音乐、舞蹈，往往反映出不同的时代风貌和地域特色。所以季札在鲁国闻歌见舞，就能对政事作出推断。这篇文章为了解春秋时期音乐、舞蹈的发展状况提供了重要的文献依据，同时也是一篇出色的关于歌舞的评论。

吴公子札(zhá)来聘(pìn)[1]……请观于周乐[2]。

吴公子季札来访问鲁国……请求观赏周王室的音乐、舞蹈。

使工为之歌《周南》《召(shào)南》[3]。曰："美哉！始基[4]之矣，犹未也。然勤而不怨[5]矣。"为之歌

鲁侯叫乐工给他歌唱《周南》《召南》。季札听了说："好啊！周的教化已经奠定基础，但还不算完善。然而人民虽劳苦却不怨恨。"给他歌唱邶、

1 公子札：即季札。封于延陵（今江苏常州），所以又称延陵季子。后又封州来（今安徽凤台），故也称延州来季子。他是吴王寿梦最小的儿子。寿梦死，国人欲立季札为王，他固辞不受。鲁襄公二十九年（前544），季札到鲁、齐、晋、郑、卫诸国进行访问。聘：古代国与国之间派使者访问。

2 周乐：周天子的音乐、舞蹈。周成王曾把周天子的音乐、舞蹈赐给周公，鲁为周公的后代，所以保存有这套乐舞。

3 《周南》《召南》：周及以南诸侯国（包括今陕西、河南、湖北一带）的歌曲。《诗经》"十五国风"之首。

4 基：奠基。

5 勤而不怨：劳苦而不怨恨。指《周南》《召南》乐歌中所体现的民情。

《邶》《鄘》《卫》[6]。曰:“美哉，渊[7]乎！忧而不困者也。吾闻卫康叔、武公之德如是[8]，是其《卫风》乎？”

鄘、卫三国的歌曲。季札说:“好啊，多么深沉呀！百姓虽有忧伤，但还不至于困顿。我听说卫康叔和卫武公的教化就是这样的，这不就是《卫风》吗？”

为之歌《王》[9]。曰:“美哉！思而不惧，其周之东[10]乎？”为之歌《郑》[11]。曰:“美哉！其细[12]已甚，民弗堪也，是其先亡乎？”为之歌《齐》[13]。曰:“美哉！泱泱[14]乎，大风也哉！表东海[15]者，其大公乎？国未可量也。”

给他歌唱《王风》。季札说:“好啊！虽有忧思，但没有恐惧，这是周室东迁以后的作品吧？”给他歌唱《郑风》。季札说:“好啊！可惜太烦琐，百姓受不了呀，这个国家恐怕要先被灭亡吧？”给他歌唱《齐风》。季札说:“好啊！多洪大的声音，真是大国之风啊！东方诸侯国的表率，是太公的国家吧？它的前途是不可限量的。”

6 《邶》《鄘》《卫》：殷商地区的歌曲。见于《诗经》“十五国风”。邶、鄘、卫是周初在殷商地区（今河南北部）所封的三个诸侯国。

7 渊：深远。

8 卫康叔：周公的弟弟。武公：康叔的九世孙。传说二人均为卫的贤君。

9 《王》：东周首都洛阳一带的歌曲。《诗经》中有《王风》。

10 周之东：指周室东迁。

11 《郑》：郑（今河南郑州一带）的歌曲。《诗经》中有《郑风》。

12 细：乐曲烦琐细碎。季札说这象征着郑国政令过于烦琐。

13 《齐》：齐（今山东一带）的歌曲。《诗经》中有《齐风》。

14 泱泱：此处指声音洪大。

15 表东海：东方各诸侯国的表率。

为之歌《豳》（bīn）[16]。曰："美哉，荡[17]乎！乐而不淫，其周公之东[18]乎？"为之歌《秦》[19]。曰："此之谓夏声[20]。夫能夏则大，大之至也，其周之旧[21]乎？"为之歌《魏》[22]。曰："美哉，沨沨（fán fán）[23]乎！大而婉[24]，险而易行，以德辅此，则明主也。"

给他歌唱《豳风》。季札说："好啊！声音多坦荡呀！既使人欢乐又不敢荒淫，是周公东征时的歌曲吧？"给他歌唱《秦风》。季札说："这就叫作华夏的音调。只有夏声才有那么洪大，大到极致了，这不就是周王室旧地的音乐吗？"给他歌唱《魏风》。季札说："好啊，多么悠扬啊！声音虽大却委婉，节拍虽急促却流畅，用德教来辅佐他，那就是个开明的君主了。"

为之歌《唐》[25]。曰："思[26]深哉！其有陶唐氏之遗民[27]乎？不然，何忧

给他歌唱《唐风》。季札说："忧思多么深远啊！莫非有唐尧的遗风吗？否则，为什么忧虑得这么深、想得这

16 《豳》：豳地（今陕西彬州、旬邑一带）的歌曲。《诗经》中有《豳风》。
17 荡：坦荡无邪。
18 周公之东：指周公东征。
19 《秦》：秦（今陕西一带）的歌曲。《诗经》中有《秦风》。
20 夏声：华夏的声调。
21 周之旧：秦地在陕、甘一带，本西周旧地。
22 《魏》：魏（今山西芮城一带）的音乐。《诗经》中有《魏风》。
23 沨沨：乐声悠扬。
24 婉：委婉。
25 《唐》：唐（今山西曲沃、绛县一带）的歌曲。《诗经》中有《唐风》。
26 思：忧思。
27 陶唐氏之遗民：晋本唐地，故说有尧之遗风。陶唐氏，即尧，史称唐尧。民，《史记·吴世家》作"风"。

之远也？非令德[28]之后，谁能若是？”为之歌《陈》[29]。曰：“国无主[30]，其能久乎？”自《郐》(kuài)[31]以下，无讥焉。

么远呢？不是有美德的人的后代，哪能像这样呢？”给他歌唱《陈风》。季札说：“国家没有好的君主，还能长久吗？”从《桧风》以后，季札就没有评论了。

为之歌《小雅》[32]。曰：“美哉！思而不贰，怨而不言，其周德之衰乎？犹有先王之遗民焉。”为之歌《大雅》[33]。曰：“广哉！熙熙[34]乎！曲(qū)而有直体[35]，其文王之德乎？”

给他歌唱《小雅》。季札说：“好啊！思旧德而无二心，虽有怨恨，但不说出来，大概是周朝的德教开始衰败时的歌曲吧？还有先王的遗民在呢。”给他歌唱《大雅》。季札说：“声音多宽广啊！多和美啊！既委婉曲折又有正直的节操，这不就是周文王的盛德吗？”

为之歌《颂》[36]。曰：“至矣哉！直而不倨(jù)[37]，曲(qū)而不屈；迩(ěr)而不逼，远

给他歌唱《颂》。季札说：“好极了！刚劲而不放肆，委婉曲折而不卑下靡弱；紧凑而不急促，宏放而不散漫游离；

28 令德：美德。
29 《陈》：陈（今河南淮阳一带）的歌曲。《诗经》中有《陈风》。
30 国无主：陈的音乐淫乱放荡，百姓没有畏忌，所以说是国无主。
31 《郐》：郐（今河南新密一带）的歌曲。《诗经》中有《桧风》。“郐”亦作“桧”。
32 《小雅》：多数是周王室贵族的音乐。今见于《诗经·国风》之后。
33 《大雅》：大多是西周初期的歌曲。今见于《诗经·小雅》之后。
34 熙熙：和美，融洽。
35 直体：正直的节操。
36 《颂》：指周王室的祭祀歌曲。《诗经》有《周颂》《鲁颂》《商颂》。
37 倨：傲慢。

而不携;迁而不淫,复而不厌;哀而不愁,乐而不荒[38];用而不匮,广而不宣;施而不费,取而不贪;[39]处(chǔ)而不底[40],行而不流。五声[41]和,八风[42]平,节有度,守有序[43],盛德之所同也。”

见舞《象箾(shuò)》《南籥(yuè)》者[44]。曰:“美哉!犹有憾[45]。”见舞《大武》[46]者。曰:“美哉!周之盛也,其若此

变化多端而不杂乱,反复重叠而不使人感到厌倦;有哀思而不至于忧伤,欢乐而不过度;乐调丰富而有余味,有如用不完的物品,又如藏着大量的东西,却不完全表露;乐调节奏匀称而收放自如,又如施物给人,但是本身并不见减少,又如向人取物,但是并不过分;声音静止了却并未停滞,声音流动不定却有一定的归宿。五声和谐,八风平静,节奏符合规范,鸣奏乐器有次序。有盛德的人的音乐都是这样的。”

见到舞《象箾》《南籥》。季札说:“好啊!但还有点美中不足。”见到舞《大武》。季札说:“好啊!周王室的盛德,

38 荒:过度。

39 “用而不匮”至“取而不贪”:这几句是以物资作比喻。第一句,言声音如物资的用之不竭,比喻乐调的丰富多彩。第二句,言声音如大量的物品,但不完全表露,比喻乐调含蓄有余味。第三句,言声音如施物与人,但物的本身不见减少。第四句,言声音如向人取物,但所取之物并不过分。后两句用以比喻乐调的节奏匀称,无畸轻畸重之病。

40 底:停滞。

41 五声:宫、商、角(jué)、徵(zhǐ)、羽。

42 八风:指八方之风。

43 守有序:各种乐器交相鸣奏,但都有一定的次序,相守不乱。

44 《象箾》:武舞,持箾而舞。箾,古代武舞所执的竿。《南籥》:文舞,持籥而舞。籥,古代一种管乐器。

45 有憾:有遗憾,感到美中不足。

46 《大武》:周武王的舞蹈。

乎？”见舞《韶濩（huò）》[47]者。曰：“圣人之弘也。而犹有惭德[48]，圣人之难也。”

竟达到了如此地步吗？”见到舞《韶濩》。季札说：“汤的德行宽宏，但是还有感到惭愧的行为，可见圣人的难处啊！”

见舞《大夏》[49]者。曰：“美哉！勤而不德，非禹其谁能修之？”见舞《韶箾（xiāo）》[50]者。曰：“德至矣哉！大矣，如天之无不帱（dào）[51]也，如地之无不载也。虽甚盛德，其蔑（miè）[52]以加于此矣。观止矣！若有他乐（yuè），吾不敢请已。”

见到舞《大夏》。季札说：“好啊！为百姓的事勤劳而不自以为功，如果不是禹，还有谁能做得到呢？”见到舞《韶箾》。季札说：“德行达到极致啦！伟大极了，好像天没有什么不覆盖的，好像大地没有什么不承载的。虽有极盛的德行，也无以复加了。看到这里已经尽善尽美！如果还有别的音乐，我不敢请求欣赏了。”

47 《韶濩》：商王汤的舞蹈。
48 惭德：指商汤的天下是用武力得的，不是凭德教得的。
49 《大夏》：夏禹的舞蹈。
50 《韶箾》：舜的舞蹈。
51 帱：覆盖。
52 蔑：无，没有。

南宋 马和之 《召南八篇图》（局部）

子产坏晋馆垣(yuán)

《左传·襄公三十一年》

郑为小国，晋是盟主，郑国大臣子产竟拆毁晋国的馆舍围墙。当晋君派人责问子产时，子产句句针锋相对，义正而不阿，词强而不激，说得士文伯无话可答，赵文子只好虚心接受意见。子产靠巧妙的辞令获得了一次外交胜利，也为郑国争得了荣誉和尊严。

子产相(xiàng)郑伯以如晋[1]。晋侯以我丧(sāng)故[2]，未之见也。子产使尽坏其馆之垣(yuán)[3]，而纳车马焉。

子产辅佐郑简公去晋国。晋平公借口有鲁襄公的丧事，没有接见。子产让人将晋国馆舍的围墙全部拆毁，把自己的车马放进去。

士文伯让之曰[4]："敝邑以政刑之不修，寇盗充斥，无若诸侯之属辱在寡君者何[5]？是以令吏人完

士文伯责备子产说："我国因政事和刑法都不够完善，以致盗贼很多，无奈诸侯常屈驾来访问我们的国君，又怎么办呢？因此派了官

1 子产：公孙侨，郑国执政大臣。相：辅佐。郑伯：郑简公。
2 晋侯：晋平公。我丧：指鲁襄公死了才不久。据《春秋》载，襄公死于三十一年（前542）六月。
3 馆：招待外宾的馆舍。垣：围墙。
4 士文伯：晋大夫，名匄（gài），字伯瑕。让：责备。
5 无若……何：无奈……怎么办。诸侯之属：诸侯的卿、大夫。这和"执事"一样，是客气的说法，实指来晋输纳贡物的诸侯。

客所馆，高其闬闳(hàn hóng)[6]，厚其墙垣，以无忧客使。今吾子坏之，虽从者能戒，其若异客[7]何？以敝邑之为盟主，缮(shàn)完葺(qì)墙[8]，以待宾客；若皆毁之，其何以共(gōng)[9]命？寡君使匄(gài)请命。”

对曰：“以敝邑褊(biǎn)[10]小，介于大国，诛求[11]无时，是以不敢宁居，悉索敝赋[12]，以来会时事。逢执事之不闲，而未得见；又不获闻命，未知见时。不敢输币，亦不敢暴(pù)露。其输之，则君之

吏修缮好宾客住的馆舍，加高它的大门，增厚它的墙壁，使外国使者不担忧盗贼。现在您把围墙拆毁了，虽然您的手下人能够自行戒备，可是别国的宾客又怎么办呢？因为我国是盟主，所以把馆舍修得坚固、盖好围墙，用来接待宾客；如果都把围墙拆毁了，那将怎么供给宾客的需要呢？我们的国君派我士匄来请问您拆毁围墙的用意。”

子产回答说：“由于我国地方狭小，夹在大国的中间，而大国索求贡纳物品又没有定时，因此不敢安居，尽量搜索我国的财物，随时来朝见。碰上你们的国君没有闲暇，不能见面；又没有得到命令，不知什么时候才能接见。我们既不敢把财物献上，又不敢把它

6 闬闳：指馆舍的大门。
7 异客：别国的宾客。
8 缮：修治。完：修好。葺：此处指以草盖墙。
9 共：同“供”。
10 褊：狭。
11 诛求：责求，需索。
12 赋：指财物。

府实[13]也，非荐陈[14]之，不敢输也。其暴(pù)露之，则恐燥湿之不时而朽蠹(dù)[15]，以重敝邑之罪。

摆在外面。要是把它献上了，那就成了你们国君府库中的财物，没有把它陈列在庭中献给你们的国君，我们是不敢献上的。要是把这些财物摆在外面，又怕它因晴雨无常而腐烂损伤，从而加重我国的罪过。

“侨闻文公[16]之为盟主也，宫室卑庳(bì)[17]，无观(guàn)台榭(xiè)[18]，以崇大诸侯之馆。馆如公寝[19]，库厩(jiù)缮修[20]，司空[21]以时平易道路，圬(wū)人以时塓(mì)馆宫室[22]。

“我听说晋文公做盟主的时候，宫室矮小，没有什么楼、台、亭、阁，却把诸侯住的馆舍建得又高又大。馆舍如同文公的寝宫一样，仓库和马棚都修得好好的，司空又及时地修治道路，泥水匠也按时来粉刷墙壁。

“诸侯宾至，甸设庭燎(liáo)[23]，仆人巡宫，车

“诸侯各国的宾客来了，有甸人在庭院中设置照明物，有仆人在馆舍巡逻，车

13 府实：府库中的物品。
14 荐陈：古时宾主相见，客人把礼物陈列在庭中献给主人，叫荐陈。荐，献，进。
15 朽蠹：腐烂，损伤。
16 文公：晋文公。
17 卑：低。庳：小。
18 观：供游赏的高楼。台：楼台。榭：周围有树木的台。
19 公寝：国君的寝宫。
20 库：仓库。厩：马棚。
21 司空：负责兴造土木工程的官吏。
22 圬人：泥水匠。塓：粉刷墙壁。
23 甸：甸人，管理柴薪的官吏。庭燎：庭院中设置的照明物。

马有所，宾从有代[24]，巾车脂辖(xiá)[25]，隶人牧圉(yǔ)[26]，各瞻[27]其事，百官之属，各展[28]其物。公[29]不留宾，而亦无废事[30]，忧乐同之，事则巡[31]之，教其不知，而恤(xù)其不足。宾至如归，无宁(nìng)灾患，不畏寇盗，而亦不患燥湿。

马有一定的地方安置，宾客的仆从有人代为服役，管车的官为车轴涂油，清扫的人、看守牛羊的人、喂马的人，各自做他们分内的事，各个部门的官吏，各自陈列出待客的物品。文公不把宾客久留，因而也不荒废宾客国内的事，忧乐和宾客同享，有意外的事发生就派人巡查，宾客不知道的事情，他教导，宾客不周到的地方，他体谅。因此宾客到了晋国，如同在自己家里一样，不顾虑灾祸，不怕盗贼，也不担心天气燥热或潮湿。

“今铜鞮(dī)之宫[32]数里，而诸侯舍于隶人。门不容车，而不可逾越，盗贼公行，

“现在贵君的别宫宽广数里，而诸侯住在奴隶住的房子里。大门进不了车，而又有围墙拦着，无法越过，盗贼公然偷窃抢劫，瘟疫不设法预防。宾客要会见晋君

24 有代：有人代为服役。
25 巾车：管车的官。脂辖：用油脂涂车轴。
26 隶人：管打扫房屋、清除厕所的人。牧：看守牛羊的人。圉：看马的人。
27 瞻：照管，看顾。
28 展：陈列。
29 公：指晋文公。
30 无废事：指不会耽误诸侯的政事。
31 巡：巡查。
32 铜鞮之宫：晋君的离宫（临时居住的宫室）。故址在今山西沁县南十里。

而天厉不戒[33]。宾见无时，命不可知。若又勿坏，是无所藏币，以重(zhòng)罪也。敢请执事，将何所命之？虽君之有鲁丧(sāng)[34]，亦敝邑之忧也。若获荐币，修垣(yuán)而行，君之惠也，敢惮(dàn)勤劳？”

没有一定的时间，接见的命令，不知要到什么时候才能得到。假如又不能把墙壁拆毁，这就没有地方收藏我们的财物，如果财物损毁了，那就加重我们的罪过了。我请问您，将对我有什么指示？虽然你们国君有鲁国的丧事，同样也是我国的忧伤。如果能够得到晋君接见进献贡物，我们会把围墙修好再走的，那就是晋君的恩惠了，我们还害怕修围墙的辛劳吗？”

文伯复命。赵文子[35]曰：“信！我实不德，而以隶人之垣(yuán)，以赢[36]诸侯，是吾罪也。”使士文伯谢不敏焉。

士文伯回报。赵文子说：“确实是这样。我们确实德行有亏，用奴隶居住的地方去接待诸侯。这是我的过错。”他派士文伯去向子产道歉并说明自己办事不周到。

晋侯[37]见郑伯，有加礼，厚其宴好[38]

晋平公接见郑简公，更加礼敬，举行丰厚的宴会表示友好，然后送他们回去。

33 夭厉：瘟疫。此句说瘟疫流行，不加戒备和预防。一作“夭疠”。
34 有鲁丧：指借口有鲁侯去世的事。
35 赵文子：名武，赵盾的孙子。晋国的执政大臣。
36 赢：受，接待，容纳。
37 晋侯：即晋平公。
38 厚其宴好：隆重款待，表示友好。

而归之。乃筑诸侯之馆。

叔向[39]曰:"辞之不可以已也如是夫[40]!子产有辞,诸侯赖之。若之何其释辞[41]也?《诗》曰:'辞之辑矣,民之协矣;辞之怿(yì)矣,民之莫矣。'[42]其知之矣。"

于是改建了诸侯住的馆舍。

叔向评论这件事情说:"辞令不可以废止,竟有这样大的关系啊!子产善于辞令,诸侯也靠他得到好处。怎么能够放弃辞令呢?《诗经》说:'辞令和谐,人民团结;辞令动听,人民安定。'诗人是懂得善于辞令的好处的。"

39 叔向:晋大夫。

40 辞:辞令,应酬的言辞。已:废止。夫:语气词。

41 释辞:放弃辞令。

42 此四句出自《诗经·大雅·板》。辑:和睦。协:原作"洽"。怿:喜悦。莫:安定。

南宋 佚名 《溪山仙馆图》

子产论尹何为邑

《左传·襄公三十一年》

子产劝阻子皮不要任命完全没有政治经验的尹何去做自己封地的长官，他态度诚恳，倾心吐露，又能用浅显的比喻，从不同角度说明道理，因而能使子皮从善如流，更加信任子产。

子皮欲使尹何为邑[1]。子产曰："少(shào)[2]，未知可否。"子皮曰："愿[3]，吾爱之，不吾叛也。使夫(fú)[4]往而学焉，夫(fú)亦愈知治矣。"

子皮想派尹何担任自己采邑(封地)的长官。子产说："年纪轻，不知道能不能胜任。"子皮说："尹何忠厚老实，我很喜欢他，他是不会背叛我的。让他过去学习学习，他也就更加懂得治理政事了。"

子产曰："不可。人之爱人，求利之也。今吾子爱人则以政，犹未能操刀而使割也，其伤

子产说："不能这么办。大凡爱护一个人，总希望对他有利。现在您爱护一个人，却把政事交给他，就好像还不会拿刀却要他去割东西，那对他

1 子皮：名罕虎，郑国的上卿，子产前任执政大臣。尹何：子皮的小臣。
2 少：年轻。
3 愿：老实。
4 夫：他，指尹何。

实多。子之爱人，伤之而已，其谁敢求爱于子？子于郑国，栋也。栋折榱(cuī)[5]崩，侨将厌(yā)焉[6]，敢不尽言？子有美锦[7]，不使人学制焉。大官大邑，身之所庇(bì)[8]也，而使学者制焉。其为美锦，不亦多乎？侨闻学而后入政，未闻以政学者也。若果行此，必有所害。譬如田猎[9]，射御贯[10]，则能获禽；若未尝登车射御，则败绩厌(yā)覆是惧[11]，何暇(xiá)思获？”

子皮曰：“善哉！

的伤害实际上很多。您爱护人，只能让他受到伤害，那还有谁敢来求得您的爱护呢？您对于郑国来说，好比国家的栋梁。栋梁折断了，屋椽自然要崩塌，我也将被压在下面。我怎敢不把这些话全说出来？您有一块美丽的丝绸，一定不让人拿它去学着做衣服。大官、大邑，那是您自身的依仗，您却要学习政事的人去管理。这岂不是把美丽的丝绸看得比大官大邑还重要吗？我只听说学习好了然后去管理政事，没有听说过拿政事去叫人学习的。如果真的这样做，一定有危害。譬如打猎，只有习惯于射箭、驾车，才能获取禽兽；要是从没有上车射过箭，那就只会担心翻车被压，还有什么心思去考虑获取禽兽呢？”

子皮说：“说得真好啊！我考虑不

5 榱：屋椽。
6 侨：子产自称其名。厌：通“压”。
7 美锦：美丽的丝织物。
8 庇：寄托，依赖。
9 田猎：打猎。
10 贯：通“惯”，习惯。
11 败绩：翻车。厌覆：翻车被压。

虎[12]不敏。吾闻君子务知大者远者，小人务知小者近者。我，小人也。衣服附在吾身，我知而慎之；大官大邑，所以庇身也，我远而慢[13]之。微[14]子之言，吾不知也。他日[15]我曰：'子为郑国，我为吾家，以庇焉其可也。'今而后知不足。自今请，虽吾家，听子而行。"

子产曰："人心之不同，如其面焉。吾岂敢谓子面如吾面乎？抑[16]心所谓危，亦以告也。"

周到。我听说君子一定要懂得大的、远的事情，小人则只懂得小的、近的事情。我，是一个小人。衣服穿在我的身上，我知道小心爱护它；大官大邑是我自身的依仗，我却把它疏忽了，看轻了。不是你这么一说，我还不知道啊。前些时候我曾经说过：'你治理郑国，我只治理我的家邑，使我自己有所寄托，也就足够了。'现在听了你说的这番话之后，才知道这样还不够。从现在起，虽然是我的家族之事，也听从你的意见去办。"

子产说："每个人的想法不同，正如每个人的脸面不同一样。我难道敢认为您的脸面就像我的脸面吗？只不过我心里觉得您这样做很危险，就据实相告罢了。"

12 虎：子皮自称其名。
13 慢：轻视。
14 微：无，没有。
15 他日：前日。
16 抑：只不过。

子皮以为忠，故委[17]政焉。子产是以能为郑国。

子皮认为子产很忠诚，所以把郑国的政事完全交给他。子产因此能够治理郑国。

南宋 夏圭 《雪堂客话图》

17 委：托付，交给。

子产却楚逆女以兵

《左传·昭公元年》

春秋中叶以后，楚国国势强盛，开始争取霸主地位，经常攻伐周围弱小国家。郑国是小国，老是在楚国的威胁下过日子，所以采取了结为婚姻的政策。然而郑国对于楚国的这次访问和迎亲是感到厌恶和忧虑的，因为知道楚国不怀好意。文中着重写了子羽和伯州犁的对话。伯州犁的话说得头头是道，看起来郑国无法反驳。子产索性直截了当地揭穿他们的阴谋，才使得楚国人不得不让步。

楚公子围[1]聘(pìn)于郑，且娶于公孙段氏[2]，伍举为介[3]。将入馆，郑人恶(wù)[4]之。使行人[5]子羽与之言，乃馆[6]于外。

楚国的公子围到郑国进行访问，并且迎娶公孙段氏的女儿，伍举做他的副使。将要进入郑都馆舍，郑国的君臣很厌恶楚国人，派行人子羽去跟他们交涉，于是公子围一行人才在城外住下来。

既聘，将以众逆[7]。

聘问礼毕，楚国的使者想带众多随

1 公子围：楚康王的弟弟，当时担任令尹。
2 公孙段氏：郑大夫，名子石。
3 伍举：伍子胥的祖父。介：副使。
4 恶：讨厌，憎恨。
5 行人：官名，管朝觐聘问之事。
6 馆：止宿。
7 逆：迎接。

子产患之，使子羽辞曰："以敝邑褊(biǎn)小，不足以容从者，请墠(shàn)[8]听命。"

令尹使太宰伯州犁对曰[9]："君辱贶(kuàng)寡大夫围[10]，谓围'将使丰氏抚有而室'[11]。围布几筵(jī yán)[12]，告于庄、共(gōng)[13]之庙而来。若野赐之[14]，是委君贶(kuàng)于草莽也，是寡大夫不得列于诸卿也。不宁(nìng)唯是，又使围蒙其先君[15]，将不得为寡君老[16]。其蔑以复矣。唯大夫图之。"

子羽曰："小国无

从进城迎亲。子产担忧这事，派了子羽去推辞说："因为我们国都狭小，不能够容纳你们这么多的随从人员，请在城外的祭祀场地，听从你们的命令成礼吧！"

公子围派太宰伯州犁回答说："蒙你们的国君厚赐我国大夫公子围，对公子围说'将使公孙家的女儿做你的妻子'。公子围设置了祭席，到庄王、共王的庙里祭告之后才来的。如果是在城外举行婚礼，那就是把你们国君的厚赐抛弃在野草中了，也使我国大夫不能够排列在诸卿的位次里了。不仅仅这样，又使公子围欺蒙了先君，将不能够再做我们国君的大臣。这样我们就没法回国了。请您好好考虑这件事吧。"

子羽说："小国没有什么罪过，依靠

8 墠：郊外的祭祀场地。
9 令尹：指公子围。太宰：官名，掌管王家内外事务。
10 贶：赠送，赐予。寡大夫：对于他国自称本国大夫的谦辞。
11 丰氏：即公孙段氏。公孙段食邑于丰，故称丰氏。而：同"尔"，你。
12 布：设置。几筵：古时的一种祭席。
13 庄、共：楚庄王、共王。庄王是公子围的祖父，共王是他的父亲。
14 若野赐之：意谓在城外成婚礼。
15 蒙：欺。先君：指庄王、共王。
16 老：大臣。

罪，恃(shì)[17]实其罪。将恃大国之安靖(jìng)[18]己，而无乃包藏祸心[19]以图之。小国失恃而惩[20]诸侯，使莫不憾者。距违君命而有所壅塞(yōng sè)不行是惧[21]。不然，敝邑馆人[22]之属也，其敢爱丰氏之祧(tiāo)[23]？”

伍举知其有备也，请垂櫜(gāo)[24]而入，许之。

大国而自己毫无防备才是它的罪过。我们和楚通婚，本想依靠大国来安定自己，怎奈大国包藏祸心暗算我们。要是我国失去依靠被灭亡了，那就警戒了诸侯，使诸侯没有一个不恨楚国的。从此各诸侯违抗楚君的命令，使楚君的命令阻塞不能通行，这是我们郑国所担心的。要不是这样，我们郑国就像是楚国客舍的馆人，还敢爱惜公孙氏的祖庙，不让你们进城来成礼吗？”

伍举知道郑国有了防备，只好请求允许他们倒挂着空箭袋进城。子产才答应了他们。

17 恃：指依靠大国而自己无防备。
18 靖：安定。
19 包藏祸心：外表和好，心怀恶意。
20 惩：警戒。
21 距：同“拒”。拒绝，违抗。壅塞：阻塞不通。
22 馆人：管理客馆、招待宾客的人。
23 祧：远祖的庙。
24 垂櫜：倒挂箭袋。櫜，收藏弓箭的袋子。

清 王时敏《山楼客话图》（局部）

子革对灵王

《左传·昭公十二年》

对于楚灵王一番野心勃勃的话，子革毫不置辩，只随声附和，但已寓有深意；最后引诗点明：如果不顾民力而这样做，是很危险的。这种进谏方式，欲擒先纵，外顺内戒，很奇妙。无奈灵王听了虽受震动，却不能克制自己，消除野心，以致后来引起祸乱，自取灭亡。

楚子狩（shòu）于州来[1]，次于颍（yǐng）尾[2]。使荡侯、潘子、司马督、嚣（xiāo）尹午、陵尹喜帅师围徐[3]，以惧吴。楚子次于乾溪[4]，以为之援。

楚灵王在州来打猎，驻扎在颍尾。派了荡侯、潘子、司马督、嚣尹午、陵尹喜带领军队围攻徐国，用这个来威胁吴国。后来楚灵王又移驻乾溪，作为荡侯等五人的后援。

雨（yù）雪[5]，王皮冠（guān）、秦复陶、翠被（pī）、豹舄（xì）[6]，执鞭以

那时天正下雪，楚灵王戴着皮帽子，穿着秦国的羽衣、翠羽装饰的披

1 楚子：楚灵王。他是楚共王庶出的儿子，公元前540年至公元前529年在位。狩：冬季打猎叫狩。此处泛指楚王出游。州来：古小国名，春秋时属楚，后为吴所灭，故址在今安徽凤台。

2 颍尾：颍水下游入淮河处，在今安徽颍上东南。

3 徐：小国名，在吴、楚之间，其境相当于今江苏徐州一带，是吴的同盟国。

4 乾溪：在今安徽亳（bó）州。

5 雨雪：下雪。

6 皮冠：皮帽子。秦复陶：秦国所赠的羽衣。翠被：用翠羽做装饰的披肩。豹舄：用豹皮做的鞋。

出，仆析父(fǔ)[7]从。右尹子革夕[8]，王见之。去冠、被，舍(shě)[9]鞭，与之语曰："昔我先王熊绎(yì)[10]，与吕伋(jí)、王孙牟(móu)、燮(xiè)父、禽父并事康王[11]。四国皆有分[12]，我独无有。今吾使人于周，求鼎以为分，王其与我乎？"

对曰："与君王哉！昔我先王熊绎，辟(pì)在荆山[13]，筚(bì)路蓝缕[14]，以处草莽(mǎng)。跋(bá)涉山林，以事天子，唯是桃弧棘(jí)矢[15]，以共(gōng)御王事。齐，

肩、豹皮鞋子，手里拿着鞭子走出来，仆析父跟在他的后面。右尹子革在傍晚时去朝见，楚灵王接见了他。楚灵王摘掉皮帽子，卸了披肩，放下鞭子，跟子革说："从前我们的祖先熊绎，和吕伋、王孙牟、燮父、禽父一同服侍周康王，齐、卫、晋、鲁四国都有分器，唯独我们没有。现在我想派人到周室去，要求把九鼎赐给我们做分器，周王会给我吗？"

子革回答说："会给您的啰！从前我们先王熊绎，住在荆山那偏僻的地方，坐的是柴车，穿的是破衣，住在杂草丛中。在山林之间奔走，来服侍周天子，只有桃弓棘箭贡给周天子抵御不吉祥的事物。齐君是周王的舅父；晋和鲁、

7 仆析父：楚大夫。
8 右尹：官名。春秋时楚国的长官多称尹。子革：即郑丹。夕：晚上谒见。
9 舍：放下。
10 熊绎：楚国始封的君主。
11 吕伋：齐太公姜尚的儿子。王孙牟：卫始封之君康叔的儿子。燮父：晋始封之君唐叔的儿子。禽父：周公的儿子，名伯禽，始封于鲁。康王：即周康王，周成王的儿子。
12 四国：指齐、卫、晋、鲁。分：分器。古代天子分封诸侯时所赐的宝器叫分器。
13 辟：通"僻"。荆山：楚人的发祥地，在今湖北南漳西。
14 筚路：柴车。蓝缕：破烂的衣服。
15 桃弧棘矢：桃木做的弓，棘木做的箭。

王舅也；晋及鲁卫，王母弟也。[16]楚是以无分，而彼皆有。今周与四国，服事君王，将唯命是从，岂其爱鼎？”

王曰：“昔我皇祖伯父昆吾[17]，旧许[18]是宅。今郑人贪赖其田，而不我与。我若求之，其与我乎？”对曰：“与君王哉！周不爱鼎，郑敢爱田？”

王曰：“昔诸侯远我而畏晋，今我大城陈、蔡、不羹（láng）[19]，赋[20]皆千乘（shèng），子与（yù）有劳焉。诸侯其畏我

卫，是周王的同母弟弟。楚国关系疏远，因此没有分器，而他们都有。现在周和这四国都服侍您了，都要听从您的命令，难道周王还敢爱惜九鼎？”

灵王说：“从前我们的先祖伯父昆吾，原是居住在许这块地方的。现在郑人贪婪地夺取了许国的土地，而不交给我。我如果向郑国索取，他们肯给我吗？”子革回答说：“会给您的啊！周王不敢爱惜九鼎，郑国还敢爱惜原是许国的土地？”

灵王说：“从前诸侯疏远我国而畏惧晋国，现在我大筑陈、蔡、不羹的城池，它们都有兵车千乘。——这件事你也是有功劳的。——诸侯会畏

16 “晋及鲁卫”二句：晋、鲁、卫三国国君都姓姬，和周王是同姓。而且他们的始封君主，是周王的兄弟辈。晋的开国君主唐叔虞是周成王的弟弟。鲁的始封君主是周公旦的儿子伯禽，周公旦是周武王的弟弟。卫的开国君主康叔也是周武王的弟弟。所以统说“王母弟也”。

17 昆吾：陆终氏生六子，长名昆吾，少名季连。季连是楚的远祖，所以称昆吾为“皇祖伯父”。昆吾曾住在许地，故下文说“旧许是宅”。

18 许：周初所分封的诸侯国之一。在今河南许昌。

19 陈、蔡：本为周武王灭商后所封的诸侯国，后来都为楚所灭。不羹：地名，有东西二邑。东不羹在今河南舞阳北，西不羹在今河南襄城东南。

20 赋：指兵车。当时是按田赋出兵车，故称。

乎？”对曰：“畏君王哉！是四国[21]者，专足畏也，又加之以楚，敢不畏君王哉！”

惧我吗？”子革回答说：“会畏惧您的啰！单是这四个小国的力量就已足够使诸侯畏惧的了，再加上楚国的力量，诸侯还敢不畏惧您吗？”

工尹路请曰[22]：“君王命剥圭以为戚柲（qī bì）[23]，敢请命。”王入视之。析父谓子革：“吾子，楚国之望也。今与王言如响[24]，国其若之何？”子革曰：“摩厉以须[25]。王出，吾刃将斩矣！”

这时，工尹路来请示说：“您命令我剖开圭玉做斧柄的装饰，请问怎么装饰法？”灵王进里面察看去了。析父对子革说：“您是楚国有声望的人。现在您和王谈话，只随声附和，我们的国家将怎么办呢？”子革说：“我已磨快了刀口等着。王出来，我的刀锋就要砍下去了。”

王出，复语。左史倚相趋过[26]。王曰：“是[27]良史也！子善视之。是能读《三坟》《五典》《八

灵王出来，又和子革谈话。左史倚相从灵王跟前快步走过去。灵王说：“这是一个很好的史官啊！你要好好对待他。他能读懂《三坟》《五典》

21 四国：指陈、蔡和东不羹、西不羹。
22 工尹：官名，楚国的工官之长。路：人名。
23 剥：破开。圭：一种玉制礼器。戚：斧头。柲：柄。
24 今与王言如响：指子革回答灵王，每句话都好像回声一样。这是责备子革随声附和。
25 摩厉：同“磨砺”。厉，磨刀石。须：等待。
26 左史：官名。周代史官有左史、右史之分。左史记言，右史记事。春秋时晋、楚两国都设有左史。倚相：人名。
27 是：此，这。代指倚相。

索》《九丘》[28]。”对曰：“臣尝问焉，昔穆王欲肆其心[29]，周行天下，将皆必有车辙马迹焉。祭(zhài)公谋父(fǔ)作《祈招(sháo)》之诗以止王心[30]，王是以获没(mò)于祗(zhī)宫[31]。臣问其诗而不知也。若问远焉，其焉能知之？”

王曰：“子能乎？”对曰：“能。其诗曰：‘祈招(sháo)之愔愔(yīn yīn)[32]，式昭德音[33]。思我王度[34]，式如玉，式如金。形[35]民之力，而无醉饱之心。’”

王揖而入。馈(kuì)[36]

《八索》《九丘》等古书。”子革回答说：“我曾经问过他，从前周穆王想随心所欲地行动，周游天下，使到处都留下他的车轮印和马蹄迹。祭公谋父作了一首《祈招》诗来制止周穆王的野心，周穆王因此能够在祗宫善终。我问他这首诗，他竟然不知道。如果要问更远的事，他怎么能知道呢？”

灵王说：“你能够吗？”子革回答说：“能够。祭公谋父所作的诗说：‘祈招多么镇静和乐，传扬着美好的名声。我们君王的行为，温润得像玉，坚重得像金。他使用民力从不过度，总是反复权衡，就像对待饮食一样，从没有过于醉饱的贪心。’”

28 《三坟》《五典》《八索》《九丘》：皆上古书名，早已佚失。
29 穆王：周穆王，名满，昭王的儿子。肆：放纵。
30 祭公谋父：周朝的卿士。《祈招》之诗：此诗已失传。祈招，人名，即周的司马祈招。
31 祗宫：穆王的别宫，故址在今陕西汉中南郑区。
32 愔愔：镇静和乐的样子。
33 式：语首助词，无义。昭：明。
34 度：仪表，行为。
35 形：通“型”，有衡量的意思。
36 馈：向尊长进食物。

不食，寝(qǐn)不寐(mèi)，数日。不能自克，以及于难[37]。

仲尼曰："古也有志[38]：'克己复礼，仁也。'信[39]善哉！楚灵王若能如是，岂其辱于乾(gān)溪？"

灵王知道子革是劝诫他的，作一个揖就进去了。送上的食物吃不下，夜里睡不着，这样过了几天。但是他不能克制自己的欲望，后来终于遭到祸难而死。

孔子说："古书上有记载：'克制自己，遵循先王的礼法，就是仁。'讲得真好啊！楚灵王要是能够这样，难道他会在乾溪受辱自杀吗？"

37 以及于难：子革对答灵王后的第二年，楚公子比、公子弃疾等率领陈、蔡、不羹、许、叶的军队反对灵王，灵王兵溃逃走，在途中自缢而死。
38 志：记载。
39 信：真正，的确。

清 王时敏《松壑高士图》

子产论政宽猛

《左传·昭公二十年》

本篇提出了“宽猛相济”的政治主张，即宽政和猛政并行。子产主张的“猛”，是指立法要严，但他把“宽”（德政）放在“猛”之上，仍符合儒家的观点，所以得到了孔子的称赞。这种政治主张在封建社会影响很大。

郑子产有疾，谓子大(tài)叔[1]曰：“我死，子必为政。唯有德者能以宽服民，其次莫如猛。夫(fú)火烈，民望而畏之，故鲜(xiǎn)死焉。水懦(nuò)弱，民狎(xiá)而玩之[2]，则多死焉，故宽难。”疾数月而卒。

大(tài)叔为政，不忍猛而宽。郑国多盗，取人

郑国子产有病，对子太叔说：“我死了以后，你一定会做执政大臣。只有有德的人能够施行宽政使人民服从，那次一等的就不如行猛政。火势很猛烈，人民望见就畏惧它，所以很少人被火烧死。水性很柔弱，人民看轻它，玩弄它，所以很多人被水淹死。因此施行宽政很难。”子产病了几个月就去世了。

太叔执政，不忍心行猛政而行宽政。郑国的盗贼很多，在萑苻泽劫取行人。

1 大叔：游氏，名吉，郑简公、定公时为卿。郑定公八年（前522）继子产执政。

2 狎：轻忽。玩：玩弄。

于萑苻(huán fú)之泽[3]。大(tài)叔悔之，曰："吾早从夫子，不及此。"兴(xīng)徒兵以攻萑苻之盗，尽杀之。盗少止。

仲尼曰："善哉！政宽则民慢，慢则纠之以猛。猛则民残，残则施之以宽。宽以济猛，猛以济宽，政是以和。《诗》曰[4]：'民亦劳止，汔(qì)[5]可小康。惠此中国，以绥(suí)四方。[6]'施之以宽也。'毋(wú)从(zòng)诡随[7]，以谨无良。式遏[8]寇虐，憯不畏明[9]。'纠之以猛也。'柔远能

太叔后悔行了宽政，说："如果我早听从那人的话，就不会弄成这样。"于是调动步兵攻打萑苻的盗贼，把他们全都杀了。盗贼也就稍稍平息了。

孔子说："好啊！施政太宽百姓就会轻慢，轻慢就用猛政来纠正。施政太猛百姓就要受摧残，受了摧残再施以宽政。以宽调济猛，以猛调济宽，政治因此平和。《诗经》说：'老百姓也太劳累了，且让他们能够稍稍安宁。虽然受惠的是中原一带，四方国家也会得到安抚。'这是说施以宽政。'对小恶不要宽容放纵，坏人就会约束收敛。对盗贼暴行坚决制止，难道他们就不怕天的明命？'这是说用猛政来纠正

3 取人：劫取行人。一说"取"，通"聚"。萑苻：泽名，即圃田泽，在今河南中牟西北。

4 这四句诗和下面所引六句诗是连在一起的，是《诗经·大雅·民劳》的第一段。

5 汔：庶几，表示希望。

6 中国：指中原，即今陕西中部一带，当时是周的腹心地区。绥：安抚。

7 从："纵"的古字。诡随：不顾是非盲目追随别人，也就是"小恶"。

8 遏：制止。

9 憯：通"憯"，曾，乃。明：上天的明命。

迩（ěr），以定我王。’[10]平之以和也。

“又曰[11]：‘不竞不絿（qiú）[12]，不刚不柔。布政优优[13]，百禄是遒（qiú）[14]。’和之至也。”

及子产卒，仲尼闻之，出涕（tì）曰：“古之遗爱也！”

偏差。‘怀柔了远方，安抚了国内，周王室得到巩固安定。’这是讲的行宽猛相济的平和政治。

“《诗经》又说：‘不过于强劲也不过于急躁，不威猛也不软弱。施政宽和，众多的福禄都在这里聚集。’这是说平和政治到了极点。”

等到子产死后，孔子听了这个消息，流着眼泪说：“子产是古时能够给百姓留下恩惠的那种人啊！”

10 能：顺习（依朱熹注），意即安抚。迩：近。这两句诗是总结上面八句的。
11 所引四句出自《诗经·商颂·长发》。
12 竞：强劲。絿：急躁。
13 优优：宽和。
14 遒：集聚。

清 王时敏《松风叠嶂图》（局部）

吴许越成

《左传 · 哀公元年》

春秋末年的吴越两国，自吴王阖闾和越王允常起，即互相攻伐，结为世仇。本篇所记载的是吴王夫差战胜越王勾践之后，越为了保存实力，以便东山再起，向吴求和。本篇突出的重点是伍员劝阻吴王不要讲和的一席话。他先以夏少康比勾践，以历史做借鉴，再分析勾践的为人，然后分析两国“同壤，而世为仇雠”的利害关系，以古喻今，从今时推断将来，层层剖析不可讲和的道理，曲折详尽。

吴王夫差(chāi)败越于夫(fú)椒[1]，报檇(zuì)李[2]也，遂入越。越子以甲楯(dùn)五千保于会稽(kuài jī)[3]，使大夫种因吴太宰嚭(pǐ)以行成[4]。

吴王夫差在夫椒打败了越国，为的是报复前年在檇李被越国打败的仇恨，并趁势攻入了越国。越王勾践率领披甲执盾的五千人退保会稽，派大夫文种通过吴国的太宰嚭去向吴国求和。

吴子将许之。伍员(yún)[5]曰：“不可。臣闻之：

吴王夫差打算答应讲和。伍员知道了，劝阻吴王夫差说：“不可以跟越国

1 夫差：吴国国君，吴王阖闾的儿子。夫椒：在今江苏苏州太湖中，即包山。

2 檇李：吴、越边界地名。在今浙江嘉兴一带。鲁定公十四年（前496），越曾大败吴军于此地。

3 越子：越王勾践。楯：盾牌。会稽：山名。在今浙江绍兴。

4 种：文种，越大夫。太宰：官名。嚭：吴国大臣名，楚大夫伯州犁的孙，出亡奔吴，以功任为太宰。因善于逢迎，深得吴王夫差宠信。

5 伍员：即伍子胥，吴国大夫。

‘树德莫如滋，去疾莫如尽。’[6]昔有过(guō)浇(ào)[7]，杀斟(zhēn)灌以伐斟鄩(xún)[8]，灭夏后相[9]。

讲和。我听说：‘树立德行越多越好，去除毒害越彻底越好。’从前有一个过国，国君叫浇，他杀掉斟灌国的君主，攻灭了斟鄩国，然后杀了夏朝的君王相。

“后缗(mín)方娠(shēn)[10]，逃出自窦[11]，归于有仍[12]，生少康[13]焉，为仍牧正[14]，惎(jì)浇(ào)能戒之[15]。浇(ào)使椒[16]求之，逃奔有虞(yú)[17]，为之庖(páo)正[18]，以除其害。

“当时相的妻子缗正在怀孕期间，从墙洞里逃了出去，回到她的娘家有仍国，生了一个儿子少康，少康长大后，做了有仍国的畜牧长，他憎恨浇并能对浇保持警惕。后来浇果然派了他的臣子椒来寻找少康，想把他杀害，少康只好逃奔到有虞国，当了有虞国掌管膳食的官，才得以免除祸害。

“虞思[19]于是

“虞国的国君思这时又把自己的两个

6 此二句典出《尚书·泰誓》。尽：断根。
7 过：夏时国名，在今山东莱州。浇：人名。寒浞（zhuó）的儿子。
8 斟灌：夏时国名，在今山东寿光东北四十里。斟鄩：夏时国名，在今山东潍坊西南五十里。
9 夏后相：夏禹的曾孙，少康的父亲。
10 后缗：夏后相的妻子。娠：怀孕。
11 窦：孔穴。
12 有仍：国名，在今山东济宁。后缗是有仍国的女儿，所以逃归娘家。
13 少康：夏后相的遗腹子。
14 牧正：主管畜牧的长官。
15 惎：憎恨。戒：警戒。
16 椒：浇臣。
17 有虞：姚姓国，在今山西永济。
18 庖正：掌管膳食的官。
19 虞思：虞国的国君。

妻(qì)之以二姚，而邑诸纶(lún)[20]。有田一成[21]，有众一旅[22]，能布其德，而兆其谋。以收夏众，抚其官职。使女艾谍(rǔ)浇(ào)[23]，使季杼(zhù)诱豷(yì)[24]。遂灭过、戈[25]，复禹之绩，祀夏配天，不失旧物。

女儿嫁给了他，并把纶这个地方作为少康的封邑。这时，少康仅有方圆十里的土地，有人民五百，但少康能广布德行并开始他的复国计划。他招收夏朝的遗民，抚慰原来有官职的人。又派女艾暗地察看浇的行止，叫自己的儿子季杼诱骗浇的弟弟豷。于是灭掉了浇的过国和豷的戈国，恢复了夏禹的业绩，祭祀夏朝的祖宗，配享天帝，不失夏朝的天下。

“今吴不如过，而越大于少康，或将丰之，不亦难乎？勾践能亲而务施，施不失人，亲不弃劳，与我同壤，而世为仇雠(chóu)。于是乎克而弗取，将又存之，违天而长(zhǎng)[26]寇

“现在，我们吴国的势力不及当时的过国，而越国却大于当时的少康，如果再使越国壮大起来，要对付它不就困难了吗？再说，越王勾践能亲近他的臣民而又能给人民以实惠，给予实惠就不会失去民心，亲近臣民就不会抹煞别人的功劳，越和我们同住在这块地方，却又是我们的世仇。现在打了胜仗却不把它灭掉，

20 纶：有虞地名，在今河南虞城东南。
21 成：方十里。
22 众：指人民。旅：五百人。
23 女艾：少康臣。谍：暗地察看。
24 季杼：少康的儿子。豷：浇的弟弟。
25 戈：豷的封国。
26 长：助长。

仇，后虽悔之，不可食[27]已。姬(jī)[28]之衰也，日可俟(sì)也[29]。介在蛮夷而长寇仇，以是求伯(bà)[30]，必不行矣。”

弗听。退而告人曰：“越十年生聚，而十年教训，二十年之外，吴其为沼乎！”

反而要保存它，违背天意去助长仇敌，以后即使后悔，也不可能把它消灭了。姬家（指吴）的衰败，也就为期不远了。我们处在蛮夷之间却又助长自己的仇敌，用这样的办法来谋求霸主地位，是一定行不通的。”

吴王夫差没有听子胥的话。子胥出来告诉别人说：“越国只要用十年的时间养育人民，积聚物资，再用十年对百姓进行教育和训练，二十年之后，吴国的宫室恐怕要被越国毁掉变成池沼了！”

27 不可食：吃不消。
28 姬：吴为姬姓国之一。
29 日可俟也：犹言指日可待。俟，等待。
30 伯：通“霸”。

卷之三　周文

祭(zhài)公谏(jiàn)征犬戎(róng)

《国语[1]·周语上》

周穆王是一个野心勃勃的人，总想自己的车辙马迹遍布天下，犬戎本无什么过失，却要出兵征讨。祭公谋父为了制止周穆王的错误行为，进行了苦心的劝谏。他从“先王耀德不观兵”的基本观点出发，引经据典，回环往复，作了很有说服力的分析。无奈穆王不听，仍然出兵征讨犬戎，结果，得到的只是四只白狼、四头白鹿，真是对穷兵黩武者的绝妙讽刺。

穆王将征犬戎(róng)[2]，祭(zhài)公谋父(fǔ)[3]谏(jiàn)曰：“不可。先王耀德不观兵。夫(fú)兵戢(jí)而时动[4]，动则威；观则玩，玩则无震[5]。

周穆王要去征讨犬戎，祭公谋父劝阻说：“不行。先王只彰明美德，不炫耀兵力。兵力聚集，按时行动，一动就显出威势；炫耀就会滥用，滥用了就没有什么可怕的。

“是故周文公之

“所以周公作的《颂》中说：‘收起

1 《国语》：相传为春秋时左丘明所作，以记西周末年和春秋时期周、鲁等国君臣的言论为主，可与《左传》相参证，故有《春秋外传》之称。
2 穆王：周天子，名满。康王之孙，昭王的儿子。犬戎：我国古代西方民族名，即昆戎。
3 祭公谋父：周穆王的大臣，封于祭，故叫祭公。谋父是他的字。
4 戢：聚集，收藏。时动：按照一定的季节行动。
5 震：惧怕。

《颂》曰[6]：'载戢(jí)干戈[7]，载櫜(gāo)[8]弓矢。我求懿(yì)德[9]，肆(shì)于时夏[10]。允王保之[11]。'先王之于民也，茂正其德[12]，而厚其性，阜(fù)[13]其财求，而利其器用；明利害之乡(xiàng)[14]，以文修之，使务利而避害，怀德而畏威，故能保世以滋[15]大。

"昔我先世后稷(jì)[16]，以服事虞(yú)、夏[17]。及夏之衰[18]也，弃稷弗务，我

干戈，藏好弓箭。我寻求美好的德行，施行到全中国。相信我王能永远保持这种美德。'先王对于人民，勉励他们端正品德，而使他们性情纯厚，增加他们的财富，使他们有称心的器物用具；让他们懂得利和害的所在，用礼法陶冶他们，使他们从事有利的事务而避免有害的行为，感戴恩德而又惧怕刑威，所以能够世代保有天下，并且日益光大。

"从前我们周的先代后稷，父子相继做农官，服侍虞、夏两朝。到夏朝衰败的时候，废除农官，不再注意农事，

6 周文公：即周公，"文"是谥号。此处所引《颂》诗，见《诗经·周颂·时迈》。
7 干戈：兵器名。
8 櫜：收藏弓箭的袋子。这里作动词用，把弓箭收藏起来的意思。
9 懿德：美德。
10 时：通"是"。此。夏：指中国。
11 允：相信。王：周武王。
12 茂：通"懋"，勉励。德：道德。
13 阜：大，多。
14 乡：所在。
15 滋：增益。
16 先世：先代。后：君主。稷：农官。周族的始祖弃，因于舜时掌农事，所以也称弃为后稷。
17 虞、夏：虞，指虞舜；夏，指夏朝。弃为舜的农官，弃子不窋又继为夏启的农官，故称"服事虞、夏"。
18 夏之衰：指夏启的儿子太康的时代。

先王不窋(zhú)[19]用失其官，而自窜于戎翟(dí)之间[20]。不敢怠业，时序其德，纂(zuǎn)修其绪[21]，修其训典[22]，朝夕恪(kè)[23]勤，守以惇(dūn)[24]笃(dǔ)，奉以忠信，奕(yì)世[25]载德，不忝(tiǎn)[26]前人。

我们祖先不窋因此失去了这个官职，只好自己逃避到戎、狄之间。他不敢荒废农业，经常发扬祖先的美德，继续他的事业，改进他的教化法度，早晚恭敬勤奋，以淳厚的品性来坚守他的职责，以忠信的美德来奉行他的事业，自后世世代代相传，继承了这优良的品德，没有对不起祖先的地方。

“至于武王，昭前之光明而加之以慈和，事神保民，莫不欣喜。商王帝辛[27]，大恶于民，庶民弗忍，欣戴[28]武王，以致戎于

“到了武王，发扬从前的光辉业绩，再加上慈爱和善，侍奉神明，抚育人民，神明与百姓莫不欢欣喜悦。商王帝辛，对人民非常残暴，人民忍受不了他的虐待，高兴地拥戴武王，因此武王在牧野用兵打败了帝辛。这可见先王并不是要崇

19 不窋：弃的儿子。
20 窜：逃走，隐藏。戎翟：即戎狄，我国古代对西北部民族的统称。
21 纂：继续。绪：事业。
22 修：有增进、加强等意思。本文中的“修”字，均随上下文意去译，不一一注明。训典：教化法度。
23 恪：恭敬，谨慎。
24 惇：淳厚。
25 奕世：累世。
26 忝：辱。
27 辛：商代最后一个君主纣王的名。
28 戴：尊奉，拥护。

明 仇英 《帝王道统万年图册》之后稷

商牧[29]。是先王非务武也，勤恤民隐[30]，而除其害也。

“夫(fú)先王之制，邦内甸(diàn)服[31]，邦外侯服[32]，侯卫宾服[33]，夷蛮要(yāo)服[34]，戎翟(dí)荒服[35]。

“甸服者祭，侯服者祀(sì)，宾服者享[36]，要服者贡[37]，荒服者王[38]。日

尚武力，而是怜恤人民的痛苦，去除人民的祸害啊。

“先王的制度：天子都城近郊的地区，叫甸服；城郊以外的地区，叫侯服；侯服以外是宾服；属于蛮夷的地方是要服；戎、狄所居之地是荒服。

“甸服的诸侯参与祭祀天子的祖父、父亲，侯服的诸侯参与祭祀天子的高祖、曾祖，宾服的君主要献上祭祀天子始祖的祭物，要服的君长要贡纳祭祀天子远祖和天地之神的祭物，荒服的首领只入朝天子。祭祀祖父、父亲是每天一次，祭祀高、曾祖是每月一次，祭祀始祖是每季一次，祭祀远祖、天地之神是每年一次，入朝天子则终身一次。这是先王的

29 商牧：商地牧野。牧野，地名。在今河南淇县西南。

30 隐：痛苦。

31 邦内：指国都四面近郊五百里内地区。甸服：国都近郊地区的人，以耕作田地、交粮食、出兵车服侍天子，故称甸服。甸，田，即耕作田地。

32 邦外：指国都四面近郊五百里之外的地区。侯服：设立诸侯国服侍天子。

33 侯卫：诸侯国的外卫，也是五百里。宾服：因不是诸侯，而是以宾客的身份服侍天子，故称宾服。

34 夷蛮：是古代对边远民族的称呼。要服：距国都极远，依靠立约结盟以服侍天子，故称要服。要，约。

35 荒服：因其地区更远，处于荒野，所以称荒服。

36 享：献。指献上祭品祭祀始祖。

37 贡：指贡纳祭品祭祀远祖、天地之神。

38 王：指戎、狄的首领承认周朝的正统，按时去朝见天子。

祭、月祀、时享、岁贡、终王，先王之训也。

训示啊。

“有不祭，则修意；有不祀，则修言；有不享，则修文；有不贡，则修名；有不王，则修德[39]；序[40]成而有不至，则修刑。

“如果有不来参与祭祀祖考的，天子就要端正自己的思想意念；如果有不来参与祭祀高、曾祖的，天子就要检点自己的语言；如果有不进献祭祀始祖的祭物的，天子就要修明他的政令教化；如果有不贡纳祭祀远祖、天地之神的祭物的，天子就要正尊卑职贡的名分；如果有不来朝见的，天子就要加强仁义礼乐的政教；以上五方面都做到了，而有的仍然不来，那就要考虑用刑法了。

“于是乎有刑不祭，伐不祀，征不享，让不贡，告不王。于是乎有刑罚之辟（pì）[41]，有攻伐之兵，有征讨之备，有威让之令，有文告之辞。布令陈辞而又不至，则又增修

“于是，不祭的人，要依法惩治；不祀的人，要派军队去讨伐；不享的人，要命令诸侯去征剿；不贡的人，要派遣使者去责备；不朝的人，要用文辞去晓谕。这样，有刑罚的律条，有讨伐的军队，有征剿的武备，有诘责的命令，有告喻的文辞。如果发出了诘责的命令或告喻的文辞还是不来，就要再修明自己的礼乐政教，断不可使百姓劳苦，到远方进行战争。因此，近处没有人不

39 德：文德，指仁义礼乐。
40 序：次序。
41 辟：法令，条例。

于德，无勤民于远。是以近无不听，远无不服。

“今自大毕、伯仕之终也[42]，犬戎氏以其职来王。天子曰：‘予必以不享征之，且观之兵。’其无乃废先王之训而王几(jī)顿[43]乎？吾闻夫犬戎树[44]惇(dūn)，能帅旧德，而守终纯固[45]，其有以御[46]我矣。”

王不听，遂征之，得四白狼、四白鹿以归。自是荒服者不至。

听从，远方没有人不归服的。

“现在，自从大毕、伯仕这两位君主归服后，犬戎氏都按照他们的职守来朝见。您却说：‘我定要以不享的罪名征讨他，并向他们显示兵威。’这不是废弃先王的教诲，破坏‘终王’之礼吗？我听说犬戎树立了淳厚的风尚，能够遵循他先代的德行，始终如一地守卫国家，他们必定有了抵抗我们的准备了。”

穆王不听谋父的话，就去征伐犬戎。结果，仅得了四只白狼、四头白鹿回来。从此以后，边远的戎、狄等族，再也不来朝见了。

42 大毕、伯仕：犬戎氏的两个君主的名。终：即“终王”的意思。
43 顿：败坏。
44 树：树立。
45 纯固：专一。
46 御：抵御。

召公谏厉王止谤

《国语·周语上》

召公主张对群众的非议只可疏导，不可压制。他指出“防民之口，甚于防川”，危害甚大；“宣之使言”，大为有利。厉王不听劝告，终于得到了被国人驱逐的惩罚。本文气势充沛，能将恰当的比喻与透辟的说理有机结合起来，很有见地。

厉王[1]虐，国人谤[2]王。召公[3]告王曰：“民不堪[4]命矣！”王怒，得卫巫[5]，使监谤者，以告，则杀之。国人莫敢言，道路以目[6]。

周厉王暴虐无道，国内的人民指责他的过失。他的大臣召公告诉厉王说：“人民受不了您暴虐的政令了！”厉王听了很生气，找来一个卫国的巫祝，叫他监视指责自己过失的人，只要把指责的人报告给厉王，就把指责的人杀掉。从此，国内的人民谁也不敢说话了，在路上相遇，只用眼神示意。

厉王高兴了，告诉召公说：“我能制止谤

1 厉王：周厉王，名胡。周夷王的儿子，周穆王的四世孙。
2 谤：议论，责备。
3 召公：召穆公，名虎，国王的卿士。
4 不堪：受不了。堪，忍受。
5 卫巫：卫国的巫者。
6 道路以目：人们在道路上相遇，以眼神示意。形容敢怒而不敢言。

王喜，告召公曰：“吾能弭[7]谤矣。乃不敢言。”召公曰：“是障[8]之也。防民之口，甚于防川。川壅[9]而溃，伤人必多，民亦如之。是故为川者[10]，决之使导；为民者，宣[11]之使言。

“故天子听政[12]，使公卿至于列士献诗[13]，瞽献曲[14]，史献书[15]，师箴[16]，瞍赋[17]，蒙诵[18]，百

言了。他们不敢说话了。”召公说：“这只不过是堵塞起来罢了。堵塞人民的嘴巴，比堵塞江河的后果还要严重。河水堵塞起来一旦决口，伤害的人必然很多，堵人民的嘴巴也是一样。所以，治水的人，应该疏通河道，使河水畅行无阻；治理人民的人，也应该开导他们，使他们知无不言。

“所以天子办理政务，要大臣以及有地位的士人进献讽谏的诗篇，乐官进献反映民意的歌曲，史官进献可资借鉴的史书，乐官进献寓有劝诫意义的文

7 弭：止，消除。
8 障：筑堤防水叫障。引申为阻隔。
9 壅：堵塞。
10 为川者：治水的人。
11 宣：放，开导。
12 听政：处理政事。
13 公卿：三公九卿，指朝廷的大臣。列士：古代一般官员都称为士，较高的称为列士。诗：这里是指讽喻朝政得失的诗篇。
14 瞽：盲人。古时乐官多由盲人充当。此言乐官进献反映民意的歌曲。
15 史献书：史官献书于王，使王知往古政治得失，作为借鉴。
16 师箴：少师进献箴言。师，少师，一种乐官。箴，寓有劝诫意义的文辞，与后世的格言相近。
17 瞍：没有眸子的盲人。赋：朗诵。指朗诵公卿列士所献的诗。
18 蒙：有眸子而看不见东西的盲人。诵：指不配合乐曲的诵读。

工[19]谏，庶人传语[20]，近臣尽规[21]，亲戚补察[22]，瞽、史教诲[23]，耆(qí)、艾修之[24]，而后王斟(zhēn)酌(zhuó)焉，是以事行而不悖(bèi)[25]。

“民之有口也，犹土之有山川也，财用于是乎出；犹其有原隰(xí)衍沃也[26]，衣食于是乎生。口之宣言也，善败于是乎兴，行

辞，盲人朗诵公卿列士所献的诗，诵读讽谏的文辞，各种手工艺人向天子进谏，一般人的意见则间接地传达给王，左右近臣各尽规谏的职责，同宗的大臣弥补和监督王的行为、过失，乐师和史官用歌曲、史事对王进行教诲，王的师傅和朝中老臣再把乐师、史官的教诲加以修饰整理，然后由王斟酌取舍，付之实行，因此王的行事就不至违背情理。

“人民有嘴巴，就好像大地有高山河流一样，人类的财富用度都从这里出来；又好像大地有高低平洼各种类型的土地一样，人类的衣食资源都从这里产生。放手让人民讲话，政事的善恶好坏都能从这里反映出来，好的加以推行，坏的加以防范，这是使财

19 百工：指各种手工艺者。一说“百工”指百官。

20 庶人：平民，老百姓。老百姓是没有机会见到国王的，所以只能把意见间接地传达给国王，叫“传语”。

21 尽规：尽规谏的职责。规，进谏，规劝。

22 亲戚：指与国王同宗的大臣。补察：弥补王的过失，监督王的行动。

23 瞽：太师，掌音乐的官。史：太史，掌礼法的官。

24 耆、艾：古称六十岁的人为耆，五十岁的人为艾。这里是指国王的师傅和朝中老臣。修：修饰整理。

25 悖：违背，谬误。

26 原：高爽而平坦的土地。隰：低下而潮湿的土地。衍：低下而平坦的土地。沃：肥美的土地。

善而备败，所以阜[27]财用衣食者也。夫民，虑之于心，而宣之于口，成而行之[28]，胡可壅也？若壅其口，其与能几何？”

用衣食能够大大增多的办法。人民，在心里想，用嘴巴说，想好了就自然要说出来，怎么可以堵塞呢？如果堵塞人民的口不让说话，那又能堵塞多久呢？”

王弗听，于是国人莫敢出言。三年，乃流王于彘[29]。

厉王不听召公的劝告。这样，国内的人民都不敢说话了。只过了三年，大家就把厉王放逐到彘地去了。

南宋 何荃 《草堂客话图》

27 阜：增多，丰富。
28 成而行之：考虑成熟后，自然流露出来。行，这里有自然流露之意。
29 流：放逐。彘：晋地名，在今山西霍州境内。

襄王不许请隧（suì）

《国语·周语中》

晋文公请求周襄王赐给他天子的葬礼，本有看轻周王室的意思，而周襄王则回答他：没有做天子，就不能有天子的葬礼。通篇没有一句直接说不许其请，只是利用“亲亲”“尊尊”的宗法等级思想和旁敲侧击的方式，但句句都在说不能允许的理由，而且一步紧一步，一直说到晋文公不敢再请求为止。

晋文公既定襄王于郏（jiá）[1]，王劳之以地[2]，辞，请隧（suì）[3]焉。

晋文公在郏地使周襄王复位后，周襄王用田地来赏赐他，文公不接受田地，而请求允许他死后采用掘墓道的天子葬礼。

王弗许，曰：“昔我先王之有天下也，规方千里，以为甸（diàn）服[4]，以供上帝山川百神之祀（sì），以备百姓[5]兆（zhào）民之用，

襄王不答应，说：“从前我们先王得了天下，划定王都周围千里的地方为甸服，作为直接征收谷物的地方，来供给天地山川百神的祭祀，来准备百姓万民

1 郏：周王城地名，在今河南洛阳西。惠后借狄人的势力立自己的儿子叔带为周王，襄王出奔。晋文公带领军队消灭叔带，仍立襄王。“晋文公既定襄王”指此。
2 劳：犒劳，赏赐。襄王因晋文公立了功，把阳樊、温原、欑茅之田赏给他。
3 隧：墓道，此指挖墓道而葬，当时是天子的一种葬礼。
4 甸服：畿内之地。
5 百姓：有世功的百官。

以待不庭不虞(yú)之患[6]。其余[7]，以均分公侯伯子男[8]，使各有宁宇[9]，以顺及天地，无逢其灾害。先王岂有赖[10]焉？

的财用，来防止诸侯不朝和意外的祸患。其余的土地拿来分给公、侯、伯、子、男，使他们各有安宁的住处，得以恭顺地服侍天地，不致遭遇灾害。先王自己难道还有什么好处吗？

"内官不过九御[11]，外官不过九品[12]，足以供给神祇(qí)而已[13]，岂敢厌纵其耳目心腹[14]，以乱百度[15]？亦唯是死生之服物采章[16]，以临长(zhǎng)百姓而轻重布之[17]，王何异之有？

"天子的官制：内官不过九嫔，外官不过九卿，仅够供奉天神地神的祭祀罢了，天子难道敢放纵声色嗜欲来扰乱法度吗？天子只不过是生前死后的服饰葬礼不同，用来统率百姓，表明贵贱等级罢了，此外，天子和诸侯又有什么两样呢？

"今天降祸灾[18]于周

"现在上天降灾祸给我周室，我这

6 不庭：不来朝贡。不虞：意外的事故。
7 其余：指甸服以外的土地。
8 均分公侯伯子男：据《周礼》记载，公封地方五百里，侯四百里，伯三百里，子二百里，男一百里。
9 宁宇：安居。
10 赖：利。
11 九御：即九嫔。嫔，女官。
12 九品：即九卿。指冢宰、司徒、宗伯、司马、司寇、司空以及少师、少傅、少保。据《周礼》："内有九室，九嫔居之；外有九室，九卿朝焉。"
13 神：天神。祇：地神。
14 耳目：指声色。心腹：指嗜欲。
15 度：法度。
16 服物：使用的器物及礼仪，包括隧葬。采章：彩色花纹。
17 轻重：贵贱等差。布：展示。
18 天降祸灾：指叔带之乱。

室，余一人仅亦守府[19]，又不佞(nìng)以勤叔父[20]，而班先王之大物[21]，以赏私德，其叔父实应(yìng)且憎(zēng)，以非余一人，余一人岂敢有爱也？先民有言曰：'改玉改行[22]。'叔父若能光裕大德，更(gēng)姓改物[23]，以创制天下，自显庸也，而缩取备物[24]，以镇抚百姓，余一人其流辟(pì)于裔(yì)土[25]，何辞之有与(yú)？

"若犹是姬(jī)姓也，尚将列为公侯，以复先王之职，大物其未可改也。叔父其茂昭明德，物将

个人仅能守成，又没有才干，以致劳累叔父，如果为这件事，拿先王的重典来报我的私恩，那叔父即使接受了也会憎恶我、责怪我，我个人又何尝舍不得把这葬礼赏给叔父呢？不过前人有话说：'改变佩玉，就必须改变地位。'叔父如果能光大发扬美德，改了朝代姓氏，换了服色，创立制度，自己向天下宣布，再把死生的服物采章都取了去，用来镇抚百姓，我就是被流放、杀戮在边远的地方，还有什么话同你说呢？

"如果天下还是姬姓的，叔父仍旧做周室的公侯，执行先王所给予的职责，那么，这种葬礼是不可轻易更改的。叔父如能勤修德行，这种葬礼

19 余一人：我，周襄王的自称。府：先王的府藏。
20 叔父：天子称同姓诸侯叫叔父。
21 班：分给。大物：指隧。
22 玉：佩玉。改行：改变地位。
23 更姓：易姓。改物：改正朔，易服色。更姓改物的意思是说改姬姓的周王朝为他姓王朝。
24 缩：收。备物：指服物采章。
25 流：流放。辟：戮。裔土：边远的地方。

自至。余敢以私劳[26]变前之大章，以忝（tiǎn）[27]天下，其若先王与百姓何？何政令之为也？若不然，叔父有地而隧焉，余安能知之？”

也许会自然来的。我怎敢凭着私恩改变先王的重要制度，来取辱天下，怎么对得住先王和百姓？还能推行什么政事命令呢？假如不是这样的话，叔父在自己的地方，挖掘墓道，实行天子的葬礼，我又怎么能知道呢？”

文公遂不敢请，受地而还。

文公听了，便不敢再提起隧葬的请求，只好接受田地回去了。

南宋 李唐 《晋文公复国图》（局部）

26 私劳：私德。
27 忝：辱。

单子知陈必亡

《国语·周语中》

单襄公作为东周王朝的使臣，路过陈国，看到一些不良现象，断定陈侯必有大的灾难，国家也一定会灭亡。在论述过程中，单襄公针对陈侯违背农事季节，不注重生产建设，不执行国与国间的往来原则，以及荒淫逸乐等四个方面，引古证今，逐层剖析，错综变化，细致淋漓，最后归结出“其能久乎”的结论，具有较强的逻辑性和说服力。

定王使单（shàn）襄公聘（pìn）于宋[1]，遂假（jiǎ）道于陈，以聘于楚。火朝觌（zhāo dí）矣[2]，道茀（fú）[3]不可行也，候[4]不在疆，司空[5]不视涂，泽不陂（bēi）[6]，川不梁[7]，野

周定王派单襄公到宋国访问，于是向陈国借路，再去访问楚国。这时，心星已在早晨出现，是夏历十月了，进入陈国，杂草塞路，不好行走，迎送宾客的人不在边境上，主管路政的司空不巡视道路，水塘不设堤坝，河上不架桥梁，田

1 定王：周定王。单襄公：名朝，定王的卿士。
2 火：即二十八宿中的心宿，又叫商星，是一颗恒星。觌：见。此指夏历十月，心宿早晨见于东方。
3 道茀：野草塞路。
4 候：候人。路上迎送宾客的官吏。
5 司空：官名。西周始置，春秋、战国时沿用，其职责是掌管工程建设，包括修治道路。
6 泽：水积聚的地方。这里指水塘。陂：泽边堵水的堤岸。
7 梁：桥梁。

有庾(yǔ)积[8]，场功[9]未毕，道无列树[10]，垦田若蓺(yì)[11]，膳宰不致饩(xì)[12]，司里[13]不授馆，国无寄寓[14]，县无旅舍(shè)，民将筑台于夏氏[15]。及陈，陈灵公与孔宁、仪行父(fǔ)南冠(guān)以如夏氏[16]，留宾弗见。

单(shàn)子归，告王曰：“陈侯不有大咎(jiù)[17]，国必亡。”王曰：“何故？”对曰：“夫辰角见(xiàn)而雨毕[18]，天根见(xiàn)而水涸(hé)[19]，本见而草

野有露天堆积的谷米，庄稼也没有收获完毕，路旁没有排列做标记的树木，已经种了的田像块草地，膳夫不供应食物给宾客，司里不把宾客引入住所，国都没有馆舍，县邑没有旅店，老百姓却要替夏氏筑台。到了国都，陈灵公和孔宁、仪行父，戴着楚国式的帽子去夏氏家，丢下宾客不见面。

单襄公回来，报告周定王说：“陈侯即使没有杀身之祸，国家也一定会灭亡。”定王说：“什么原因？”襄公回答说：“大凡角星早晨出现，雨水就要稀少；天根星早晨出现，河水就要枯竭；氐星出

8 庾：露。积：积聚之物。

9 场功：指收割庄稼。场，打粮、晒粮的场地。

10 列树：古时候在道路两旁种树作为标记。

11 垦田：已开垦的田地。

12 膳宰：即膳夫，宣达王命以及主管王的饮食等事的官吏。饩：活的牲畜；粮食或饲料。此指食物。

13 司里：掌管客馆的官。

14 寄寓：犹言旅馆。

15 夏氏：指陈大夫夏徵舒家。陈灵公与徵舒母夏姬公开淫乱，所以要百姓给夏氏筑台。

16 陈灵公：名平国。孔宁、仪行父：都是陈国的大夫。南冠：楚国的帽子。

17 咎：凶灾。

18 辰角：星名。九月初寒露节早晨在东方出现。见：同“现”，下同。

19 天根：星名。在寒露后五天的早晨出现。涸：水干。

木节解[20]，驷(sì)[21]见(xiàn)而陨霜，火见(xiàn)而清风戒寒。

“故先王之教(jiào)曰：‘雨毕而除道，水涸(hé)而成梁，草木节解而备藏，陨霜而冬裘(qiú)具[22]，清风至而修城郭宫室。’故《夏令》曰：‘九月除道，十月成梁。’其时儆(jǐng)曰：‘收而[23]场功，偫(zhì)而畚(běn)挶(jú)[24]。营室之中，土功其始。[25]火之初见(xiàn)，期(qī)[26]于司里。’此先王之所以不用财贿(huì)，而广施德于天下者也。今陈国火朝觌(zhāo dí)矣，而道路若塞，野场若弃，泽不陂(bēi)障，川

现，草木枯落；房星出现，寒霜下降；心宿出现，冷风预告人们准备御寒。

“所以先王的遗教说：‘雨水稀少，就修整道路；河水干枯，就修建桥梁；草枯叶落，就预备储藏粮食；严霜下降，就准备好冬衣；冷风吹来，就修筑城郭宫室。’所以《夏令》说：‘九月修道路，十月架桥梁。’到时候还要告诫百姓说：‘收拾好你的农活，预备好你的盛土抬土器具。室星出现在天空正中的时候，开始营造宫室。心星初次出现的时候，到司里那里会合集中，’这就是先王不浪费财物，却能大施恩德给天下的缘故。现在的陈国，心星在早晨出现了，道路还堵塞不通，田野、场院好像被遗弃，湖泊不修筑堤

20 本：氐星，在寒露后十天早晨出现。节解：指草枯萎、树叶落。
21 驷：星名，又叫房星，在九月中霜降节早晨出现。
22 裘：皮衣，这里泛指冬天穿的衣物。具：完备，准备好了。
23 而：同“尔”，你。
24 偫：预备。畚：盛土的器具。挶：通“梮”，抬土的器具。
25 营室：星名，即室星。夏历十月黄昏时，出现在南方的正中。土功：指土木建筑工程。
26 期：会。

无舟梁，是废先王之教(jiào)也。

“周制[27]有之曰：‘列树以表道[28]，立鄙食以守路[29]；国有郊牧[30]，畺(jiāng)有寓望[31]。薮(sǒu)有圃(pǔ)草[32]，囿(yòu)[33]有林池，所以御灾也。其余无非谷土，民无悬耜(sì)[34]，野无奥[35]草，不夺农时，不蔑[36]民功。有优[37]无匮，有逸无罢(pí)[38]。国有班事[39]，县有序民[40]。’

防，河上没有船和桥，这是废弃了先王的遗教啊！

“周的法制规定说：‘栽种树木来标示道路的远近，边远地区备有饮食供应来往的行人；国都郊外有放牧的地方，边境上有客舍和接待宾客的人。无水的湖里有茂盛的草，园囿里有林木和池塘，这都是用来防御灾害的。其余的地方无不是种粮食的土地，农家没有农具闲置着，田野没有茂盛的野草，不妨害农事季节，不浪费人民劳力。这样才能使人民富裕而不困乏，安逸而不疲劳。城里的土建工程有条理地开展，地方的

27 制：法制。
28 表道：标示道路。
29 鄙：四面边邑。食：每十里有庐，庐有饮食。守路：守候过路的人，给他们食用。
30 郊：城外。牧：放牧牲畜。
31 畺：同“疆”。寓：客舍。望：候望，接待。
32 薮：泽无水叫薮。圃草：茂盛的草。
33 囿：畜养禽兽、种植树木的园林。多数是供君主贵族打猎游乐的场地。
34 悬：挂。耜：犁上的铧。此泛指农具。
35 奥：深。
36 蔑：弃，废掉。
37 优：宽裕。
38 罢：同“疲”。
39 班事：指土功有条理。
40 序民：指人民轮番从事力役，有次序。

今陈国道路不可知，田在草间，功成而不收，民罢(pí)于逸乐，是弃先王之法制也。

力役有秩序地进行。’现在的陈国，道路找不到，农田埋没在野草里，庄稼成熟了也不收割，百姓被陈侯的荒淫逸乐弄得很疲劳，这是废弃了先王的法制啊。

“周之《秩(zhì)官》有之曰：‘敌国[41]宾至，关尹[42]以告，行理[43]以节逆之，候(hòu)人为导，卿[44]出郊劳，门尹除门[45]，宗祝[46]执祀(sì)，司里授馆[47]，司徒[48]具徒，司空视涂，司寇[49]诘(jié)奸，虞(yú)人[50]入材，甸(diàn)人[51]积薪，火师[52]监燎(liáo)，水师[53]监濯(zhuó)，膳

“周的《秩官》篇有这样的规定：‘对等国家的使者到了，守关的官员便去报告国君，国君派行理拿符节去迎接，迎送宾客的官员做引导，卿士出城去慰劳，管门的人打扫门庭，管祭祀的陪同来宾到宗庙行礼，司里安排馆舍，司徒分派服役的人，司空巡查道路，司寇盘问有无奸盗，虞人供应木材，甸人准备柴薪，火师监察大庭火烛，水师料理洗濯事宜，膳宰送来熟食，廪人献上谷米，

41 敌国：地位相等的国家。
42 关尹：主管出入关口的官吏。
43 行理：官名。行人（主管外交事务）的助手。
44 卿：天子、诸侯所属的高级长官。周代把卿分为上卿、中卿、下卿三级。
45 门尹：管门的人。除：打扫。
46 宗祝：宗，宗伯；祝，太祝。都是官名，掌管宗庙祭祀等礼仪。
47 授馆：安排宾客馆舍。
48 司徒：官名。西周始置，掌管国家的土地和人民。
49 司寇：官名。西周始置，掌管刑狱、纠察等事。
50 虞人：掌管山泽的官吏。
51 甸人：主管照明柴薪的官吏。
52 火师：管火的人。
53 水师：管水的人。

宰致餐[54]，廪(lǐn)人献饩(xì)[55]，司马陈刍(chú)[56]，工人展车，百官各以物至。宾人如归。

“‘是故大小莫不怀爱。其贵国[57]之宾至，则以班加一等[58]，益虔(qián)[59]。至于王使，则皆官正莅(lì)[60]事，上卿监之。若王巡守[61]，则君亲监之。’今虽朝(cháo)[62]也不才，有分族[63]于周，承王命以为过宾[64]于陈，而司事[65]莫至，是蔑先王之

马官摆出马料，匠人检查车辆，各种官吏都按照各自担负的职责来供应物品。宾客来了，就好像回到了自己的家中一样。

“‘所以不论大小来宾，没有不感激盛情的。如果是大国的贵宾来到，那么管事的官吏，位次还要加高一级，更为恭敬。要是天子的使节到了，那么都是官长到职管事，由一位上卿监督他们。如果是天子亲自巡视，那就要由国君亲自监督办理。’我单朝虽然没有才能，但也是周王的亲族，奉天子的命令，做陈国的过路宾客，可是陈国的主管官吏竟不到场，这是轻视先王的

54 餐：熟食。
55 廪人：掌管出纳米谷的官。饩：这里指谷和米。
56 司马：官名。西周始置，掌管军政和军赋。但这里是指主管养马的官吏。刍：喂马的草料。
57 贵国：大国。
58 班：位次。加一等：尊一级。
59 虔：恭敬。
60 莅：临，到。
61 巡守：天子巡行诸国。守，同“狩”。
62 朝：单襄公自称。
63 分族：周王的亲族。分，位分。
64 过宾：过路的宾客。
65 司事：百官通称，指各种主管事务的人。

官也。

制度啊。

“先王之令有之曰：‘天道赏善而罚淫，故凡我造国，无从匪彝(fěi yí)[66]，无即慆(tāo)[67]淫，各守尔典，以承天休[68]。’今陈侯不念胤(yìn)续[69]之常，弃其伉俪(kàng lì)妃嫔(pín)[70]，而帅其卿佐[71]以淫于夏氏，不亦渎(dú)姓[72]矣乎？陈，我大(tài)姬之后也[73]。弃衮冕(gǔn miǎn)[74]而南冠以出，不亦简彝(yí)乎？是又犯先王之令也。

“先王的训令有这样的记载：‘天道是奖励善良而惩罚淫恶的，所以我们治理国家，不要做违背常规的事情，不要有轻慢淫乱的行为，各自遵守着自己的法度，来承受上天赐给的幸福。’现在陈侯不考虑继嗣常法，抛弃他的妻妾，带领他的臣下到夏氏家里去干淫乱的事，不也是侮辱了自己的姓氏吗？陈国，本是我武王的女儿太姬的后代，陈侯抛弃周的礼服，戴起楚国的帽子外出，不也是太随便了吗？这又触犯了先王的法令啊。

“昔先王之教，茂[75]

“从前先王的教导，国君尽力遵

66 匪彝：违背常规。匪，同“非”，不是。彝，常。这里指常规。
67 慆：轻慢。
68 休：吉庆，美善。
69 胤续：续嗣。胤，后代。
70 伉俪：配偶。指陈灵公的夫人。妃嫔：次于夫人的妾。
71 卿佐：指孔宁、仪行父。
72 渎姓：亵渎姓氏。因夏氏是妫姓，陈也是妫姓，所以说渎姓。渎，亵渎。
73 大姬：周武王的女儿，虞胡公的妃子，为陈的远祖母。所以说“我大姬之后”。大，同“太”。
74 衮冕：衮衣和冕。是古代帝王和上公的礼服。衮衣，画有龙的衣。冕，礼帽。
75 茂：勉力，努力，尽力。

帅其德也，犹恐陨越[76]；若废其教而弃其制，蔑其官而犯其令，将何以守国？居大国[77]之间，而无此四者，其能久乎？”

六年[78]，单(shàn)子如楚。八年，陈侯杀于夏氏。九年，楚子[79]入陈。

循德政，还害怕坠落；如果废弃先王的教导，抛开先王的制度，轻视先王的官职，干犯先王的法令，又拿什么来保住国家呢？陈国夹在大国中间，而没有以上这四条，还能长久得了吗？”

定王六年，单襄公到楚国。八年，陈灵公被夏徵舒所杀。九年，楚庄王攻入陈国。

76 陨越：颠仆，坠落。
77 大国：指晋、楚。陈处于晋、楚之间。
78 六年：周定王六年（前601）。
79 楚子：楚庄王。

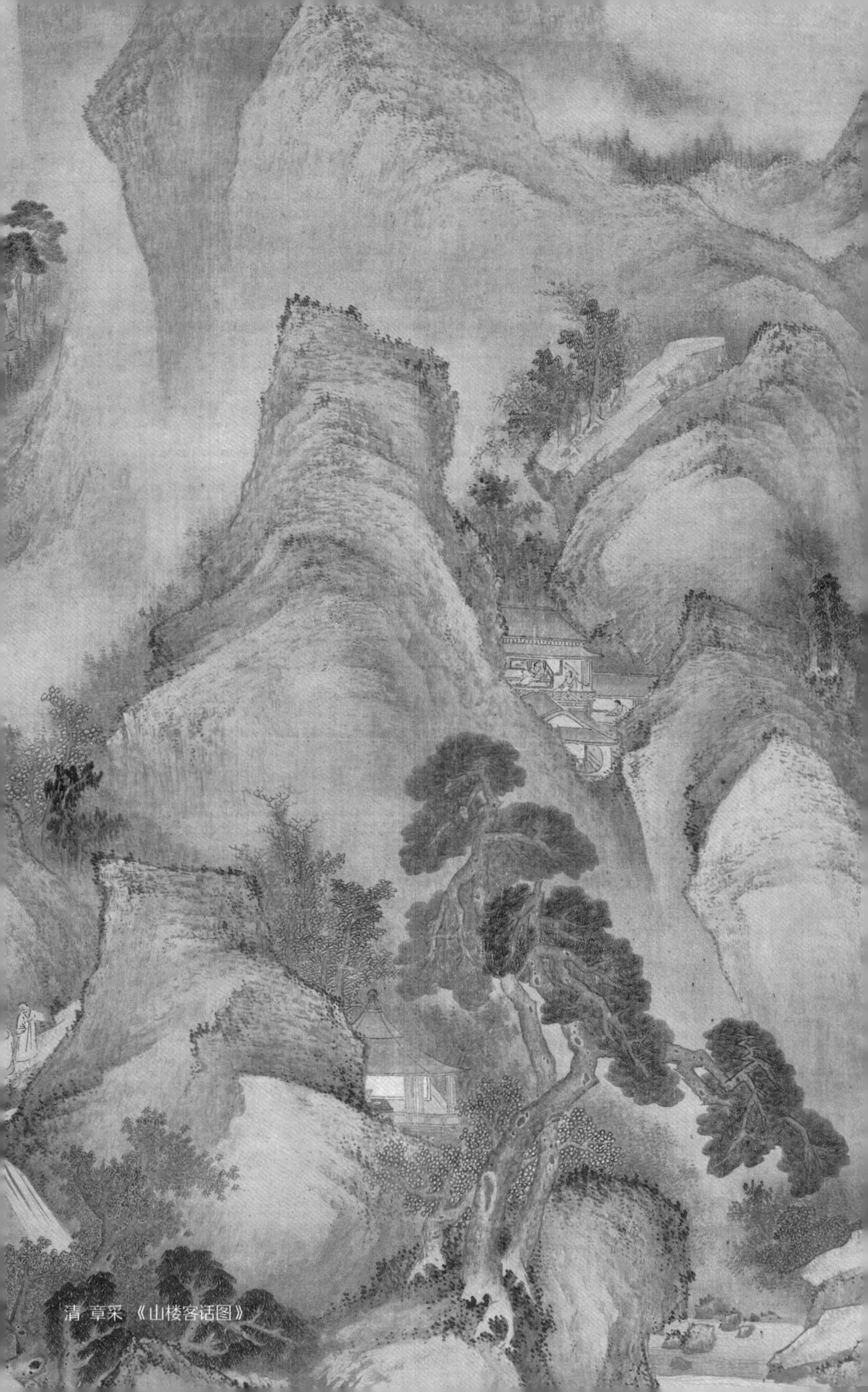

清 章采 《山楼客话图》

展禽论祀爰居

《国语·鲁语上》

臧文仲叫国人去祭祀海鸟“爰居”，引起展禽的一番大议论。这番议论反映出：祭祀是当时国家的大事，但只有为人民建立了功劳的人以及有益于人民的事物，大家才把它当作神来祭祀。虽然有迷信色彩，但反对“淫祀”，在古代却是颇有见地的。

海鸟曰“爰居”，止于鲁东门之外二日[1]。臧文仲[2]使国人祭之。展禽[3]曰：“越哉，臧孙之为政也！夫祀，国之大节也，而节，政之所成也。故慎制祀以为国典[4]。今无故而加典，非政之宜也。

有一只海鸟叫爰居，停在鲁都东门外已经有两天了。臧文仲叫国都的居民去祭祀它。展禽说：“臧孙处理政事太超越礼了！祭祀是国家的重要制度，而制度是政事有效的缘由。所以要慎重地制定祭祀的制度，作为国家的常法。现在无缘无故地增加祭祀，这不是治理政事所应该做的。

“夫圣王之制祀也，法施于民则祀之，以死勤

“圣王创制祀典：凡是立法对人民有利的，就祭祀他；为事业勤劳而死

1 二日：《国语》原本作“三日”。
2 臧文仲：鲁大夫，即下文的“臧孙”。
3 展禽：即柳下惠，又叫柳下季。
4 国典：国家的常法。

事则祀之，以劳定国则祀之，能御大灾则祀之，能捍(hàn)大患则祀之。非是族[5]也，不在祀典。昔烈山氏[6]之有天下也，其子曰柱[7]，能植百谷百蔬。夏之兴也，周弃[8]继之，故祀以为稷(jì)。共(gōng)工氏之伯(bà)九有也[9]，其子曰后土[10]，能平九土[11]，故祀以为社。

的，就祭祀他；凭着劳苦使国家安定的，就祭祀他；能够抵御大灾大难的，就祭祀他；能够阻止大祸患发生的，就祭祀他。不是这几类，不在祭祀法典之列。从前烈山氏掌管天下的时候，他的后世子孙有个叫柱的，能够种植各种谷物和蔬菜。夏朝兴起，周弃继续他的事业，所以后来便供祀他为谷神。共工氏称霸九州的时候，他的儿子叫后土，能平治九州的土地，所以后来便供祀他为土神。

“黄帝能成命百物[12]，以明民共(gōng)财[13]；颛(zhuān)顼(xū)能修之[14]；帝喾(kù)能序三辰

“黄帝能为百物制定名称，使百姓都能明白物用，并且供给国家财用；颛顼能继续黄帝的功业；帝喾能根据日

5 族：类。
6 烈山氏：即神农氏。
7 子：子孙。柱：古代传说中人名。
8 弃：即后稷，周的始祖。传说中尧舜时代的农官。
9 共工氏：古代传说中伏羲、神农之间的水官。九有：即九州。
10 后土：名句龙，传说在黄帝时为土官，后世便祀他为土神。
11 九土：九州的土地。
12 黄帝：传说是中原各族的共同祖先。姬姓，号轩辕氏、有熊氏。成命：定百物之名。命，名。
13 明民：使民不迷惑。共财：供给赋敛。
14 颛顼：传说中古代帝王名。号高阳氏，黄帝的孙子。能修之：能继续完成黄帝的事业。

以固民[15]；尧能单(dān)均刑法以仪民[16]；舜勤民事而野死[17]；鲧(gǔn)障洪水而殛(jí)死[18]；禹[19]能以德修鲧之功；契(xiè)为司徒而民辑[20]；冥[21]勤其官而水死；汤以宽治民而除其邪[22]；稷勤百谷而山死[23]；文王以文昭；武王去民之秽(huì)。

“故有虞(yú)氏禘(dì)黄帝而祖颛顼(zhuān xū)，郊尧而宗舜；[24]夏后氏禘(dì)黄帝而

月星运行的次序，使百姓安定；尧能尽力公平行使刑法，使百姓向善；舜为民事勤劳而死在苍梧之野；鲧用堵塞的办法治洪水而被杀；禹能靠德行继续完成鲧的事业；契做司徒教化百姓而使人民和睦；冥勤恳地履行水官的职责而死在水中；商汤用宽大的政治治理百姓，除掉邪恶的夏桀；稷辛勤地种植百谷而死在山上；文王以文德著称；武王去掉百姓的祸害商纣。

“所以有虞氏禘祭黄帝，祖祭颛顼，郊祭尧，宗祭舜；夏后氏禘祭黄帝，祖祭颛顼，郊祭鲧，宗祭禹；商人禘祭舜，祖

15 帝喾：传说中古代帝王名。号高辛氏，黄帝的曾孙。三辰：日、月、星。
16 尧：传说中古代帝王名。号陶唐氏，名放勋，史称唐尧。单：通“殚”，尽。仪：善。
17 舜：传说中古代帝王名。姚姓，号有虞氏，名重华，继尧即位。史称虞舜。野死：传说舜征有苗死在南方的苍梧之野。
18 鲧：禹的父亲。尧命他治水，他用筑堤的方法，九年没治好，被尧杀死在羽山。殛：杀死。
19 禹：姒姓，名文命，亦称大禹、夏禹、戎禹。
20 契：传说中商族的始祖，帝喾的儿子，曾协助夏禹治水有功。辑：和。
21 冥：契的六世孙，夏代的水官，勤于职守而死在水中。
22 汤：又称成汤、武汤、天乙，商朝的建立者。除其邪：指放逐夏桀。
23 山死：传说后稷死在黑水之山。
24 “禘”“祖”“郊”“宗”都是祭礼名。古代帝王世系，始祖称祖，继祖称宗。始祖、继祖都立庙祭祀。始祖的祖或父，则不立庙，而在始祖庙中祭，以始祖配祭，称为禘。又祖先中有功业者，按祭法不能另立庙，也不能去祖庙、宗庙中祭，就在郊祭天地时祭祀，称为郊。

明 仇英 《帝王道统万年图册》之商汤

祖颛顼(zhuān xū)，郊鲧(gǔn)而宗禹；商人禘(dì)舜而祖契(xiè)，郊冥而宗汤；周人禘喾(dì kù)而郊稷(jì)，祖文王而宗武王。

祭契，郊祭冥，宗祭汤；周人禘祭帝喾，郊祭后稷，祖祭文王，宗祭武王。

“幕，能帅颛顼(zhuān xū)者也，有虞(yú)氏报焉；[25] 杼(zhù)[26]，能帅禹者也，夏后氏报焉；上甲微[27]，能帅契(xiè)者也，商人报焉；高圉(yǔ)、太王[28]，能帅稷(jì)者也，周人报焉。凡禘(dì)、郊、祖、宗、报，此五者，国之典祀也。

“幕是能遵循颛顼的德业的人，所以有虞氏报祭他；杼是能遵循禹的德业的人，所以夏后氏报祭他；上甲微是能遵循契的德业的人，所以商人报祭他；高圉、太王是能遵循稷的德业的人，所以周人报祭他。以上所说的禘祭、郊祭、祖祭、宗祭和报祭，这五项是国家祭祀的常法。

“加之以社稷(jì)山川之神，皆有功烈于民者也；及前哲令德之人，所以为民质[29]也；及天之三辰，民所以瞻(zhān)仰也；及地之五行[30]，

“再就是社稷山川的神灵，都是对人民有功绩的；还有以前的圣哲和有美德的人，是能导民以诚信的；还有天上的日、月、星，是百姓所仰望的；还有地上的金、木、水、火、土，

25 幕：舜的后人虞思。帅：遵循。报：报德的祭祀。
26 杼：禹的后代，少康的儿子，即季杼。
27 上甲微：契的八世孙，商汤的六世祖。
28 高圉：稷的十世孙。太王：高圉的曾孙，即古公亶父。
29 质：信。
30 五行：金、木、水、火、土。

所以生殖也；及九州名山川泽，所以出财用也。非是，不在祀典。

是百姓要依靠它生活的；还有九州的名山大川是能生产财物用器的。除掉这些以外，都不在祭祀常法之内。

“今海鸟至，己不知而祀之，以为国典，难以为仁且知矣。夫仁者讲功，而知者处物。无功而祀之，非仁也；不知而不问，非知也。今兹海其有灾乎？夫广川之鸟兽，恒知而避其灾也。”

“现在海鸟飞来，因为自己不认识就去祭祀它，作为国家祭祀的大礼，这实在是算不得仁爱与智慧啊。仁爱的人，重视功德；有智慧的人，注意考虑、处理事物的道理。没有功德就去祭祀它，不是仁爱；不知道，又不去问，不是明智。如今只怕海里也有灾祸吧？那些生活在大海的鸟兽，往往能预知并躲避灾祸。”

是岁也，海多大风，冬暖。文仲闻柳下季之言，曰：“信吾过也。季子之言，不可不法也。”使书以为三策[31]。

这一年，海中多大风，冬季又很暖和。臧文仲听到柳下季（展禽）的话，便说：“这确实是我的过失。季子所说的话，是不可不取法的。”他叫人把这些话记在竹简上，一共写了三份。

31 策：古代写字用的竹片或木片。

里革断罟匡君

《国语·鲁语上》

人类需要注意保护自然资源，古人很早就从实践中觉察了这一点，所以对于有益于人类的鸟兽虫鱼，总是采取有节制的捕获政策。里革能够不怕君主的权势，维护这种政策；鲁宣公能及时醒悟，虚心纳谏；师存进言，又意味深长。三者皆有可取之处。

宣公夏滥于泗渊[1]。里革断其罟而弃之[2]，曰："古者大寒降[3]，土蛰[4]发，水虞于是乎讲罛罶[5]，取名鱼[6]，登川禽[7]，而尝之寝庙[8]，行诸国人，助宣气也。

夏天，鲁宣公在泗水深处作槛捕鱼。里革割断他的网，并且把它丢掉，说道："古时候，要等大寒转暖之后，冬眠在土中的虫类苏醒振动起来了，管理河水禁令的官才整理网钩，捕捉大鱼，捞取鳖蜃，拿到宗庙里举行祭祀，再叫百姓也照着去做，这是帮助阳气的上升。

1 宣公：即鲁宣公。滥：施柴于水中作槛以取鱼。泗：水名。源出山东蒙山南麓，四源并发，故名。渊：水深处。
2 里革：鲁太史。罟：网。
3 大寒：二十四节气之一。降：减少。
4 土蛰：冬眠的虫类，伏藏在土中，所以叫土蛰。
5 水虞：官名。掌管川泽禁令。罛：捕鱼的大网。罶：捕鱼的用具。
6 名鱼：大鱼。
7 川禽：鳖蜃一类的水产。
8 尝：秋祭。寝庙：宗庙。

“鸟兽孕，水虫成，兽虞于是乎禁罝罗[9]，矠[10]鱼鳖，以为夏槁[11]，助生阜[12]也。鸟兽成，水虫孕，水虞于是乎禁罝罜[13]，设阱鄂[14]，以实庙庖[15]，畜[16]功用也。

“等到鸟兽怀孕，水生物已经长成，掌管鸟兽禁令的官，就要禁止上山网罗鸟兽，只刺取鱼鳖，做成夏天食用的干鱼，这是为了帮助鸟兽的繁殖。等到鸟兽已经成长，水生物正在怀孕，掌管河水禁令的官，就要禁止小网下水，只设陷阱捕捉禽兽，拿来祭祀祖宗，款待宾客，这是为了保护鱼鳖，以备国家积蓄需用。

“且夫山不槎蘖[17]，泽不伐夭[18]，鱼禁鲲鲕[19]，兽长麑麇[20]，鸟翼鷇卵[21]，虫舍蚳蝝[22]，蕃庶物也。古之训也。

“并且，山上不砍重生的嫩条，湖泽里不采伐还没有长成的草木，捕鱼禁捕小鱼，要让小鹿等幼兽好好成长，保护小鸟、鸟卵，杀虫不要把有益于人类的幼虫全部杀掉，这都是为了使自然界的万物

9 兽虞：掌管鸟兽禁令的官。罝：捕兽的网。罗：捕鸟的网。
10 矠：刺取。
11 槁：枯干。
12 助生阜：助其生长。阜，长。
13 罝罜：小渔网。“罝”当作“罜（zhǔ）”。
14 阱：陷阱。鄂：捕兽器。
15 庙庖：宗庙里的厨房。庖，厨房。
16 畜：储藏。
17 槎：用刀或斧砍。蘖：树木被砍伐后又生出的嫩条。
18 夭：夭折。这里是指还没有长成的草木。
19 鲲鲕：没有长成的小鱼。
20 麑：小鹿。麇：麇（mí）子，一种形似鹿而身体庞大的野兽。
21 翼：辅育。鷇：须母鸟哺食的雏鸟。
22 蚳：虫卵。蝝：没有翅膀的幼虫。

今鱼方别孕，不教(jiāo)鱼长(zhǎng)，又行网罟(gǔ)，贪无艺[23]也。”

繁殖生长。这是古人的准则。现在，鱼正在产子，不仅不叫它生长，反而用网去捕它，这是贪得无厌啊！”

公闻之曰：“吾过而里革匡(kuāng)我，不亦善乎！是良罟(gǔ)也，为我得法。使有司藏之，使吾无忘谂(shěn)[24]。”师存侍[25]，曰：“藏罟(gǔ)不如置里革于侧之不忘也。”

鲁宣公听了说道：“我有过失，里革纠正我，这不是很好吗！这是一张有用的网，使我得到了古人的良法。主管官员要把这网收藏好，使我以后看着，不忘记里革所劝告的话。”乐师存在旁，说：“收藏这张网，还不如把里革安置在您的身旁，就更不会忘记了！”

23 无艺：没有限度。
24 谂：劝告。
25 师：乐师。存：乐师的名字。

明 丁玉川 《渔乐图》（局部）

敬姜论劳逸

《国语·鲁语下》

敬姜作为一位贵族妇女，能用前朝勤劳从政的业绩和当时的礼法来教育她的儿了，宣传劳动的重要，反对好逸恶劳，是难能可贵的。

公父(fǔ)文伯[1]退朝，朝[2]其母，其母方绩[3]。文伯曰：“以歜(chù)[4]之家，而主[5]犹绩，惧干(gān)季孙之怒也[6]，其以歜(chù)为不能事主乎？”

公父文伯退朝回来，去拜见他的母亲，他的母亲正在绩麻。公父文伯说：“像我们这样的人家，做主母的还要绩麻，恐怕要惹季孙发脾气，以为我不能服侍母亲吧！”

其母叹曰：“鲁其亡乎。使僮子备官[7]，而未之闻邪(yé)[8]？居[9]！吾语(yù)女(rǔ)。

他的母亲敬姜听了，长叹一声说：“鲁国将要亡了吧！叫没有知识的人去做官，连治国的道理也没有听过

1 公父文伯：鲁大夫。季悼子的孙子，公父穆伯的儿子。
2 朝：古时候去见君王叫朝，谒见尊敬的人也可以叫朝。
3 母：公父文伯的母亲，即敬姜。绩：绩麻，即纺织。
4 歜：文伯自称其名。
5 主：主母。
6 干：犯。季孙：即季康子。当时担任鲁国的正卿，是季悼子的曾孙。
7 僮子：即童子。一说，僮是愚昧无知的意思。备官：充任官职。
8 邪：同“耶”。
9 居：坐下。

昔圣王之处(chǔ)民也，择瘠(jí)土[10]而处(chǔ)之，劳其民而用之，故长王(wàng)天下。

“夫民劳则思，思则善心生；逸则淫，淫则忘善，忘善则恶(è)心生。沃土之民不材，淫也；瘠土之民莫不向义，劳也。是故天子大采朝(cháo)日[11]，与三公、九卿祖识地德[12]。日中考政，与百官之政事，师尹、惟旅、牧、相宣序民事[13]；少(shào)采夕月[14]，与太史、司

呀！你坐下，我来告诉你。从前圣王治理百姓的方法，选择那些不肥沃的土地，叫他们居住在那里，使他们经常劳累，然后支配他们，所以就能长久地保有天下。

“因为人民劳累就会去思考怎么节俭和约束自己，经常思考就会产生善良的心理。没有事做就会放荡，一放荡就会忘掉善心，一忘掉善心，恶心也就产生了。居住在肥沃土地上的人，多半是不成材的，就是因为放荡；贫瘠地方的人没有不向往义理的，就是勤劳的缘故。所以，天子在春分的早晨就要穿着五彩衣服去祭日，并与三公九卿共同熟习、体验大地生育万物的规律。中午，要考察国家的政治，以及百官所做的事务。师尹、众士、州牧、国相，都要宣布政教使百姓有条不紊。到了秋分时节，要穿了三彩的衣服去祭月，并和掌管天文的

10 瘠土：不肥沃的土地。

11 大采：五彩。朝日：天子以春分朝日。

12 祖：熟习。识：知。地德：古人认为地能生产百物，养育人民。这便是地之德。

13 师尹：官名。一说是大夫官，一说是公。惟旅：众士。牧：州牧，地方官。相：国相。宣：布。序：次第。

14 少采：即三采。指朱、白、苍三种颜色。夕月：秋分祭月。

载纠虔(qián)天刑[15]；日入监九御[16]，使洁奉禘(dì)、郊之粢盛(zī chéng)[17]，而后即安[18]。

“诸侯朝(zhāo)修天子之业命[19]，昼(zhòu)考其国职[20]，夕省(xǐng)其典刑[21]，夜儆(jǐng)百工[22]，使无慆(tāo)淫[23]，而后即安。

“卿大夫朝(zhāo)考其职，昼讲其庶政，夕序其业，夜庀(pǐ)[24]其家事，而后即安。士朝(zhāo)受业，昼而讲贯[25]，夕而

太史、司载恭恭敬敬地观察上天显示的吉凶景象。到了晚上，要监视九御，叫他们把祭祀的物品弄得干干净净，然后才去休息。

“诸侯呢，早上要研究天子的命令和所应办的事务，白天要考察国家大事，傍晚要熟习国家的常法，夜里要告诫手下百官，使他们不要怠惰放荡，然后才去休息。

“卿大夫呢，早上要考察他的职责，白天要办理各种事情，傍晚要整理他一天来所做的工作，夜里料理他的家务，然后才能去休息。士人呢，早晨接受学业，白天讲习，傍晚复习，夜里反省自己有没有过失，要是没有什么值得悔恨的，然后才去

15 太史：官史。西周、春秋时的太史掌管起草文书，策命诸侯卿大夫，记载史事，编写史书，兼管国家典籍、天文历法、祭祀等，是朝廷大臣。司载：指司天文的冯相氏、保章氏同掌天文。纠：恭。虔：敬。天刑：天法，此指上天显示的吉凶景象。
16 九御：九嫔之官，主持祭祀的。
17 禘：大祭。郊：祭天。粢：黍稷。盛：祭祀用的黍稷盛在祭器内。
18 即安：休息。
19 业：事。命：命令。
20 国职：国家大事。
21 典刑：常法。
22 儆：告诫。百工：百官。
23 慆淫：怠慢放荡。
24 庀：治理。
25 贯：习。

习复，夜而计过，无憾[26]而后即安。自庶人以下，明而动，晦[27]而休，无日以怠。

“王后亲织玄紞(dǎn)[28]，公侯之夫人加之以纮(hóng)綖(yán)[29]，卿之内子[30]为大带，命妇成祭服[31]，列士[32]之妻加之以朝服。自庶士以下，皆衣(yì)其夫。社而赋事[33]，烝(zhēng)而献功[34]，男女效绩，愆(qiān)则有辟[35]，古之制也。

“君子劳心，小人

休息。自庶人以下，天亮就起来工作，晚上休息，没有一天可以怠惰。

“就是皇后也要亲织黑色的、悬挂在帽子上的丝带，公侯的夫人要加做系帽子的小丝带和冕上的方板外包的布，卿的妻子要做大带，大夫的妻子要做祭服，列士的妻子再加做朝服。自庶人以下的妻子，都要替她的丈夫做衣服。春祭要向神明祷告农事开始，冬祭要禀告农事成功，男男女女各自陈述功绩，要是有了过失，就要加以责罚，这是古代的制度。

“‘君子’劳心，‘小人’劳力，这是先王的遗训。从上到下，哪一个敢心

26 憾：悔恨。
27 晦：夜。
28 玄：黑色。紞：悬挂在帽上的丝绳。
29 纮：从颔下绕过的小丝带。綖：冕上长方形的板外包的布。冕是一种最尊贵的礼帽，和一般帽子不同。
30 内子：古时称卿的嫡妻叫内子。
31 命妇：大夫的妻子。祭服：祭祀时所穿的黑色礼服。
32 列士：上士。
33 社：春祭名。赋事：向神祷告农事。
34 烝：冬祭名。献功：报告农事成功。
35 愆：过失。辟：罪。

劳力，先王之训也。自上以下，谁敢淫心舍(shě)力？今我，寡也，尔又在下位[36]，朝夕处(chǔ)事，犹恐忘先人之业。况有怠惰，其何以避辟(pì)？吾冀而朝夕修我[37]，曰：'必无废先人。'尔今曰：'胡不自安？'以是承君之官，余惧穆伯之绝祀也。"

仲尼闻之曰："弟子志[38]之，季氏之妇不淫矣。"

思放荡而不努力劳动呢？现在我是个寡妇，你又处于下大夫的职位，就是从早到晚做事，还怕忘了先人的事业。要是怠惰，怎么可以躲避责罚呢？我希望你每天要自勉说：'一定不要废弃先人的事业。'你现在却说：'为什么不自己安逸？'凭这样的思想担任国君的官职，我怕穆伯将要无人祭祀了！"

孔子听了敬姜的话说："弟子们记着，季家的这位妇人，可算是勤劳而不放荡了。"

36 下位：下大夫之位。
37 冀：希望。而：你。
38 志：记住。

叔向贺贫

《国语 · 晋语八》

韩宣子因贫困而发愁，叔向却去庆贺他。他举出栾武子、郤昭子作为借鉴，两相对比，反复说明忧德不忧贫的道理。叔向的这番言论，虽然是为了卿大夫自身的长治久安，但对“骄泰奢侈，贪欲无艺”“恃其富宠”的行为进行了批判鞭挞，是有一定积极意义的。

叔向见韩宣子[1]，宣子忧贫，叔向贺之。宣子曰：“吾有卿[2]之名，而无其实[3]，无以从[4]二三子，吾是以忧，子贺我，何故？”

叔向去见韩宣子，宣子正在为自己的贫困发愁，叔向反而庆贺他。宣子说：“我空有正卿的虚名，却没有正卿的收入，不够和其他卿大夫交际往来，我正为这个发愁，你为什么反而要庆贺我？”

对曰：“昔栾（luán）武子无一卒（zú）之田[5]，其官不备其宗器[6]，宣其德行，

叔向回答说：“从前栾武子做上卿，田产很少，家里连祭器都不完备，却能发扬德行，遵循法制，名声传到诸

1 叔向：晋国大夫，羊舌氏，名肸（xī）。韩宣子：晋国的正卿韩起。
2 卿：天子、诸侯所属的高级官员。
3 实：财物。
4 从：追随，与之交往。
5 栾武子：栾书，晋国上卿。上卿的待遇是一旅（五百人）之田，即五百顷。一卒之田：即一百顷，这是上大夫的待遇。卒，百人。
6 官：一本作“宫”。宗器：宗庙中的祭器。

顺其宪则[7]，使越[8]于诸侯，诸侯亲之，戎狄(róng dí)怀[9]之，以正晋国。行刑不疚[10]，以免于难[11]。

“及桓(huán)子[12]，骄泰奢(shē)侈(chǐ)，贪欲无艺，略[13]则行志，假贷居[14]贿(huì)，宜及于难，而赖武之德，以没(mò)其身。及怀子[15]，改桓之行，而修武之德，可以免于难，而离(nàn)[16]桓之罪，以亡[17]于楚。

“夫郤(xì)昭子[18]，其富半公室，其家[19]半三军，

侯各国，诸侯都来亲近他，戎狄也归附他，因此使晋国得到了安定。他执行法制没有什么差错，因此他自己没有遭受祸患。

“到了桓子，就骄傲奢侈起来了，他贪财没有止境；忽视法制而一意孤行，放债取利，积蓄财物。这样的人，本来应该遭受祸难，由于凭借栾武子的功德，他才得到善终。到了怀子，改变他父亲桓子的行为，而继承他祖父武子的德行，本来是可以免于祸难的，但由于受到桓子罪恶的连累，以致逃亡到楚国。

“再说郤昭子吧，他的家私，抵得上半个晋国；他的家臣，有三军的一半。

7 宪则：法制。
8 越：超越。
9 怀：归附。
10 刑：法。疚：病。
11 以免于难：栾武子曾杀晋厉公，立晋悼公，因为他行为公正，所以没有受到“弑君”的责难。
12 桓子：栾武子的儿子栾黡（yǎn）。
13 略：犯。
14 居：蓄。
15 怀子：栾黡的儿子栾盈。
16 离：同“罹”，遭受。
17 亡：逃奔。
18 郤昭子：名至，晋国的正卿。
19 家：家臣。

原文	译文
恃其富宠以泰于国[20]，其身尸于朝，其宗灭于绛（jiàng）[21]。不然，夫八郤（xì）五大夫三卿[22]，其宠大矣，一朝而灭，莫之哀也，惟无德也。今吾子有栾（luán）武子之贫，吾以为能其德[23]矣，是以贺。若不忧德之不建，而患货之不足，将吊不暇（xiá），何贺之有？”	他凭借富有和地位，在晋国横行霸道。结果，尸体摆在朝廷上示众，他的同族也在绛被诛灭。要不是这样，那姓郤的八人，五个做大夫，三个做卿，他们的官职、权势够大了，怎么会一旦被灭，没有一个人去哀怜他们呢？就是因为他们没有德行啊。现在，你有栾武子一样的贫困，我以为你是能实行他的德行了，因此向你庆贺。如果不担心德行不能建立，只担心钱财不足，那我要吊你还来不及，还有什么可贺的呢？”
宣子拜，稽（qǐ）首[24]焉，曰：“起[25]也将亡，赖子存之。非起也敢专承之，其自桓叔以下[26]，嘉[27]吾子之赐。”	宣子听了，跪拜说：“我将要灭亡了，全仗你的开导，得以保存。不仅我韩起个人承受你的恩惠，就是先祖桓叔的后代，都要拜谢你的恩赐！”

20 宠：尊荣。泰：骄傲放肆。
21 宗：宗族。绛：晋的故都，在今山西省翼城县东南。
22 八郤：郤氏八人。五大夫：郤文、郤豹、郤芮、郤谷、郤溱，五人皆为晋大夫。三卿：郤锜、郤犨、郤至，三人皆为晋卿。
23 能其德：能行栾武子之德。
24 稽首：古时一种跪拜礼，叩头至地，是九拜中最恭敬者。
25 起：韩宣子自称其名。
26 桓叔：韩宣子的祖先。以下：指桓叔的后代。
27 嘉：赞许，这里是感谢的意思。

明 沈周 《苍崖高话图》（局部）

王孙圉[1]论楚宝

《国语·楚语下》

国家应把什么当作宝？这是本篇的主题。赵简子把佩带在身上的装饰品——佩玉当作宝；王孙圉则认为，国家的宝是人才，其次是对国家和百姓有利的事物，玩物不能算宝。重人才还是重玩物，正是一个国家能否强大的关键。本文写赵简子“鸣玉”的骄态和王孙圉回答的从容气概，笔法褒贬分明。

王孙圉聘于晋，定公飨之[2]，赵简子鸣玉以相[3]，问于王孙圉曰：“楚之白珩[4]犹在乎？”对曰：“然。”简子曰：“其为宝也几何矣？”

曰：“未尝为宝。楚之所宝者，曰观射父[5]，能作训辞，以行事于诸侯，使无

王孙圉到晋国进行访问，晋定公设宴招待他。赵简子做陪客，故意弄响身上佩带的玉器问王孙圉说：“楚国的白珩还保留着吧？”王孙圉回答说：“是的。”简子说：“这种宝贝能值多少钱？”

王孙圉说：“并没有把它当作宝贝。楚国所宝贵的是观射父。他善于辞令，出使各诸侯国，使各诸侯国

1 王孙圉：楚大夫。
2 定公：晋顷公的儿子，名午。飨：大宴宾客。
3 赵简子：晋大夫，名鞅。鸣玉：使身上的佩玉发出响声。相：相礼，在礼仪中辅助定公。
4 白珩：楚国最美的佩玉。
5 观射父：楚大夫。

以寡君为口实[6]。又有左史倚(yǐ)相[7]，能道训典[8]，以叙百物[9]，以朝夕献善败于寡君，使寡君无忘先王之业。又能上下说(yuè)乎鬼神[10]，顺道其欲恶(wù)，使神无有怨痛于楚国。

“又有薮(sǒu)曰云，连徒洲[11]，金、木、竹、箭[12]之所生也，龟、珠、角、齿、皮、革、羽、毛，[13]所以备赋，以戒不虞(yú)者也。所以共(gōng)币帛，以宾享[14]于诸侯者也。若诸侯之好币具，而导之以训辞。有不

不会把我君作为话柄。还有个左史名叫倚相，能说出先王的遗训和各种典章制度，用来有条不紊地处理各种事情，并在清晨和傍晚把善恶说给我们的君王听，使我们君王不忘记先王的功业。还能取得天地鬼神的好感，顺从他们的好恶，使神明不怨恨楚国。

“此外，还有个大湖叫云梦，接连徒洲，是金、木、竹、箭、龟、珠、角、齿、皮、革、羽、毛等出产的地方，用这些来供给兵赋，防备意外的祸患；又用它们作为礼品，奉献给诸侯各国。如果诸侯喜爱这些礼品，再用好的辞令来开导他们。即使有意料不到的事情发生，皇神也会帮助我们，因此我们的国君

6 口实：话柄。
7 左史：官名。周代史官有左史、右史之分。左史记言，右史记事。春秋时，晋楚两国都设有左史。倚相：左史名。
8 训典：先王传下的典籍。
9 叙：次第。百物：百事。
10 上下：指天神和地祇（地神）。说：同“悦”。
11 薮：生长着很多草的大湖泽。云：即云梦泽。连：连接。徒洲：洲名。
12 箭：小竹。
13 齿：象齿。革：去了毛的兽皮。羽：鸟羽。毛：牦牛尾。
14 享：献。

虞(yú)之备，而皇神相之[15]，寡君其可以免罪于诸侯，而国民保[16]焉。此楚国之宝也。若夫(fú)白珩(héng)，先王之玩也，何宝焉？

“圉(yǔ)闻国之宝，六而已。圣能制议百物，以辅相(xiàng)国家，则宝之；玉足以庇(bì)荫嘉谷[17]，使无水旱之灾，则宝之；龟足以宪臧(zāng)否(pǐ)[18]，则宝之；珠[19]足以御火灾，则宝之；金[20]足以御兵乱，则宝之；山林薮(sǒu)泽，足以备财用，则宝之。若夫哗嚣(huá xiāo)[21]之美，楚虽蛮夷，不能宝也。”

可以不致得罪诸侯，国家和人民也就安定了。这就是楚国的宝贝。至于白珩，不过是先王的玩物罢了，怎么算得宝贝呢？

“我听说国家的宝贝只有六样：明白事理、能够讨论各种大事、帮助治理国家的人，那就应该算是宝贝；祭祀的玉器，如果能够保护庄稼好好生长，使它不遭受水灾旱灾，就应该算是宝贝；大龟如果能卜出善恶来指导人们，应该算是宝贝；珍珠宝玉如果能防御火灾，就应该算是宝贝；金属制成的武器能够防御战乱，也应该算是宝贝；山林湖泊能够供给人们财物，也应该算是宝贝。至于仅能发出响声的佩玉，楚国虽是蛮夷之地，也不能把它当作宝贝啊。”

15 皇：大。相：帮助。
16 保：安定。
17 玉：祭祀的玉器。嘉谷：好庄稼。
18 宪：法。臧否：善恶。
19 珠：珍珠之类。
20 金：古人把金属制成的器物都叫金。如刀剑戈矛之类。
21 哗嚣：喧哗的声音，这里指玉佩发出的声音。

明 蓝瑛 《楚山秋霁图》

诸稽郢行成于吴

《国语·吴语》

春秋末年的吴、越两国，经常发生战争。越国知道自己的力量暂时敌不过吴国，为了保存实力，于是派诸稽郢向吴国求和，作为缓兵之计，诸稽郢的求和辞令，主要是利用和助长吴王夫差骄傲自大的心理。

吴王夫差[1]起师伐越，越王勾践起师逆之江[2]。大夫种[3]乃献谋曰:“夫吴之与越，唯天所授，王其无庸战。

吴王夫差起兵去攻打越国，越王勾践便带领军队到江边迎战。越国的大夫文种献计说:“吴国和越国，存亡决定于天，君王可以不必和它打仗。

“夫申胥、华登[4]，简服[5]吴国之士于甲兵，而未尝有所挫[6]也。夫一人善射，百

“吴国的伍子胥和华登，他们替吴国所训练出来的士兵，从没有打过败仗的。一个人会射箭，成百的

1 吴王夫差：吴王阖庐的儿子。
2 勾践：越王允常的儿子。逆：迎战。
3 大夫种：即文种。
4 申胥：伍子胥，楚大夫伍奢的儿子，名员。楚平王七年（前522）伍奢被杀，伍子胥逃到吴国，以功封于申，所以又称申胥。华登：宋司马华费遂的儿子。华氏在宋作乱失败，华登逃到吴国，做了吴国大夫。
5 简服：训练。
6 挫：败。

夫决拾[7]，胜未可成。

人都会拉起弓弦仿效他。我们要想取胜，恐怕不可能。

“夫谋，必素[8]见成事焉，而后履(lǚ)之[9]，不可以授命[10]。王不如设戎(róng)，约辞行成，[11]以喜其民，以广侈(chǐ)[12]吴王之心。

“讲到计谋，必须预见到有成功的可能性才去实行，不可以轻举妄动去拼命。君王不如一面自己积极准备防御，一面去向吴国卑辞求和，使吴国的人民喜悦，使吴王心中更加骄傲。

“吾以卜(bǔ)之于天，天若弃吴，必许吾成而不吾足[13]也，将必宽然有伯(bà)[14]诸侯之心焉。既罢(pí)弊[15]其民，而天夺之食[16]，安受其烬(jìn)[17]，乃无有命矣。”

“我们可以向上天占卜这件事：天意如果要弃掉吴国，吴国一定会答应同我们讲和，而且不把我们放在心上了，就一定会慢慢产生称霸诸侯的想法，等他们把老百姓已经弄得疲惫不堪了，上天就会剥夺他们的生活物资，而我们则安然地承受那个残破的摊子，他们就没命了。”

7 决：钩弦的物品。用象骨做成，射箭的人将它套在大拇指上，用以钩弦。拾：用皮做成，射箭的人将它套在左臂上，好像后世的护袖。
8 素：预料。
9 履之：实行。
10 授命：犹言拼命。
11 设戎：设兵自守。戎，兵。约辞：卑下的言辞。行成：请求讲和。
12 侈：骄傲自大。
13 不吾足：不以我为足虑，瞧不起我们。
14 伯：同“霸”。
15 罢弊：困苦穷乏。罢，通“疲”。
16 天夺之食：上天夺去他的生活物资，即灭亡。
17 烬：灰烬，比喻残留下来的东西。

越王许诺，乃命诸稽(jī)郢(yǐng)[18]行成于吴，曰：“寡君勾践使下臣郢，不敢显然[19]布币行礼，敢私告于下执事曰：昔者越国见祸，得罪于天王[20]。天王亲趋玉趾(zhǐ)[21]，以心孤[22]勾践，而又宥赦(yòu shè)之。君王之于越也，繄(yī)起死人而肉白骨也[23]。孤不敢忘天灾，其敢忘君王之大赐乎？

“今勾践申祸无良[24]，草鄙之人，敢忘天王之大德，而思边陲(chuí)之小怨，以重(chóng)得罪于下执事？勾践用帅二三之老[25]，亲委

越王采纳了文种的建议，于是派诸稽郢去向吴国求和说：“我们的国君勾践叫小臣郢来到这里，不敢公然按外交礼节呈献礼物，只好私下告诉您的手下人说：从前越国遭受了灾祸，得罪了天王，天王亲自带兵打到我国，是从心里抛弃了勾践，但后来又赦免了他。天王对越国的恩情，就好像是使死人复活，枯骨长肉了。我君勾践不敢忘掉天降的灾祸，还敢忘掉天王的大恩大德吗？

“现在勾践重受灾殃，自作自受。但我们这些粗野鄙陋的人，又怎敢忘记天王的大德，记着边界上的小怨，以致再得罪您的手下人呢？因此，勾践带了他的几个老臣，亲自前

18 诸稽郢：越大夫。
19 显然：公开地。
20 得罪于天王：指槜李之役。天王，尊称吴王。
21 玉趾：敬辞。犹言贵步。
22 孤：弃。
23 繄：语助词。起死人：使死人复活。肉白骨：使白骨长肉。
24 申祸：重受灾祸。无良：自己不好，自作自受。
25 老：家臣。这里是谦辞。

重(zhòng)罪，顿颡(sǎng)[26]于边。今君王不察，盛怒属(zhǔ)[27]兵，将残伐[28]越国。越国固贡献之邑也，君王不以鞭棰(chuí)[29]使之，而辱军士使寇令[30]焉。

“勾践请盟：一介嫡(dí)女，执箕(jī)帚(zhǒu)以晐(gāi)姓于王宫[31]；一介嫡男，奉槃(pán)匜(yí)以随诸御[32]；春秋贡献，不解(xiè)于王府[33]。天王岂辱裁之？亦征[34]诸侯之礼也。

“夫谚曰：‘狐埋之而狐搰(hú)[35]之，是以无成

来，承担重罪，在边境上叩头求饶。不料君王不加细察，大发雷霆，带领军队要消灭越国。越国本是一个向您献纳物品的地方，天王不用鞭子驱使它，却辛苦兵士，命令他们像对待敌人一样地来攻打它。

“现在勾践请求讲和订立盟约：愿意献上一个嫡亲的女儿，叫她拿着撮箕扫帚，在王宫里侍奉天王；一个嫡亲的男孩，叫他捧着托盘、脸盆，跟随其他近臣听您使唤。每逢春秋两季前来贡献，将物品送到天王的府库里，决不懈怠。难道还值得天王亲自处理他？况且，这也是符合天子向诸侯征税的礼啊！

“俗话说：‘无主见的狐狸，自己藏

26 顿颡：叩头而以额触地。颡，额。

27 属：会聚。

28 残伐：即杀伐。

29 棰：鞭子。

30 寇令：防御盗寇的号令。

31 箕：撮箕。晐：备。姓：庶姓。《曲礼》：“纳女于天子，曰备百姓。”这里是纳女于吴的意思。

32 槃：同“盘”。盛盥洗的用具。匜：洗手脸用的器具。御：近臣宦竖之属。

33 解：同“懈”，怠。王府：王的府库。

34 征：征税。

35 搰：发掘，挖出。

功。'今天王既封殖[36]越国，以明闻[37]于天下，而又刈(yì)[38]亡之，是天王之无成劳[39]也。虽四方之诸侯，则何实[40]以事吴？敢使下臣尽辞，唯天王秉[41]利度义焉！"

好了东西自己又弄出来，所以终究不能成功。'现在天王既已扶植了越国，使天下的人都知道了，却又要去灭亡它，这样，你便是徒劳没有成果了。今后即使四方的诸侯国，又怎么敢再相信吴国并和吴国打交道呢？因此越国派遣小臣来转达这几句话，希望天王从道理和利益两方面，细细衡量吧！"

36 封殖：培植。这是以草木自喻。
37 明闻：公开宣布。
38 刈：割草。
39 成劳：成功。
40 实：信。
41 秉：拿。

元 高克恭 《越山图卷》（局部）

申胥(xū)谏许越成

《国语·吴语》

这篇文章在事件发展上是紧接上篇的。文种与申胥的分析竟不谋而合，利害所关，明若观火。吴王夫差由于不用申胥而亡国丧命，越王勾践由于用了文种而灭吴称霸。说明能否虚心采纳下属的正确意见，有时是关系国家兴亡成败的大事。申胥，即伍子胥。申，是他的封地。

吴王夫差乃告诸大夫曰:“孤将有大志于齐[1],吾将许越成,而无拂(fú)吾虑[2]。若越既改,吾又何求?若其不改,反行吾振旅焉[3]。”

吴王夫差因越王请求讲和,便告诉手下诸大夫说:“我将要对齐国采取大的行动,所以我准备答应越国讲和,你们不要违背我的意志。如果越国既已改正了过去的行为,我还要求什么呢?假如他不悔改,等我回来,再整顿军队去攻打它。”

申胥谏曰:“不可许也。夫越非实忠心好(hǎo)吴也,又非慑(shè)[4]畏吾甲兵之强也。大夫

伍子胥劝阻说:“不能答应讲和。因为越国并不是真心实意同吴国友好,又不是怕我们军队的强悍。越国的大夫文种是一个既勇敢又善于谋略的人,他将

1 孤：王侯的自谦之词。有大志于齐：要攻打齐国，北上称霸。
2 而：你们。拂：违背。
3 反：同“返”，指伐齐回来。振旅：整顿部队。
4 慑：恐惧，害怕。

种[5]勇而善谋，将还(xuán)[6]玩吴国于股掌之上，以得其志。

“夫固知君王之盖[7]威以好胜也，故婉约[8]其辞，以从(zòng)[9]逸王志，使淫乐(lè)于诸夏[10]之国，以自伤也。使吾甲兵钝弊[11]，民人离落[12]，而日以憔悴(qiáo cuì)[13]，然后安受吾烬(jìn)[14]。

“夫越王好(hào)信以爱民，四方归之，年谷时熟，日长(zhǎng)炎炎[15]。及吾犹可以战也，为虺(huǐ)[16]弗摧，为

把吴国放在大腿和手掌上玩弄，用来满足越国的心愿。

“他本来就知道您是一个恃强好胜的人，所以言语上显得特别谦逊，用以迎合您的思想，使您过分乐观地去和中原诸国争霸，从而伤害自己；使我们的军队在争霸中拖得筋疲力尽，人民离散，国家一天比一天困苦，然后就可以坐享其成地来占领我们的国家了。

“那越王是一个既有信用，又爱护人民的君主，各地人心都向着他，年成又好，大有蒸蒸日上的气势。要抓住我们还有力量战胜他们的时机。小蛇

5 种：越大夫文种。
6 还：转动。
7 盖：崇尚。
8 婉约：委婉而谦卑。
9 从：同“纵”。
10 诸夏：中原的其他诸侯国。
11 钝：不利。弊：困。
12 离落：离散。
13 憔悴：困苦。
14 安受吾烬：是说越国乘吴国残破之余吞灭吴国。
15 炎炎：势盛的样子。
16 虺：小蛇。

蛇将若何？”吴王曰：“大夫奚隆于越[17]？越曾(zēng)足以为大虞[18]乎？若无越，则吾何以春秋曜(yào)[19]吾军士？”乃许之成。

将盟，越王又使诸稽郢(jī yǐng)辞曰：“以盟为有益乎，前盟口血(xuè)未干[20]，足以结信矣。以盟为无益乎，君王舍(shě)甲兵之威以临使之，而胡重(zhòng)于鬼神而自轻也？”吴王乃许之，荒[21]成不盟。

不除掉它，等它长成大蛇了，我们将怎么对付它呢？”吴王说：“你为什么这样看重越国？越国竟然值得这样忧虑吗？要是没有越国，我怎么能在春秋两季炫耀我的武力呢？”于是答应了越国讲和。

将要歃血结盟的时候，越王勾践又叫诸稽郢来推辞说：“如果认为盟约是有益的，那前盟尚在，口里喝的血酒还没有干，尽可以取信了；如果认为盟约是无益的，您却放弃用武力来和我们订立盟约。您何必这样看重鬼神而不相信自己呢？”吴王竟同意了。因此，这次谈判的结果，仅仅是口头上讲和而没有订立盟约。

17 奚隆于越：为什么对越国这样看重。奚，何，为什么。
18 虞：忧虑。
19 曜：同“耀”，炫耀。
20 口血未干：古人歃血为盟，口血未干是说刚刚订盟不久。
21 荒：空。

明 文徵明 《吴中胜概图》（局部）

春王正(zhēng)月

《公羊传[1]·隐公元年》

《春王正月》是《公羊传》的第一篇，是作者对《春秋》鲁隐公元年第一句经文“元年，春王正月”的解释。本篇反映出：当时的统治阶级，为了调整内部关系，规定了“立適以长不以贤，立子以贵不以长”的宗法制度。《公羊传》是专门阐发微言大义的，从本篇可见一斑。

元年[2]者何？君之始年也。春者何？岁之始也。王者孰谓？谓文王[3]也。曷(hé)[4]为先言王而后言正(zhēng)月？王正月[5]也。何言乎王正月？大一统[6]也。

元年是什么意思？就是国君即位的第一年。春是什么意思？就是一年四季中的第一季。王是指什么人？是指的周文王。为什么先说王而后说正月？那是表明这个正月是周王确定的正月。为什么叫作王正月？是说天下统一，都必须奉行周的正朔。

1 《公羊传》：相传为齐人公羊高所作。公羊高，春秋时代齐国人，相传是子夏的学生，曾作《春秋传》，世称《春秋公羊传》。《公羊传》初为口头流传，直到西汉景帝时才由后学著录成书，它用问答体逐层剖析《春秋》经文的所谓“微言大义”。

2 元年：人君即位的第一年。这里指鲁隐公元年（前722）。

3 文王：即周文王。

4 曷：什么。

5 王正月：每年的头一个月叫正月，每月的第一天叫朔。古时候王者受命，必改正朔。周历以建子之月（即夏历的十一月）为岁首。这里讲的“王正月”是说奉周王的正朔，以周历纪年月。

6 大一统：古时候王者受命改正朔以后，要命令天下远近臣民都遵守它，这就叫作大一统。

公[7]何以不言即位？成公意也。何成乎公之意？公将平国而反之桓(huán)[8]。曷(hé)为反之桓？桓幼而贵[9]，隐长(zhǎng)而卑[10]。其为尊卑也微[11]，国人莫知，隐长(zhǎng)又贤，诸大夫扳(pān)[12]隐而立之。

记载隐公为什么不说即位？这是成全隐公的意思。成全隐公的意思是怎么回事呢？原来隐公想治理好国家以后，仍把政权归还桓公。为什么要归还桓公呢？是由于桓公虽年幼但尊贵，隐公虽年长但地位低。不过他们尊卑的区别很微小，国都里的人都不了解。隐公既长又贤能，所以这些大夫拥护隐公，立他做国君。

隐于是焉而辞立，则未知桓之将必得立也。且如桓立，则恐诸大夫之不能相(xiàng)[13]幼君也。故凡隐之立，为桓立也。隐长(zhǎng)又贤，何

隐公如果在这时候推辞，那就很难说桓公将来还一定能够立为国君，如果现在立桓公，又怕这些大夫不诚心辅助这位年幼的君主。所以隐公做国君，实际上是为着桓公将来能够做国君，隐公既长又贤，为什么不应该继位

7 公：鲁隐公。

8 平：治的意思。反：同“返”，归还的意思。桓：鲁桓公，隐公的异母弟。此句是说隐公想要平治鲁国后，把政权归还给桓公。

9 桓幼而贵：桓公虽年幼却比隐公显贵。因为桓公的母亲仲子是鲁惠公的夫人。

10 隐长而卑：隐公虽年长但不如桓公显贵。因为隐公的母亲声子只是鲁惠公嫡夫人孟子随嫁来的姐妹，所以地位较低一等。

11 其为尊卑也微：贵贱差别并不大。这是因为他们的母亲都不是嫡夫人。

12 扳：同“攀”，牵，援引。这里是拥护的意思。

13 相：辅助。

原文	译文
以不宜立？立适[14]（dí）以长（zhǎng）不以贤，立子[15]以贵不以长（zhǎng）。桓何以贵？母贵也。母贵则子何以贵？子以母贵，母以子贵。	呢？这是因为周朝的制度规定：立嫡子根据年龄的大小而不根据才能，立庶子则根据地位的高低而不根据年龄大小。桓公凭什么地位高？因为他的母亲地位高。母亲地位高为什么儿子就一定地位高？这是因为儿子可以因母亲而地位高，母亲也可以因儿子而地位高。

明 仇英《园林清课图》（局部）

14 适：通“嫡”。封建宗法制度称正妻为嫡，正妻所生的儿子叫嫡子。
15 立子：立庶子。嫡夫人没有儿子，则从媵人、侄娣所生的儿子（庶子）中选择继承人。

宋人及楚人平

《公羊传 · 宣公十五年》

本篇标题是《春秋》中的一句经文，文中反映了当时诸侯国之间的战争给人民所带来的极大灾难，尤其是弱小诸侯国的人民更是如此。楚王围宋，即是这种情况。通篇用对话口气和重复笔调写出，显得非常传神。全文推崇子反与华元以诚相见和在这次讲和中的作用。

外平不书[1]，此何以书？大其平乎己[2]也。何大其平乎己？庄王[3]围宋，军有七日之粮尔，尽此不胜，将去而归尔。于是使司马子反乘(chéng)堙(yīn)而窥宋城[4]，宋华(huà)元[5]亦乘堙(yīn)而出见

关于他国讲和的事，鲁史是不记载的。这次为什么记载？是因为称赞这回的讲和全在华元与子反两人做主促成的。为什么要称赞华元与子反自己做主讲和？楚庄王围攻宋国，军中只有七天的粮食了。吃完这些粮食而攻不下城池，也就要解围回去了。当时，庄王叫司马子反登上攻城的土山去偷看宋城内情，宋国的华元也在此时登上守城的土山去偷看城外的动静，恰巧

1 外平不书：《春秋》是鲁史，对于他国都称外。外平是他国和他国之间的讲和。这不关鲁国的事情，所以不记载。
2 己：指宋国的华元和楚国的子反。
3 庄王：楚庄王。
4 司马：官名。掌管军政和军赋。子反：公子侧。堙：为登上城墙而筑的土山。
5 华元：宋大夫。

之。

遇见了。

司马子反曰：“子之国何如？”华元曰：“惫(bèi)[6]矣！”曰：“何如？”曰：“易子[7]而食之，析骸(hái)而炊之[8]。”司马子反曰：“嘻，甚矣惫！虽然，吾闻之也，围者柑(qián)马而秣(mò)之[9]，使肥者应客，是何子之情也？”

司马子反问道：“您贵国的情况怎么样？”华元回答说：“已经疲惫不堪了。”子反说：“疲惫到什么程度？”华元说：“已经到了互换儿子当食物，分剖尸骨做燃料的程度了。”司马子反说：“唉！真是疲惫到极点了！即使如此，但我听得人家说：被围的人，往往在饲马时，用木衔住马嘴，使它不能吃，表示已经吃得很饱；却又牵肥马出来给人看，表示很有蓄积。为什么您却要诚实地说出实情呢？”

华元曰：“吾闻之，君子见人之厄(è)，则矜(jīn)之；[10]小人见人之厄，则幸之[11]。吾见子之君子也，是以告情于子也。”司马子反曰：

华元说：“我也听得人家说：君子见到人家的痛苦，就怜悯它；小人见到人家的痛苦，就幸灾乐祸。我知道您是君子，所以把实情告诉您。”司马子反说：“啊！是这样！你们再勉力坚守吧！我们军队也只有七天的粮食了。吃完这些粮食而不

6 惫：疲惫，极度疲乏。
7 易子：交换儿子。
8 析：分开。骸：尸骨。炊：用火烧熟物品，这里是做燃料的意思。
9 柑：使马口衔木。秣：喂牲口。
10 厄：困苦，灾难。矜：怜悯。
11 幸之：把它当作高兴的事。

"诺，勉之[12]矣！吾军亦有七日之粮尔。尽此不胜，将去而归尔。"揖(yī)[13]而去之。

反[14]于庄王。庄王曰："何如？"司马子反曰："惫矣！"曰："何如？"曰："易子而食之，析骸而炊之。"庄王曰："嘻，甚矣惫！虽然，吾今取此，然后而归尔。"司马子反曰："不可。臣已告之矣，军有七日之粮尔。"庄王怒曰："吾使子往视之，子曷(hé)为告之？"司马子反曰："以区区[15]之宋，犹有不欺人之臣，可以楚而无乎？是以告之也。"庄王曰："诺，舍(shè)而

能取胜，我们也将退兵回去了。"说完，二人拱一拱手就告别了。

子反回到庄王那里。庄王问："情况怎么样？"司马子反回答说："已经疲惫不堪了。"庄王说："疲惫到什么程度？"子反说："已经到互换儿子当食物，分剖尸骨做燃料的程度了。"庄王说："唉，真是疲惫到极点了！既然是这样，我现在一定要攻破城池才回去。"司马子反说："不能这样做。我已经告诉了他：我军也只有七天的粮食了。"庄王气愤地说："我叫你去察看城内的情况，你为什么要把我军的实情告诉他？"司马子反说："以小小的宋国，尚且有不欺骗别人的大臣，我们楚是大国，难道还可以没有吗？所以我也把实情告诉了他。"庄王说："好吧！你且筑间房子住在这

12 勉之：勉力坚守。
13 揖：古时的拱手礼。
14 反：同"返"。
15 区区：小的意思。

止！虽然，吾犹取此然后归尔。”司马子反曰：“然则君请处（chǔ）于此，臣请归尔。”庄王曰：“子去我而归，吾孰与处（chǔ）于此？吾亦从子而归尔。”引师而去之。故君子大其平乎己也。此皆大夫也，其称“人”何？贬。曷为贬？平者在下[16]也。

里。尽管我们粮食将尽，我还是要攻下城池才回去的。”司马子反说：“那么，请您留在这里吧，我要回去了。”庄王说：“你离开我而回去，叫我同谁住在这里呢？我也跟你一起回去算了。”于是带领军队离开了宋国。所以君子称赞这次讲和，全在华元与子反自己做主。这些人都是“大夫”，为什么称之为“人”（“宋人”“楚人”）？有贬他们的意思。为什么要贬他们？因为两方主和的人，都是在下的臣子，总不免有点侵犯君权。

16 平者在下：是说主和的人都是在下的臣子。

明 佚名《山水轴》（局部）

吴子使札(zhá)来聘(pìn)

《公羊传 · 襄公二十九年》

季札兄弟让国，古时传为美谈。但所导致的结果，仍然是一场兄弟之间的互相残杀。这反映出剥削阶级内部之间的矛盾是不可能靠某一两个人的品德而得到解决的。本文既高度赞扬了吴季札的品德，却又强调所谓“华夷之辨”。本文标题是《春秋》中的一句经文。

吴无君无大夫[1]，此何以有君有大夫？贤季子也[2]。何贤乎季子？让国[3]也。其让国奈何？

《春秋》记载吴国的事，总是称吴国，而不记载它的国君和大夫。这里为什么又称君，又称大夫呢？这是赞美季子呀。为什么要赞美季子？是因为他让国啊。他让国是怎么回事呢？

谒(yè)也，餘祭(zhài)也，夷昧(mò)也，与季子同母者四。[4]季子弱而才，兄弟皆爱

原来是这样：谒、餘祭、夷昧和季子，是同母所生的四兄弟。季子最小却有才干，兄弟们都喜欢他。大家都要立

1 吴无君无大夫：这是说《春秋》记载吴国的事情，一向只称国，不言及它的君与大夫。

2 贤：赞美的意思。季子：即季札，吴王诸樊的弟弟。

3 让国：吴王寿梦要传国给季子，寿梦死，季子不受而让国给他的哥哥。

4 “谒也”四句：谒、餘祭、夷昧三人，都是吴王寿梦的儿子，季札的哥哥。他们四人是同母兄弟。

之，同欲立之以为君。谒曰：“今若是迮(zé)[5]而与季子国，季子犹不受也。请无与子而与弟。弟兄迭为君，而致国乎季子。”皆曰：“诺。”故诸为君者，皆轻死为勇，饮食必祝曰：“天苟有吴国，尚速有悔[6]于予(yú)身！”故谒也死，馀祭也立；馀祭也死，夷昧也立；夷昧也死，则国宜之季子者也。

季子使而亡焉。僚(liáo)[7]者，长庶[8]也，即之[9]。季子使而反，至而君之尔。阖庐(hé lú)[10]曰：“先君之

他做国君。谒说：“现在要是仓促间把国家让给季子，季子还是不肯接受的。我想请大家都不要把君位传给自己的儿子，而是传给弟弟，兄弟依次做国君，最后就可以把君位让给季子了。”大家都同意说：“好的。”所以这几个做国君的，都把不怕死看作勇敢，吃饭时一定祷告说：“上天如果还要保佑吴国，那就快些把灾祸降到我的身上。”所以谒死了，馀祭做国君；馀祭死了，夷昧做国君；夷昧死了，就应当轮到季子做国君了。

可是那时季子出使他国，不肯回来。有个叫僚的，是庶子中最大的，即位做了国君。季子以使臣的身份回来了。回到吴国，把他的侄儿僚当作君主。

谒的儿子阖庐说：“先君之所以不

5 迮：仓促。
6 悔：这里指灾祸。
7 僚：夷昧的儿子。
8 长庶：在谒、馀祭、夷昧三人的儿子中他是最大的。
9 即之：即位为君。
10 阖庐：谒的儿子，即公子光。

所以不与子国而与弟者，凡为季子故也。将从先君之命与，则国宜之季子者也。如不从先君之命与(yú)，则我宜立[11]者也。僚恶(wū)[12]得为君乎？”于是使专诸[13]刺僚，而致国乎季子。

传位给儿子却传给弟弟，都是为了季子的缘故。如果听从先君的命令，那么国君应当传给季子；如果不听从先君的命令，那么我就应该做国君。僚怎么能做国君呢？”于是派专诸刺死僚，要把国家让给季子。

季子不受，曰：“尔弑吾君，吾受尔国，是吾与尔为篡(cuàn)[14]也；尔杀吾兄，吾又杀尔，是父子兄弟相杀，终身无已也。”去之延陵，终身不入吴国。故君子以其不受为义，以其不杀为仁。

季子不肯接受说：“你杀掉我的君，我接受你的国，这是我和你共同谋篡了。你杀掉我哥哥的儿子，我又把你杀掉，这是父子兄弟互相残杀，那就没有个完了。”于是就离开吴国，到了延陵，并且终身不进吴国国都。所以君子认为他不受国是义，认为他不杀阖庐是仁。

贤季子，则吴何以有君有大夫？以季子为臣，则宜有君者也。“札”者何？

赞美季子，为什么就说吴国有君、有大夫？这是因为季子既然做了臣子，那就应该有君了。札是什

11 我宜立：阖庐是谒的儿子，谒是吴王寿梦的长子。按照当时立嫡以长的原则，那么阖庐应该继承他父亲的王位。
12 恶：何。
13 专诸：吴国堂邑（今江苏南京六合北）人。春秋时著名刺客。吴王僚十二年（前515），光设宴请僚，他藏匕首在鱼腹中进献，刺杀僚，自己也当场被杀。
14 篡：用非法手段夺取地位或权力。下句“吾兄”，吾兄之子的意思，指吴王僚。

吴季子之名也。《春秋》贤者不名,此何以名?许夷狄者,不壹而足也。季子者,所贤也,曷为不足乎季子?许人臣者必使臣,许人子者必使子也。

么?是吴国季子的名字。按照《春秋》书法,凡是贤人是不直书其名的,这里为什么直书其名呢?对待夷狄,不能因为一件事好,就算是完美无缺的。季子既然被认为是贤人,那么还有什么不完美的?这是由于称赞人臣是要他始终做人的臣子;称赞人子是要他始终做人的儿子。直书季子的名字,也就是要他永远不忘自己是吴国的臣子。

明 文徵明 《绝壑高闲图》

郑伯克段于鄢（yān）

《穀梁传[1]·隐公元年》

本书所选两篇《郑伯克段于鄢》：一为《左传》，一为《穀梁传》。两相对照，就可看出前者是从事实方面加以叙述，后者只是从字的解释和义理方面加以说明。

"克"者何？能也。何能也？能杀也。何以不言杀？见段[2]之有徒众也。

"克"是什么意思？是能够战胜。能够战胜又是什么意思？就是能够杀人。为什么《春秋》经上不说杀？是因为段有一些拥护者，不容易杀呀。

段，郑伯弟也。何以知其为弟也？杀世子、母弟目君[3]，以其目君，知其为弟也。[4]段，

段是郑伯的弟弟。怎么知道他是郑伯的弟弟呢？凡是杀死天子、诸侯的长子和同母弟弟的，经文上都按国君称呼，现在经文上称他为郑伯，就可

1 《穀梁传》：为《春秋》三传（《左传》《公羊传》《穀梁传》）之一。相传为穀梁赤所作。穀梁赤，鲁国人，相传是子夏的学生。据唐朝杨士勋《春秋穀梁传疏》说："穀梁子，名俶，字元始，一名赤。受经于子夏，为经作传。"
2 段：即共叔段，郑庄公的弟弟。
3 世子：天子、诸侯的长子。母弟：同母弟。目君：凡是杀世子和同母弟的，《春秋》经文上都按国君称呼。目，称的意思。
4 以其目君，知其为弟也：因为称他为郑伯，所以知道被杀的段是他的弟弟。

弟也，而弗谓弟；公子也，而弗谓公子，贬之也。段失子弟之道矣[5]。贱段而甚郑伯也[6]。

知道段是弟弟了。段既是弟弟，却不称弟；既是公子，却不称公子，这是贬抑他的意思。也是因为段不遵守做子弟的规矩。但轻视段也就格外强调了轻视郑伯。

何甚乎郑伯？甚郑伯之处心积虑[7]，成于杀[8]也。于鄢(yān)[9]，远也；犹曰取之其母[10]之怀中而杀之云尔，甚之也。然则为郑伯者，宜奈何？缓追、逸贼[11]，亲亲之道也。

强调轻视郑伯干什么？强调郑伯平日处心积虑要置自己的弟弟于死地的罪责。经文上说“于鄢”是表示路远的意思；说郑伯追到很远的地方去杀他弟弟，等于说从他母亲的怀中拖出来杀掉一样，这是强调他罪责深重的意思。那么做郑伯的应该怎样呢？不要去穷追，并且放掉他，这才是把亲兄弟当作亲兄弟对待的正确方法啊。

5 段失子弟之道矣：共叔段恃宠骄横，贪得无厌，失去了做子弟的本分和规矩。
6 贱段而甚郑伯也：贱视共叔段也是加重郑伯的罪责。
7 处心积虑：存心而又蓄意很久。这句是说段的不义，都是由于郑伯平日处心积虑造成的。
8 成于杀：犹言置于死地。
9 鄢：郑国地名，在今河南鄢陵境内。
10 其母：指武姜。这句是说郑伯所以要杀共叔段，是恨武姜爱共叔段而厌恶自己，所以虽然共叔段逃奔到了鄢地，仍然是像从母亲怀中拖出来杀掉一样。
11 缓追：不要穷追。逸贼：放掉作乱的人（指共叔段）。

明 文徵明 《清阴话旧图》

虞(yú)师晋师灭夏阳[1]

《穀梁传·僖公二年》

只图眼前的小利，不顾以后的大患，这就是虞国很快被晋国灭亡的原因。文章对荀息的献计与分析写得具体生动，因他对虞国的事务了如指掌。写宫之奇的劝谏和虞公的态度，为荀息的分析做了极好的印证。最后用荀息的诙谐作结，更显示了他的老谋深算。

非国而曰灭，重(zhòng)夏阳也。虞(yú)无师[2]，其曰师，何也？以其先晋[3]，不可以不言师也。其先晋何也？为主乎灭夏阳也。夏阳者，虞、虢(guó)之塞(sài)邑也[4]。灭

夏阳不是国家，而《春秋》却说灭，这是重视夏阳。虞国并没有出动军队攻打夏阳，而要连带说及它的军队，这是什么意思呢？因为它比晋国先存有贪心，所以不可不说它也出动了军队。为什么说虞国比晋国先存有贪心呢？因为它在灭夏阳这件事情上负有主要责任，否则，夏阳是不会被灭的。夏阳是虞、虢的边境要地，灭掉了夏阳，虞、

1 夏阳：《左传》作“下阳”，虢邑，在今山西平陆北。

2 虞无师：晋灭夏阳，虞没有军队参加。虞，周文王时所建立的诸侯国，姬姓，开国君主是古公亶父之子虞仲的后代。

3 先晋：虞国答应借道给晋国以攻打虢国，是虞国比晋国先有灭虢之心。

4 虢：西周初年所封的诸侯国之一。姬姓。有东虢、西虢之分。这里所指为西虢。塞：边界上的险要地方。

夏阳而虞、虢举[5]矣。

虢两国就易于攻取了。

虞之为主乎灭夏阳，何也？晋献公[6]欲伐虢，荀息[7]曰：“君何不以屈[8]产之乘（shèng），垂棘（jí）之璧[9]，而借道乎虞[10]也？”公曰：“此晋国之宝也。如受吾币[11]而不借吾道，则如之何？”

说虞国在灭夏阳这件事情上负有主要责任是怎么回事呢？原来晋献公想要攻打虢国，他的大夫荀息献计说：“您为什么不拿屈地产的好马，垂棘出的好玉，去贿赂虞国，向虞国借道呢？”献公说：“好马、好玉是晋国的宝贝，如果虞国收下了我的礼物而不肯借给道路通过，那将怎么办呢？”

荀息曰：“此小国之所以事大国也。彼不借吾道，必不敢受吾币。如受吾币而借吾道，则是我取之中府而藏之外府，取之中厩（jiù）而置之外厩（jiù）[12]也。”公曰：

荀息说：“按小国侍奉大国的道理，他要是不肯借路让我们通过，一定不敢收下我们的礼物；要是收下我们的礼物而借路让我们通过，那我们就好比从中府里取出宝物藏放到外府里去，从中厩里牵出良马拴在外厩里一样。”献公说：“虞国有个贤大夫宫之

5 举：拔取。
6 献公：晋国的君主，晋文公的父亲。
7 荀息：晋大夫。
8 屈：晋地名，在今山西石楼东南，出产良马。
9 垂棘：晋地名，故地在今山西境内，出产美玉。璧：玉的通称。
10 借道乎虞：虞夹在晋与虢之间，晋要攻打虢国，必须向虞国借道。
11 币：古时候玉、马、皮、圭、璧、帛，都称为币。这里指美玉和良马。
12 厩：马棚。

"宫之奇[13]存焉，必不使受之也。"荀息曰："宫之奇之为人也，达心[14]而懦(nuò)，又少长(shàozhǎng)于君。达心则其言略，懦则不能强(qiáng)谏，少长于君，则君轻之。且夫玩好(hào)[15]在耳目之前，而患在一国之后，此中知(zhì)[16]以上乃能虑之。臣料虞君，中知(zhì)以下也。"

公遂借道而伐虢。宫之奇谏(jiàn)曰："晋国之使者，其辞卑而币重，必不便于虞。"虞公弗听，遂受其币而借之道。宫之奇

奇，他一定会要阻止虞君接受这份礼物的。"荀息说："宫之奇这个人，心里虽然很通晓事理，但很懦弱，况且他从小就是在虞君身边长大的。由于他自己通晓事理，以为旁人也会像他一样通晓，所以说话就很简略；又由于他处事懦弱，不听就不能力争；再加以他从小就在虞君身边长大的，虞君轻视他，不会听他的话。况且这些玩好的东西就在虞君的眼前，而祸患却在虢国的后面，这需要有中等智慧以上的人才能想到这一点，我预料虞君，是中智以下的人。"

献公听了荀大夫的话，就去向虞国借路攻打虢国。宫之奇进谏说："晋国派来的使者，他的言辞很谦虚，而礼物却又厚重，一定是不利于虞国的。"虞公不听他的话，就收下了晋国送来的礼物，把道路借给晋国。宫之奇又进谏说："俗话讲：'嘴

13 宫之奇：虞大夫。
14 达心：心里很明白。达，通晓。
15 玩好：此指璧和马。
16 知：同"智"。

又谏曰："语曰：'唇亡则齿寒[17]。'其斯之谓与！"挈(qiè)其妻子以奔曹[18]。

唇没有了，牙齿就要受寒的。'就是说的这个意思吧！"便带了他的妻子儿女逃到曹国去了。

献公亡虢五年，而后举虞。荀息牵马操[19]璧而前曰："璧则犹是也，而马齿加长(zhǎng)[20]矣。"

献公灭虢国，在僖公五年，然后又把虞国灭了。荀息牵着马，拿着玉，走到献公面前说："玉还是原来的样子，不过马的年纪却增大了些。"

南宋 佚名 《山居说听图》

17 唇亡则齿寒：唇在外，齿在内，唇亡故齿寒，比喻休戚相关。
18 挈：带，领。曹：西周初年所封的诸侯国之一，建都陶丘（今山东菏泽定陶区）。
19 操：拿着。
20 马齿加长：是说马的年岁增大了。

晋献公杀世子申生

《礼记·檀弓上》[1]

本文篇幅虽小，却写得委婉曲折，塑造了申生这个念念不忘君国的忠臣孝子的形象。作者也在宣扬“亲亲”的宗法思想。

晋献公将杀其世子申生[2]，公子重(chóng)耳[3]谓之曰：“子盖(hé)[4]言子之志于公乎？”世子曰：“不可。君安骊姬(lí jī)[5]，是我伤公之心也。”曰：“然则盖(hé)行乎？”世子曰：“不可。君谓我欲

晋献公将要杀他的太子申生。公子重耳对申生说：“你何不把你的心意向国君讲明呢？”太子说：“不可。君上没有骊姬，就不安逸；如果我把真相讲明，那是我伤君上的心了。”公子重耳说：“那么，你为什么不逃走呢？”太子说：“不可。那样君上会说我想要杀害他。天下难道存在没有父亲的国家吗？

1 《礼记·檀弓上》：《礼记》是儒家经书之一，记述儒家礼教学说及先秦典章制度、风俗习惯等。《汉书·艺文志》称为“七十子后学者所记”。可见此书并非成于一人之手。现在所保存的《大戴礼记》相传为汉朝人戴德所选辑，《小戴礼记》相传为戴德的侄儿戴圣所选辑。《小戴礼记》共四十九篇，即今日通行的《礼记》。《檀弓》是《礼记》中的篇名。

2 世子申生：即长子申生。晋献公听信骊姬的谗言，将要杀死申生。

3 重耳：申生的异母弟。后为晋文公。

4 盖：通“盍”，何不。

5 骊姬：晋献公的宠妃。

弑君也。天下岂有无父之国哉！吾何行如之？”

使人辞于狐突[6]曰：“申生有罪，不念伯氏[7]之言也，以至于死。申生不敢爱其死。虽然，吾君老矣，子少(shào)[8]，国家多难(nàn)。伯氏不出而图[9]吾君，伯氏苟出而图吾君，申生受赐而死。”再拜稽(qǐ)首，乃卒。是以为恭[10]世子也。

我能够逃到哪里去？”

太子派人去辞别狐突说：“申生得了罪，这是不听您的话，所以弄到性命也保不住了。我申生不敢贪生怕死，不过君上年纪大了，他所宠爱的儿子又小，国家的患难正多。伯氏如不肯出来为君上图谋安定国家的方法，那就罢了；伯氏如肯出来为君上图谋安定国家的方法，那么我申生就等于受了您的恩惠，死了也是甘心的。”于是拜了两拜，叩头到地，就自杀了。因此后世称他为恭世子。

6 狐突：申生的师傅。
7 伯氏：指狐突。鲁闵公二年（前660），晋献公派遣申生伐东山时，狐突曾劝他趁此机会逃到别的地方去，申生没有听从。“不念伯氏之言”指此。
8 子少：指骊姬的儿子奚齐年纪还小。
9 图：图谋安国之策。
10 恭：亦作“共”，申生的谥号。

明 王绂《溪亭高话图》（局部）

曾子易箦

《礼记·檀弓上》

本篇主要之点在于说明："君子之爱人也以德，细人之爱人也以姑息。"但曾子的换席做法是在宣扬他严守封建礼制的精神。

曾（zēng）子寝疾，病。[1]乐（yuè）正子春[2]坐于床下，曾元、曾申[3]坐于足，童子隅（yú）[4]坐而执烛。

曾子卧病在床，病势很严重了。他的学生乐正子春坐在床下，他的儿子曾元、曾申坐在他的脚边，服侍的家童坐在屋角，手里拿了一支蜡烛。

童子曰："华而睆（huǎn）[5]，大夫之箦（zé）[6]与？"子春曰："止！"曾子闻之，瞿（jù）然[7]曰："呼（xū）？"曰："华而睆，大夫之箦与？"曾子曰：

家童说："美好而且光滑，是大夫的床席吗？"子春说："不许多说！"曾子听到了，感到很吃惊，说："啊？"童子又说："美好而且光滑，是大夫的床席吗？"曾子说："是的！这是季孙赠送我

1 曾子：孔子的学生，名参。寝：卧床。疾：指一般的病。病：重病。
2 乐正子春：曾子的学生。
3 曾元、曾申：都是曾子的儿子。
4 隅：角落，边侧。
5 睆：光滑。
6 箦：床席。
7 瞿然：惊动的样子。

"然！斯季孙[8]之赐也，我未之能易也。元，起易箦！"

曾元曰："夫子之病革(jí)[9]矣，不可以变[10]。幸而至于旦[11]，请敬易之。"曾子曰："尔之爱我也不如彼[12]。君子之爱人也以德，细人之爱人也以姑息[13]。吾何求哉？吾得正而毙焉，斯已矣。"举扶而易之，反席未安而没(mò)。

的，我自己已无力把它更换了。元儿，把我扶起来，换掉这席子。"

曾元说："父亲的病很重，现在不能更换，且等到天亮时，我们再更换它。"曾子说："你爱护我呀，还不如这小孩。君子爱护人要用道德开导他，小人爱护人则对人姑息迁就。我还希望得到什么呢？我只要能够死得不违背礼，就算满足了。"大家只好把他扶起来，换掉席子；再扶他睡下，还没有睡安稳，曾子就死了。

8 季孙：鲁大夫季孙氏。
9 病革：病危。革，急。
10 变：移动。
11 旦：天亮。
12 彼：指童子。
13 细人：小人，器量小的人。姑息：姑且偷安于目前。

清 王时敏《仿古山水册》（局部）

有子[1]之言似夫子

《礼记·檀弓上》

本篇的章法很别致：第一段写有子的否定，但不完全说出否定的根据；第二段写子游的解释；最后一段有子才把否定的根据说出来。写得层次分明，灵活跌宕。有子根据孔子自己的行为来判断孔子的言论，就不会犯断章取义的错误。

有子问于曾(zēng)子曰："问丧(sàng)于夫子乎[2]？"曰："闻之矣。丧(sàng)欲速贫，死欲速朽。"有子曰："是非君子之言也。"曾子曰："参(shēn)[3]也闻诸夫子也。"有子又曰："是非君子之言也。"曾子曰："参也与子游[4]闻之。"有子曰："然。然则夫子有为言之也。"

有子问曾子道："你向老师问过一个人失去官位以后，应该怎么办吗？"曾子说："只听他说过：丢官位以后要快些贫穷，死了以后要快些腐烂。"有子说："这不是君子所说的话。"曾子说："我确实是亲耳听老师讲的。"有子还是说："这不是君子所说的话。"曾子说："我与子游一同听到的。"有子说："如果是真的，那么老师一定是另有所指而说的。"

1 有子：孔子的学生，名若。
2 问：一说应作"闻"，听到。丧：这里指失去官位。夫子：指孔子。
3 参：曾子自称其名。
4 子游：孔子的学生，姓言，名偃。

曾子以斯言告于子游。子游曰:“甚哉,有子之言似夫子也![5]昔者夫子居于宋,见桓司马自为石椁(guǒ)[6],三年而不成。夫子曰:‘若是其靡[7]也,死不如速朽之愈也。’死之欲速朽,为桓司马言之也。南宫敬叔反[8],必载(zài)宝而朝[9]。夫子曰:‘若是其货[10]也,丧(sàng)不如速贫之愈也。’丧(sàng)之欲速贫,为敬叔言之也。”

曾子把这些话告诉子游。子游说:“像得很啊!有子的话确实像夫子。以前夫子住在宋国,看见桓司马替自己用石头做一副外棺,三年还没有做好。夫子便说:‘像这样奢靡浪费,死了不如快些烂掉才好呢。’死了要快些腐烂的话,是为桓司马说的。南宫敬叔失去官位回家后,总是载着宝物入朝行贿赂以求复位。夫子说:‘像这样的行使贿赂,丢了官位还不如快些贫穷的好呢。’丢了官位要快些贫穷这句话,是为敬叔说的。”

曾子以子游之言告于有子。有子曰:“然。吾固曰非夫子之言也。”曾子曰:“子何以知之?”有

曾子又把子游的话告诉有子。有子说:“对的。我原说这不是夫子所说的话。”曾子说:“你怎么知道的?”有子说:“夫子做中都宰时,定

5 “甚哉”二句:平日孔子的学生都认为有子之言有点像夫子,即懂得夫子谈话的用意,所以子游发出这样的感叹。甚,极。
6 桓司马:即宋国的桓魋,司马是官名。椁:棺材外面套的大棺材。
7 靡:奢侈。
8 南宫敬叔:即仲孙阅,鲁大夫,孟僖子的儿子。反:指失去官位回国。
9 载宝而朝:装载着宝物入朝行贿赂,以求复位。
10 货:行贿赂。

子曰："夫子制于中都[11]，四寸之棺，五寸之椁，以斯知不欲速朽也。昔者夫子失鲁司寇[12]，将之荆[13]，盖先之以子夏[14]，又申之以冉(rǎn)有[15]，以斯知不欲速贫也。"

下棺椁的规格，棺四寸，椁五寸，由此我就知道他不主张人死了要快些腐烂。从前夫子失了鲁国司寇的官位，将到楚国去，先叫子夏去接洽，又叫冉有去致意，由此我知道他并不主张丢了官位要快些贫穷。"

元 佚名 《至圣先贤半身像》之子有

11 制：制定。鲁定公九年（前501），孔子为中都宰，曾制定了棺椁的规格，即下文所说的四寸之棺，五寸之椁。中都：鲁地名，在今山东汶上西。
12 司寇：官名，掌管刑狱、纠察等事。鲁定公十四年（前496），孔子曾为鲁国的司寇，后失位。
13 荆：楚的旧号。
14 子夏：孔子的学生，姓卜，名商。
15 申：再。冉有：孔子的学生，名求。

公子重耳对秦客

《礼记·檀弓下》

公子重耳流亡到狄国，适逢晋献公死了。秦穆公派人去吊丧并传话给他，实际上是窥探公子重耳的动向。重耳君臣有所戒备，因而用一番大道理来应付，并且非常得体，让秦穆公也上了当。

晋献公之丧，秦穆公使人吊公子重耳[1]，且曰："寡人闻之：'亡国恒[2]于斯，得国恒于斯。'虽吾子俨然[3]在忧服之中，丧[4]亦不可久也，时亦不可失也，孺子[5]其图之！"

晋献公死了，秦穆公派人去狄国慰问公子重耳，并且要使者对他说："我听人家说：'失国也常是在这个时候，得国也常是在这个时候。'虽然你很庄重地处于丧期，可是失位出亡也不可太久，时机也不可错过啊，你好好考虑吧！"

以告舅犯[6]。舅犯曰：

重耳把这话告诉舅犯。舅犯说：

1 秦穆公：秦国国君，名任好。春秋五霸之一。吊：慰问死者家属。公子重耳：晋献公的儿子，即后来的晋文公。时重耳在狄避难，穆公使人致吊，有劝他回国即位的意思。
2 恒：常。
3 俨然：庄重、恭敬的样子。
4 丧：指失去国内地位逃亡在外。
5 孺子：指年幼者。这里是指嫡长子后面的儿子。晋献公的几个儿子中，重耳为最长，当嗣君位，所以秦穆公这样称呼他。
6 舅犯：即狐偃，字子犯，重耳的舅父。

“孺子其辞焉。丧人无宝，仁亲[7]以为宝。父死之谓何？又因以为利[8]，而天下其孰能说之。孺子其辞焉。”	“你必须辞谢他啊！失位出亡的人没有什么可以宝贵，仁爱和思亲才算是宝贵。父亲死去是何等的不幸，又借这个时机去图私利，那么天下的人谁能说你没有罪呢？你必须辞谢他啊！”
公子重耳对客曰：“君惠吊亡臣[9]重耳，身丧父死，不得与(yù)[10]于哭泣之哀，以为君忧。父死之谓何？或敢有他志[11]以辱君义？”稽(qǐ)颡(sǎng)[12]而不拜。哭而起，起而不私[13]。	公子重耳回答秦使说：“承蒙你国君慰问我亡臣重耳。我失位出亡在外，父亲又死了，不能够回国参加丧礼在父亲身边悲哀痛哭，劳你国君替我担忧。父亲死去是何等的不幸，我怎敢有别的想法，辜负你国君慰问的好意呢？”说完，对秦使叩头而不拜谢。哭着站起来，起来以后就不再和使者私下谈话了。
子显以致命于穆公[14]。穆公曰：“仁夫(fú)公子重耳！夫稽颡而不	秦使子显把这些情况回报给穆公。穆公说：“多仁爱的公子重耳！对使者叩头而不拜谢，表明他还没有做晋君的

7 仁亲：仁爱和怀念亲人。
8 利：指父死时回国即位。
9 亡臣：出亡在外之臣。
10 与：参加。
11 他志：指回国即位的野心。
12 稽颡：古人守丧时拜客的一种礼节。拜时以额触地。
13 私：私谈。
14 子显：即公子絷，秦穆公派去吊重耳的使者。致命：回报。

拜，则未为后[15]也，故不成拜；哭而起，则爱父也；起而不私，则远[16]利也。”

继位人，所以用不着拜谢。哭着站起来，表明他对父亲的爱慕思念；起来后不再和使者私下谈话，表明他避开了自己的利益。”

南宋 马远 《秋江待渡图》

15 后：后嗣，继承人。根据古时候的丧礼，先稽颡而后拜，那是继承人答谢客人的敬礼。现在重耳还不是晋献公的继承人，所以只稽颡而不拜。
16 远：避开。

杜蒉(kuài)扬觯(zhì)

《礼记 · 檀弓下》

杜蒉进谏，如果当时直接指出平公的不是，平公未必能接受。于是在罚酒三杯之后，即快步走出，引起平公的好奇；待平公主动问及，他才一一说出，平公也就不得不接受了。本文对杜蒉的举止言谈及其精明幽默的描写，都给人留下了深刻的印象。

知悼(zhì dào)子[1]卒，未葬。平公[2]饮酒，师旷、李调(diào)侍[3]，鼓钟[4]。杜蒉(kuài)[5]自外来，闻钟声，曰：“安在？”曰：“在寝[6]。”

知悼子死了，还没有下葬，晋平公就喝酒，师旷和李调作陪，敲钟奏乐。这时厨师杜蒉从外面走进宫来，听到钟声，问道：“他们在哪儿？”有人说：“在寝宫内。”

杜蒉(kuài)入寝，历阶而升，酌(zhuó)[7]曰：“旷饮(yǐn)斯！”又

杜蒉走进寝宫，从石阶上去，到了席前。斟了一杯酒，说：“师旷喝了这

1 知悼子：晋大夫，名罃，知庄子的儿子。悼是他的谥号。
2 平公：晋平公，名彪。
3 师旷：晋国的乐官。李调：晋平公的近臣。
侍：作陪。
4 鼓钟：敲钟。钟，乐器。
5 杜蒉：《左传》作“屠蒯”，晋国的宰夫。
6 寝：寝宫。
7 酌：斟酒。

酌曰："调饮(diào yǐn)斯！"又酌，堂上北面坐饮(yǐn)之[8]。降，趋而出。[9]

杯。"再斟了一杯，说："李调喝了这杯。"再斟了一杯，自己在堂上朝北跪下，一口喝干，就起身下阶，快步走出去了。

平公呼而进之，曰："蒉(kuài)！曩(nǎng)者[10]尔心或开予(yú)，是以不与尔言。尔饮(yìn)旷何也？"曰："子卯不乐(yuè)[11]。知悼(zhì dào)子在堂[12]，斯其为子卯也大矣[13]！旷也，太师[14]也，不以诏[15]，是以饮(yìn)之也。"

平公喊他进来问道："杜蒉！刚才你的用意可能是要开导我，所以我没有先问你。你叫师旷喝酒是什么意思？"杜蒉说："平常遇到子卯的日子，国君尚且不奏乐；现在知悼子死了还没有下葬，这比子卯忌日更重要了。师旷是乐官之长，他不把这层意思对您说，所以要罚他。"

"尔饮调(yìn diào)何也？"曰："调(diào)也，君之亵(xiè)臣[16]也，为

平公又问："你要李调喝酒又是什么意思呢？"杜蒉说："李调是您宠信

8 堂上北面坐饮之：古时人君朝南坐，臣子则面向北。杜蒉北面而坐，就可以面向国君行臣礼了。坐，即跪。因为古时席地而坐，坐时两膝跪在席上，屁股坐在脚后跟上，屁股稍稍离开脚后跟就成为跪了，所以跪也叫坐，但坐不可叫跪。
9 降：下阶。趋：快走。
10 曩者：刚才。
11 子卯不乐：夏桀以乙卯日死，商纣以甲子日亡，古人把它叫作疾日，所以做国君的不举乐。
12 在堂：指知悼子的灵柩还放在家里没有下葬。
13 斯其为子卯也大矣：古时候国君对于卿大夫，人刚死不举乐，人刚下葬不吃肉。悼子是亲近的大臣，死了还没有下葬，人君的哀痛，应当甚于桀纣的疾日，所以说大于子卯。
14 太师：乐官之长。
15 诏：告诉。
16 亵臣：轻慢的近臣。

一饮一食忘君之疾[17]，是以饮(yìn)之也。""尔饮(yǐn)何也？"曰："蒉也，宰夫[18]也。非刀匕(bǐ)[19]是共(gōng)，又敢与(yù)知防[20]，是以饮(yǐn)之也。"平公曰："寡人亦有过焉，酌而饮(yìn)寡人。"杜蒉洗而扬觯(zhì)[21]。

的近臣，但为了自己贪图吃喝，竟忘了君主应忌讳的事情，所以也要罚他。"平公说："那么，你喝酒又是什么意思呢？"杜蒉说："我不过是一个厨师，不专心拿着刀子、勺子来供给饮食，竟敢参与诤谏防闲的事情，所以也要罚我自己。"平公说："我也有过失啊，你也倒一杯酒来罚我吧！"杜蒉把酒器洗了以后，举着罚酒献上。

公谓侍者曰："如我死，则必毋废斯爵[22]也。"至于今，既毕献，斯扬觯(zhì)，谓之杜举。

平公对左右侍从说："如果我死后，一定不要扔掉这个酒杯。"所以到现在，晋国每逢宴饮将完，一定要举起这酒杯，叫作"杜举"。

17 疾：疾日，犹言恶日、忌日。
18 宰夫：主管国君膳食的小官。
19 匕：古代指饭勺。
20 与：参与，与闻。知：知谏。防：防闲。这里是说杜蒉不过是一个宰夫，却敢参与谏诤防闲之事，这是越级行为。
21 扬：举起。觯：古时饮酒用的器皿。
22 爵：酒器，和"觯"意思相同。

晋献文子成室

《礼记·檀弓下》

本篇所反映的虽然只是当时卿大夫之间的应酬之辞，但张老的颂辞，别出心裁，文子的答话，居安思危都与众不同。

晋献文子成室[1]，晋大夫发[2]焉。张老[3]曰："美哉轮[4]焉，美哉奂(huàn)[5]焉！歌[6]于斯，哭[7]于斯，聚国族[8]于斯。"

晋国赵献文子新建一所住屋落成，晋国的大夫们都送礼物去恭贺他。其中有一个叫张老的，看了屋称赞道："好极了，这屋多高大呀！多鲜明有文采呀！祭祀奏乐在这里，死丧哭泣在这里，宴享国宾、聚集宗室也都在这里。"

文子曰："武[9]也得歌于斯，哭于斯，聚

献文子说："我如果真能够在这里祭祀奏乐，在这里死丧哭泣，在这里宴享

1 献文子：即赵武，晋卿。献文是他的谥号。成室：新屋落成。
2 发：送礼祝贺。
3 张老：晋大夫。
4 轮：指宫室高大。
5 奂：文采鲜明。
6 歌：祭祀奏乐。
7 哭：死丧哭泣。
8 聚国族：宴享国宾，聚会宗族。
9 武：文子自称其名。

国族于斯，是全要(yāo)领以从先大夫于九京也[10]。”北面再拜稽(qǐ)首。君子谓之善颂善祷[11]。	国宾、聚集宗族，那就是我能够保全身躯，不会死于非命，得以追随祖宗于九泉之下了。”说完，向北连拜了两拜，叩头感谢张老。评论这件事情的君子认为：张老善于祝颂，献文子善于祷告，都是很得体的。

南宋 佚名《松阴庭院图》

10 全要领：要，通“腰”。古时候罪重处以腰斩的刑罚。领，颈。罪稍轻就处以割颈的刑罚。全要领，是指免于遭受上述刑罚。先大夫：文子自称他的父亲和祖父。九京：即九原，晋国卿大夫的墓葬地，后世因称墓为九京。

11 善颂：指张老的颂言。善祷：指文子的答话。

卷之四　战国文

苏秦以连横说（shuì）秦[1]

《国策》[2]

本篇分为两个部分：第一部分写苏秦主张连横，想帮助秦国兼并六国，秦惠王没有采纳他的意见。第二部分写苏秦推行“合纵”，在政治上获得成功的经过。前后对比，把苏秦从失败困顿到成功显达的情景淋漓尽致地展现在读者面前。本文反映了战国时代“逞干戈，尚游说”的历史面貌；同时塑造了苏秦这样一个生动形象：他醉心功名利禄，没有坚定的政治主张（“连横”“合纵”完全对立），但聪明善辩，刻苦自信。对苏秦父母妻嫂的刻画也极传神，暴露了人情世态，显示了苏秦思想产生的社会背景。

苏秦始将连横说（shuì）秦　　苏秦起初用连横的主张游说

惠王曰[3]：　　秦惠王，说：

1 本篇选自《战国策·秦策一》。原书无小标题。这个篇名是选文者定的。
2 《国策》：即《战国策》。这是一部战国时代的史料汇编，作者无考。流传到现在的本子是经西汉学者刘向编辑的，分为东周、西周、秦、齐、楚、赵、韩、魏、燕、宋、卫、中山十二国，共三十三篇，可细分为四百九十七章。书名也是刘向所定。此书主要记载战国策士的言论和活动，肯定了他们在政治上的地位和作用。它记事上继《春秋》，下迄楚汉之际，保存了许多重要史料，但也有夸张和虚构的地方，不尽与史实相符。《战国策》又是一部历史文学的杰作，在人物形象的描写上，深刻具体而有个性，达到了较高的艺术水平。语言生动形象，气势充沛。
3 苏秦：战国时东周洛阳（今河南洛阳东）人，字季子。连横：西方的秦国与太行山以东的个别国家联结起来，以打击其他国家。这是一种分化六国，使之服从秦国的策略。秦惠王：秦国的国君，名驷（公元前337年至公元前311年在位）。

“大王之国，西有巴、蜀、汉中之利[4]，北有胡貉（hé）、代马之用[5]，南有巫山、黔（qián）中之限[6]，东有殽（xiáo）、函之固[7]。田肥美，民殷富，战车万乘，奋击[8]百万，沃野千里，蓄积饶多，地势形便，此所谓天府[9]，天下之雄国也。以大王之贤，士民之众，车骑（qí）之用，兵法之教（jiào），可以并诸侯，吞天下，称帝而治。愿大王少留意，臣请奏其效。”

秦王曰：“寡人闻之：毛羽不丰满者，不可以高

“大王的国家，西边有巴、蜀、汉中的财富，北边有胡貉、代马可以使用，南边有巫山、黔中的险阻，东边有殽山、函谷关的牢固。土地肥美，百姓富足，出战的兵车有万辆，精锐的士卒有百万，土地肥沃，蓄积很多，地理形势险要，可攻可守，这正是所说的‘天府之国’，是天下最强的国家。凭着大王的贤明，士兵百姓的众多，车骑的听命用力，兵法的普遍教练，可以并吞诸侯，统一天下，称帝治理天下。希望大王稍微留意，让我陈述这样做所收到的功效。”

秦王说：“我听说过，毛羽还没有长丰满的，不能高飞，礼乐法度还

4 巴：今重庆、湖北东部地区。蜀：今四川地区。汉中：今陕西南部地区。
5 胡：这里指北方匈奴族居住地区。貉：兽名，毛可制裘（皮衣）。代：今山西、河北二省北部，其地产马。
6 巫山：山名，在今重庆巫山以东。黔中：地名，战国时楚地，后为秦所有，在今湖南西北部和贵州东部地区。
7 殽：山名，在今河南洛宁西北。函：函谷关，在今河南灵宝西南。
8 奋击：奋勇作战的武士，即精锐的军队。
9 天府：自然条件优越，形势险固，物产富饶的地方。

飞；文章[10]不成者，不可以诛罚；道德不厚者，不可以使民；政教不顺者，不可以烦大臣。今先生俨(yǎn)然不远千里而庭教之，愿以异日。”

没有完备的，不可以用刑罚；道德修养还不够深厚的，不可以役使百姓；政治教化还不修明的，不可以烦劳大臣。现在先生郑重其事地不远千里来到秦国并且在朝廷上教诲我，请改日再说吧！”

苏秦曰：“臣固疑大王之不能用也。昔者神农伐补遂(suì)[11]，黄帝伐涿(zhuō)鹿而禽蚩(chī)尤[12]，尧伐驩(huān)兜(dōu)[13]，舜伐三苗[14]，禹伐共(gōng)工[15]，汤伐有夏[16]，文王伐崇[17]，武王伐纣(zhòu)，齐桓(huán)任战而霸天下。由此观之，恶(wū)有不战者乎？

苏秦说：“臣本来就怀疑大王不能采纳我的主张。从前神农讨伐补遂，黄帝讨伐涿鹿，擒杀蚩尤，唐尧讨伐驩兜，虞舜讨伐三苗，夏禹讨伐共工，商汤讨伐夏桀，周文王讨伐崇侯虎，周武王讨伐商纣，齐桓公用战争手段成为诸侯霸主。从这些情况看来，哪里有不用战争的呢？

10 文章：指礼乐法度。
11 补遂：国名。
12 涿鹿：山名，在今河北涿鹿东南。蚩尤：传说中的九黎部落首领，与黄帝战，兵败被杀。
13 驩兜：尧的臣，因作乱而被放逐。
14 三苗：古族名，也称苗、有苗，分布在今河南南部到湖南洞庭、江西鄱阳一带。传说舜迁有苗至三危（今甘肃敦煌一带）。
15 共工：古代传说人物。
16 有夏：指夏桀。有，语助词，无实义。
17 崇：指崇侯虎，为殷纣的卿士，助纣为虐，被文王诛杀。

明 仇英 《听琴图》

“古者使车毂(gǔ)击驰[18]，言语相结，天下为一；约从(zòng)[19]连横，兵革不藏；文士并饬(shì)[20]，诸侯乱惑；万端俱起，不可胜理；科条既备，民多伪态[21]；书策稠(chóu)浊[22]，百姓不足；上下相愁，民无所聊[23]；明言章理，兵甲愈起；辩言伟服，战攻不息；繁称文辞，天下不治；舌敝耳聋，不见成功；行义约信，天下不亲。

“古时候，使者的车子络绎不绝地来往，用语言相互联结，天下连成一体。现在讲合纵讲连横，武器并没有收藏起来；文士都善于花言巧语，诸侯被他们游说得昏乱迷惑，因而各种事态都发生了，理也理不清；法令条文越完备，百姓应付的办法就越多；法规制度繁乱，老百姓的日子不好过；上上下下都发愁，人民没法活下去；话说得漂亮，道理讲得堂皇，战争反而越加频繁；能说会道，鲜衣华服的辩士到处奔走，可是战争并不停息；繁杂浮夸的文辞，使天下得不到安宁；讲的人舌头讲累了，听的人耳朵震聋了，却看不见成功；实行道义，提倡信用，天下反而不亲近。

“于是乃废文任武，厚养死士[24]，缀(zhuì)甲

“于是废除文辞，崇尚武力，用优厚的待遇收养敢死之士，制好衣甲，磨快

18 古者使车毂击驰：使者的车子多得互相碰击来往奔驰，形容来往的使者很多。毂，车轮中心突出部分。

19 从：“纵”的古字。南北为纵。山东六国从南到北结成联盟共同御秦称为“合纵”。

20 饬：通“饰”，巧饰，指花言巧语。

21 伪态：虚假奸诈。态，通“慝”，欺诈。

22 书策：记载法令政事的书籍。这里是指法规制度。稠浊：繁密混乱。

23 聊：依赖。

24 死士：不怕死的勇士。

厉兵[25]，效胜于战场。夫徒处(chǔ)[26]而致利，安坐而广地，虽古五帝、三王、五霸，明主贤君，常欲坐而致之，其势不能，故以战续之。宽则两军相攻，迫则杖戟(jǐ)相撞，然后可建大功。

兵器，在战场上决定胜负。什么也不做却能获得利益，安坐不动却能扩充土地，即使是古代的五帝、三王、五霸以及其他明主贤君，也经常想坐着求得，但是形势却不能让他们做到，所以要用战争去继续求取。距离远就摆开阵势两军相攻，距离近就兵器对兵器互相拼杀，这样才可建立大功。

“是故兵胜于外，义强于内；威立于上，民服于下。今欲并天下，凌万乘(shèng)[27]，诎(qū)[28]敌国，制海内，子元元[29]，臣诸侯，非兵不可。今之嗣(sì)主[30]，忽于至道，皆惛(hūn)[31]于教(jiào)，乱于治，迷于言，惑于语，沉

“因此在外面打胜了战争，名声也就在国内加强；在上面树立了声威，百姓也就在下面服从。如今想要并吞天下，凌驾在大国之上，征服敌国，控制海内，抚有百姓，臣服诸侯，没有武力是不行的。现在有些继承王位的国君，忽视这最重要的道理，都不明教化，不懂治国，被花言巧语所迷惑，

25 缀甲厉兵：缝好衣甲，磨快武器。意即做好战争准备。
26 徒处：无所事事地坐着。
27 万乘：指古代能出兵车万辆的国家。一车四马为一乘。
28 诎：屈服。
29 子：有爱护、统治的意思。元元：人民。
30 嗣主：继承王位的国君。暗指秦惠王。
31 惛：同“昏”，昏暗不明。

于辩，溺(nì)于辞。以此论之，王固不能行也。”

沉溺于能说会道。照这样看来，大王本来就不会采纳我的主张的。”

说(shuì)秦王书十上，而说(shuō)不行，黑貂(diāo)之裘(qiú)敝，黄金百斤尽，资用乏绝，去秦而归。羸縢履蹻(léi téng lǚ jué)[32]，负书担橐(náng)[33]，形容枯槁(gǎo)，面目黧(lí)[34]黑，状有愧[35]色。归至家，妻不下纴(rèn)[36]，嫂不为炊，父母不与言。

苏秦向秦惠王上书十次，而连横的主张没有被采纳。黑貂皮裘穿破了，携带的百斤黄金用完了，生活费用没有了，只得离开秦国回家。裹着绑腿，穿着草鞋，背着书籍，挑着行李，容貌憔悴，脸色又黑又黄，流露出惭愧的样子。回到家里，妻子不下织机迎接，嫂嫂不给做饭，父母不跟他说话。

苏秦喟(kuì)然[37]叹曰：“妻不以我为夫，嫂不以我为叔，父母不以我为子，是皆秦之罪也。”乃夜发书，陈箧(qiè)[38]数十，得太公《阴符》[39]之谋，

苏秦叹着气说：“妻子不认我做丈夫，嫂嫂不认我做叔子，父母不认我做儿子，这都是我自己的过错啊！”就连夜翻出书籍，打开几十个箱箧把书摆出来，找到一部太公《阴符》的兵

32 羸：通“缧”，缠束。或作“赢”，误。縢：绑腿布。蹻：通“屩”，草鞋。
33 橐：一本作“橐”。
34 黧：黑而带黄的颜色。
35 愧：一本作“归”，误。
36 纴：织布帛的丝缕，借作织机。
37 喟然：叹息的样子。
38 箧：书箱。
39 《阴符》：相传是太公所作的兵书。

伏而诵之，简练以为揣（chuǎi）摩[40]。读书欲睡，引锥（zhuī）自刺其股，血流至足。曰：“安有说（shuì）人主不能出其金玉锦绣，取卿相之尊者乎？”期（jī）年[41]，揣摩成，曰：“此真可以说（shuì）当世之君矣。”

于是乃摩燕乌集阙（què）[42]，见说（shuì）赵王于华屋之下[43]，抵（zhǐ）掌而谈[44]，赵王大说（yuè）[45]，封为武安君[46]，受相（xiàng）印。革车百乘（shèng），锦绣千纯（tún）[47]，白璧百双，黄金万镒（yì）[48]，以随其后。约从（zòng）散横，以抑强秦。故苏秦

法书，伏案诵读，选择重要的熟记，结合当时形势，反复研究它的意义。读书疲倦想睡的时候，就拿个锥子刺自己的大腿，鲜血直流到脚上。说道：“哪会有游说人主不能得到他的金玉锦绣、获取卿相尊位的呢！”过了一年，揣摩透了，说：“这回真正可以说服当世的君主了。”

于是，苏秦走到燕乌集阙，在华丽的宫殿里游说赵肃侯，两人谈得拍起手掌来，情投意合。赵王非常高兴，封苏秦为武安君，授给相印，还有兵车百辆，锦绣千捆，白璧百双，黄金二十万两，跟在他的后面，去约集六国合纵，拆散连横，抑制强暴的秦。所以苏秦做了赵的相国之后，秦国通

40 简：选择。练：熟悉。
41 期年：满一年。
42 摩：逼近。燕乌集阙：赵都的关塞名。
43 赵王：赵肃侯，名语。华屋：高大华丽的宫舍。
44 抵掌而谈：形容谈得投机。抵掌，击掌。
45 说：同“悦”。
46 武安君：苏秦的封号。武安，赵国城邑，故地在今河北武安。
47 纯：束，捆。
48 镒：古代重量单位，二十两为一镒。一说二十四两为一镒。

相于赵而关不通[49]。

当此之时，天下之大，万民之众，王侯之威，谋臣之权，皆欲决于苏秦之策。不费斗粮，未烦一兵，未战一士，未绝一弦，未折一矢，诸侯相亲，贤于兄弟。夫贤人任而天下服，一人用而天下从。故曰：式于政，不式[50]于勇；式于廊庙之内，不式于四境之外。当秦之隆，黄金万镒为用，转毂(gǔ)连骑(qí)，炫熿(huáng)[51]于道，山东之国，从风而服，使赵大重。且夫苏秦特穷巷掘(kū)门、桑户棬枢(quān shū)之士耳[52]。伏轼

过函谷关与诸国联系的交通就断绝了。

这个时候，以天下的大，百姓的多，王侯的威风，谋臣的权变，统统要由苏秦的计策来决定。这样，不费一斗粮食，不用一件兵器，不用一个士兵打仗，不断一张弓，不折一支箭，六国的诸侯就互相亲善，比兄弟还好。真是贤人当政，天下信服；一人任用，天下顺从。所以说：靠政治，不靠勇敢；靠在朝廷决策，不靠在国境之外打仗。苏秦最得势的时候，有二十万两黄金作为费用，车子一辆接一辆，马匹成群，威风显赫地在大路上奔驰。山东各诸侯国，顺随着这种气势表示服从，使赵国的地位大大提高。原先苏秦不过是一个居住在穷街僻巷、低门陋屋里的穷士罢了，拜相以后，出入都是坐车骑马，横行天下，在各国的朝廷上游说诸侯，国君左右的亲信

49 关不通：指秦与六国断绝了来往。关，指函谷关。函谷关是秦与六国来往要塞。
50 式：用。
51 炫熿：显耀。熿，同“煌”，火光。
52 掘门：窟门，就是墙上挖的小门。掘，通“窟”。桑户：用桑木作门。棬枢：用弯木作门轴。这都是形容房屋的简陋，说明苏秦出身贫寒。

撙衔[53]，横历天下，庭说诸侯之主，杜左右之口，天下莫之伉。[54]

将说楚王，路过洛阳。父母闻之，清宫[55]除道，张乐设饮，郊迎三十里；妻侧目而视，侧耳而听；嫂蛇行匍伏[56]，四拜自跪而谢。苏秦曰："嫂，何前倨[57]而后卑也？"嫂曰："以季子位尊而多金。"苏秦曰："嗟乎！贫穷则父母不子，富贵则亲戚畏惧，人生世上，势位富厚，盖[58]可以忽乎哉！"

都被辩得哑口无言，天下的人没有一个敢同他抗衡。

苏秦将要去游说楚王，路过洛阳。他的父母听说他来了，就收拾房屋，打扫道路，敲锣打鼓，备办酒席，到三十里外的郊野去迎接；他的妻子不敢正面望他，侧着眼睛看他的脸色，侧着耳朵听他讲话；他的嫂嫂，像蛇一样地爬行，伏在地上，向苏秦跪拜，口称请罪。苏秦说："嫂嫂，你为什么前头那样傲慢，而现在又这样卑下呢？"嫂嫂说："因为你现在地位尊贵，又有很多黄金。"苏秦感叹地说："唉呀！贫穷的时候，连父母都不把自己当作儿子；富贵的时候，连亲属都畏惧。人生存在世界上，那权势地位金钱，怎么能够忽视呢？"

53 伏轼撙衔：意为坐着高车大马，洋洋得意。轼，车前横木。撙，节制。衔，马勒口。
54 杜：塞。伉：同"抗"。
55 宫：房屋。
56 匍伏：爬行。
57 倨：傲慢。
58 盖：通"盍"，何。

明 杜琼 《山水图》（局部）

司马错论伐蜀[1]

《国策》

这是秦国关于外交军事政策的一次“伐蜀”与“伐韩”的争论。张仪主张伐韩，司马错主张伐蜀，各陈己见。司马错能从当时的形势出发，提出扩充实力的主张，详细陈述利害，句句驳倒张仪，因而得到惠王采纳。

司马错与张仪[2]争论于秦惠王前。司马错欲伐蜀。张仪曰:“不如伐韩。”王曰:“请闻其说。”

对曰:“亲魏善楚，下兵三川[3]，塞(sè)轘辕(huányuán)、缑(gōu)氏之口[4]，当屯留[5]之道，魏绝南阳，楚临南郑，[6]秦攻新

司马错和张仪在秦惠王面前争论。司马错主张伐蜀，张仪说:“不如伐韩。”惠王说:“愿听听你的主张。”

张仪回答说:“亲近魏国，友善楚国，发兵东下三川，阻塞轘辕和缑氏险要的出口，挡着屯留的道路，魏国断绝南阳，楚国兵临南郑，秦军进

1 本篇选自《战国策·秦策一》。司马错，秦人。
2 张仪：战国时魏人，入秦任秦惠王相，封武信君。
3 三川：在今河南宜阳附近。因境内有河（黄河）、雒（洛）、伊三条河流而得名。
4 轘辕：山名。在今河南偃师东南。缑氏：一作“侯氏”，古地名。在今河南偃师。
5 屯留：在今山西屯留。
6 南阳：在今河南南阳。南郑：在今河南新郑。

城[7]、宜阳，以临二周[8]之郊，诛周主之罪，侵楚、魏之地[9]。周自知不救，九鼎宝器必出。据九鼎，按图籍[10]，挟(xié)天子以令天下，天下莫敢不听，此王业也。

攻新城、宜阳，逼近东西二周的郊外，声讨二周君主的罪行。这样，逐渐进展到楚国和魏国的地方，周自知不能得救，必然把九鼎宝器交出来。我占有了九鼎，按照地图和户籍，挟持周天子来号令天下，天下没有谁敢不听从的，这是帝王的事业啊。

"今夫(fú)蜀，西僻(pì)之国，而戎(róng)狄(dí)之长也。敝(bì)名[11]劳众，不足以成名；得其地，不足以为利。臣闻：'争名者于朝(cháo)，争利者于市。'今三川、周室，天下之市朝也，而王不争焉，顾争于戎狄，去王业远矣。"

"现在，蜀是西方一个偏僻的国家，是戎狄的首领。伐蜀，士兵疲乏，百姓劳苦，却不能成名；得到它的土地，也没有什么用处。臣听说过：'争名的人必须在朝堂，争利的人必须在市井。'如今三川、周室，就是天下的市井朝廷，大王却不去争夺，反而去争夺戎狄，这样离王业就很远了。"

司马错曰："不然。臣闻之，欲富国者，务[12]

司马错说："不是这样。臣听说，想富国的人，要专力扩充他的领土；

7 新城：故地在今河南襄城。
8 二周：指都洛阳的周王室（东周）和附近的一个小国西周。
9 侵楚、魏之地：这句与上面"亲魏善楚"的策略矛盾，疑是后人误抄入的句子。
10 图籍：地图和户籍。
11 敝名：一本作"敝兵"。
12 务：专力。

广其地；欲强兵者，务富其民；欲王（wàng）者，务博其德。三资者备，而王（wàng）随之矣。今王之地小民贫，故臣愿从事于易[13]。夫（fú）蜀，西僻之国也，而戎狄之长也，而有桀（jié）、纣（zhòu）之乱。以秦攻之，譬如使豺（chái）狼逐群羊也。取其地，足以广国也；得其财，足以富民；缮（shàn）[14]兵不伤众，而彼已服矣。故拔一国，而天下不以为暴；利尽四海[15]，诸侯不以为贪。是我一举而名实两附，而又有禁暴止乱之名。

“今攻韩，劫天子。劫天子，恶名也，而未必

想强兵的人，要专力富裕他的百姓；想做天下帝王的人，要专力传播他的恩德。这三条都具备了，王业就跟着来了。如今大王的地方小，百姓贫穷，因此我愿意做那容易成功的事。蜀，西方一个偏僻的国家，是戎狄的首领，而且出现了夏桀、商纣那样的乱政。如果用秦国的兵力进攻它，就像豺狼追逐羊群一样。夺取了它的土地，可以扩充秦国的土地；得到它的财富，可以富裕秦国的百姓。用兵并未伤害百姓，它就已经降服了。因此灭亡一国，天下不认为我们残暴；取得了西海的财富，诸侯不认为我们贪婪，这是我们一举而名实两得的事，并且又有禁暴止乱的好名声。

“如今进攻韩国，威胁周天子，这是坏名声，而且未必有利，还会得个

13 故臣愿从事于易：易，容易，平易，与“危”对言。司马错认为伐韩是危险的，而伐蜀就比较容易取得成功。

14 缮：补，治。

15 四海：应作“西海”。指蜀国。

利也，又有不义之名，而攻天下之所不欲，危[16]。臣请谒[17]（yè）其故：周，天下之宗室[18]也；韩，周之与国[19]也。周自知失九鼎，韩自知亡三川，则必将二国并力合谋，以因[20]乎齐、赵，而求解乎楚、魏。以鼎与楚，以地与魏，王不能禁。此臣所谓'危'，不如伐蜀之完[21]也。"

惠王曰："善！寡人听子。"卒起兵伐蜀，十月取之，遂定蜀。蜀主更号为侯，而使陈庄相（xiàng）蜀。蜀既属[22]，秦益强富厚，轻诸侯。

不义的名声。况且攻取天下所反对攻取的，危险！请让我再陈述这个道理。周，是天下共同宗奉的王室；韩，是周的盟国。周自己知道会丧失九鼎，韩自己知道会丢掉三川，那么必定会把两国的力量联合，共同商讨对策，而且利用齐、赵去离间楚、魏和我们的联盟。这时候，周把九鼎送给楚国，韩把三川割给魏国，大王是不能禁止的。这就是我所说的危险，不如伐蜀万全。"

惠王说："很对。我听你的主张。"秦国终于起兵伐蜀，用了十个月的时间攻克，最终平定了蜀地。蜀的君主改名号为侯，秦王派陈庄去做蜀相。蜀归附了，秦国更加强盛富裕，轻视各诸侯国。

16 危：应为"危矣"。
17 谒：陈述。
18 宗室：共同宗奉的王室。
19 与国：盟国。
20 因：利用。
21 完：犹言万全。
22 属：附属。

明 沈周 《蜀山秦树图》（局部）

范雎说秦王[1]

《国策》

本文记载了秦昭王初次接见范雎时两人的谈话。范雎先对秦王进行试探，看看他是否愿意摆脱骨肉之亲和左右人臣的羁绊，听信自己的主张，所以三问而不对。在谈话中，范雎开始强调交疏与言深的关系，再强调尽忠不避死。范雎的话抓住了秦国统治者的内部矛盾，因而也抓住了秦昭王的心，使昭王很快接受了他的政治主张。

范雎（jū）至秦，王庭迎范雎，敬执宾主之礼，范雎辞让。

范雎到了秦国，秦昭王在朝廷上欢迎他，以宾主的礼节恭恭敬敬地接待，范雎辞让不受。

是日见范雎，见者无不变色易容者。秦王屏（bǐng）左右，宫中虚无人。秦王跪而进曰："先生何以幸教（jiào）寡人？"范雎曰："唯唯（wěi wěi）[2]。"有

这天秦昭王接见范雎，凡是见到接见场面的人没有不改变脸色，感到惊奇的。秦王命令左右的人离开，宫中空无一人。这时，秦昭王跪坐着向范雎说："先生用

1 本篇选自《战国策·秦策三》。范雎（jū），字叔，魏人。起初随魏臣须贾使齐，私受齐襄王赏赐。回魏后，须贾将此事报告魏相魏齐，范雎因此受到鞭笞，装死方得逃脱。后来潜随秦国的谒者王稽逃到秦国，上书给秦昭王，昭王用他为相，取代了穰侯（昭王的舅父）。雎，一作"睢（suī）"。

2 唯唯：应诺的声音，如同"嗯嗯""是是"。

间，秦王复请，范雎曰：“唯唯。”若是者三。秦王跽[3]曰：“先生不幸教寡人乎？”

什么指教我呢？”范雎应了一声：“是是。”过了一会，秦王再次请求，范雎又应了一声：“是是。”像这样反复了三次。秦王长跪着说：“先生不愿意指教我吗？”

范雎谢曰：“非敢然也！臣闻昔者吕尚[4]之遇文王也，身为渔父而钓于渭阳[5]之滨耳。若是者交疏[6]也。已，一说而立为太师，载与俱归者，其言深也。故文王果收功于吕尚，卒擅天下，而身立为帝王。即使文王疏吕望而弗与深言，是周无天子之德，而文、武无与成其王也。

范雎谦谢说：“不敢这样啊。我听说，从前吕尚遇到周文王时，还是个渔父，在渭水边钓鱼。他们之间竟是这样的生疏。但不久，一经交谈，便被立为太师，乘车与文王一同归周，这是因为他谈的道理很深透。所以文王果真依靠吕尚取得成功，最终统一天下，做了帝王。假使文王疏远吕望，不同他深谈，那就是周没有做天子的德行，文王、武王也没法成就他们的王业。

“今臣，羁旅[7]之臣也，交疏于王，而所愿陈

“现在，我是一个外来的客卿，同大王交情不深，但是我所愿意陈

3 跽：长跪。古人坐在席子上，臀部离开脚跟便成了跪的姿势；伸直上身，便是长跪。
4 吕尚：即姜太公，也称太公望，封于吕，又称吕望。
5 渭阳：渭水之北，在今陕西岐山。
6 交疏：交情不深。
7 羁旅：他乡作客。羁，通“羁”，寄。旅，客。

者，皆匡[8]君臣之事，处人骨肉之间[9]。愿以陈臣之陋忠，而未知王心也，所以王三问而不对者是也。臣非有所畏而不敢言也，知今日言之于前，而明日伏诛于后，然臣弗敢畏也。大王信[10]行臣之言，死不足以为臣患，亡不足以为臣忧，漆身而为厉(lài)[11]，被(pī)发而为狂[12]，不足以为臣耻。

“五帝之圣而死，三王之仁而死，五霸之贤而死，乌获[13]之力而死，奔、育[14]之勇而死。死者，人之所必不免。处(chǔ)必然之势，可以少

说的，又都是匡正君臣的事情，处在别人的骨肉亲属之间。我希望表达自己的愚忠，却不知大王的心思如何，这就是大王三问我不回答的原因。我不是畏惧什么不敢说，我知道今天在大王面前说了，到明天也许被诛杀，可是我不敢有所畏惧。大王果真实行我的话，死亡不足以成为我的祸害，放逐不足以使我感到忧伤，即使漆身为癞，披发为狂，也不足成为我的耻辱。

“五帝那么圣明，还是死了；三王那么仁爱，也死了；五霸那么贤能，也死了；乌获是大力士，也死了；孟奔、夏育是有名的勇士，也死了。死这件事，是人不能避免的。如果

8 匡：正，救助。
9 处人骨肉之间：指自己处在昭王与太后、穰侯之间。太后与昭王是母子，太后与穰侯是姊弟，都是极近的亲属关系。
10 信：果真。
11 漆身而为厉：以漆涂身，使皮肤肿癞，改变形貌。厉，通“癞”。
12 被发而为狂：披散头发，假装疯癫。被，同“披”。这是为避人耳目，不得已改变形体，使人不易辨认。据下文，当指箕子、接舆的事。
13 乌获：秦武王时的大力士。
14 奔、育：指孟奔、夏育，都是古代的勇士。

有补于秦，此臣之所大愿也，臣何患乎？伍子胥(xū)橐(tuó)载而出昭关，[15]夜行而昼伏，至于菱(líng)水[16]，无以糊其口，膝行蒲伏，乞食于吴市，卒兴吴国，阖(hé)闾(lǘ)为霸。使臣得进谋如伍子胥，加之以幽囚不复见，是臣说(shuō)之行也，臣何忧乎？

“箕(jī)子、接舆(yú)[17]，漆身而为厉(lài)，被(pī)发而为狂，无益于殷、楚。使臣得同行于箕子、接舆，可以补所贤之主，是臣之大荣也，臣又何耻乎？臣之所恐者，独恐臣死之后，天下见臣

我处在这种必然招来死亡的境地，而可以对秦国稍微有些补益，这便是我最大的愿望了，我又有什么可忧虑的呢？从前伍子胥藏在袋子里逃出昭关，白天躲藏，夜间赶路，到达溧水，没有糊口的办法了，便跪着爬着，在吴市讨饭，后来终于辅佐吴王复兴吴国，使吴王阖闾成为霸主。如果大王信任我的话，就像吴王用伍子胥一样，即使把我关进监牢，终生不见，只要我的主张已施行了，我又有什么可忧虑的呢？

“箕子、接舆两人，漆身成为肿癞，披发成为狂人，但他们对于殷朝和楚国，并没有什么益处。如果我能够跟箕子、接舆那样，而又可以帮助您这位贤明的君主，这就是我的最大荣誉了，我又有什么可耻辱的呢？我所恐惧的，只是怕我死了以后，天下的贤士看

15 橐：袋子。昭关：在今安徽含山西北。

16 菱水：即溧水，在今江苏溧阳。《史记》作“陵水”。

17 箕子：商纣的叔父，名胥余，封于箕。因谏纣而被囚，假装疯癫为奴隶。接舆：春秋时楚国的隐者。曾披发佯狂以避世。

尽忠而身蹶（jué）[18]也，是以杜口裹足，莫肯向秦耳。足下上畏太后之严，下惑奸臣之态，居深宫之中，不离保傅[19]之手，终身暗惑，无与照奸[20]，大者宗庙灭覆，小者身以孤危，此臣之所恐耳。若夫穷辱之事，死亡之患，臣弗敢畏也。臣死而秦治，贤于生也。"

秦王跪曰："先生是何言也！夫秦国僻远，寡人愚不肖，先生乃幸至此，此天以寡人慁（hùn）[21]先生，而存先王之庙也。寡人得受命于先生，此天所以幸先王而不弃其孤也。先生奈何而言若此！事无大小，上

到我尽忠却被杀，因而都闭口不言、停了脚步，不肯到秦国来了。大王上怕太后的威严，下被奸臣的奸邪所迷惑，住在深宫里面，没有离开宫中保傅的手，所以终身迷惑不明，没有人跟大王一起洞察奸邪。这样，大则宗庙覆灭，小则自身孤危，这是我所担心的啊！至于穷困受辱的事，死亡的祸患，我是不怕的。我死了而秦国得到治理，这比我活着还好呢。"

秦昭王跪坐着说道："先生，这是说什么啊！秦国处在偏僻边远的地方，我愚蠢没能力，先生幸而到了这里，这是上天要我打扰先生，保存我先王的宗庙啊！我能够接受先生的教导，是上天希望先生不抛弃我这个孤危的人。先生为什么说这样

18 蹶：颠仆。
19 保傅：指女保女傅等宫内女官，不是指大臣。
20 照奸：辨别奸邪。照，察觉出。
21 慁：烦扰。

及太后，下至大臣，愿先生悉以教(jiào)寡人，无疑寡人也。”范雎再拜，秦王亦再拜。

的话呢！国家的事，不论大小，上从太后，下到大臣，希望先生全都说出来教导我，不要怀疑我了。”范雎拜了两拜，秦王也拜了两拜。

元 佚名 《水殿梅花图》

邹忌讽齐王纳谏[1]

《国策》

邹忌从家庭亲友间的微妙关系领悟到政治上的一番大道理，因而讽谏齐王，说明国君必须广开言路，虚心纳谏。现身说法，类比真切，语言幽默，形象生动。虽然浅近，却有启发性。

邹忌修[2]八尺有余，而形貌昳丽[3]。朝服[4]衣冠，窥镜，谓其妻曰："我孰与城北徐公美？"其妻曰："君美甚，徐公何能及君也！"城北徐公，齐国之美丽者也。忌不自信，而复问其妾曰："吾孰与徐公美？"妾曰："徐公何

邹忌身高八尺多，仪表容貌漂亮有风度。一天早上，他穿戴好了衣帽，照着镜子，对他的妻子说："我跟城北的徐公相比，谁漂亮？"他的妻子说："你漂亮极了，徐公哪能比得上你呀！"城北徐公，是齐国的美男子。邹忌自己不相信，又问他的妾说："我跟徐公比，谁漂亮？"妾说："徐公哪能比得上您呀！"第二天，有位客人

1 本篇选自《战国策·齐策一》。邹忌：齐威王相，有辩才，善鼓琴。讽：讽喻，用比喻、隐语或故事来打动对方，使对方自觉地接受意见。
2 修：长。
3 昳丽：漂亮有风度。
4 服：穿戴。

能及君也！”旦日[5]，客从外来，与坐谈，问之：“吾与徐公孰美？”客曰：“徐公不若君之美也。”

从外边进来，邹忌坐着同他聊天，问客人：“我和徐公谁漂亮？”客人说：“徐公不如您漂亮啊。”

明日，徐公来，熟视之，自以为不如；窥（kuī）镜而自视，又弗如远甚。暮，寝而思之，曰：“吾妻之美我者，私我也；妾之美我者，畏我也；客之美我者，欲有求于我也。”

第二天，徐公来了，邹忌仔细地看他，自己认为不如。照着镜子看自己，更觉得不如，相差很远。晚上，他躺在床上左思右想，终于悟出了一番道理：“我的妻子说我漂亮，是因为偏爱我；我的妾说我漂亮，是因为怕我；客人说我漂亮，是因为想求我帮忙。”

于是入朝（cháo）见威王，曰：“臣诚知不如徐公美。臣之妻私臣，臣之妾畏臣，臣之客欲有求于臣，皆以美于徐公。今齐，地方千里，百二十城，宫妇左右[6]莫不私王，朝廷之臣莫不畏王，四境之内莫

于是，邹忌上朝去进见威王，说：“我确实知道自己不如徐公漂亮。可是，我的妻子偏爱我，我的妾怕我，我的客人有求于我，都说我比徐公漂亮。如今齐国方圆一千里，城池一百二十座。宫里的后妃和左右侍候的人，没有谁不偏爱大王；朝廷上的臣子，没有谁不怕大王；国境之内，

5 旦日：明日。

6 宫妇左右：宫廷里面的后妃以及左右侍候的太监宫女等。

不有求于王：由此观之，王之蔽甚矣！”

没有谁不想向大王请求帮助：从这点看起来，大王受到的蒙蔽可厉害啊。”

王曰：“善。”乃下令：“群臣吏民能面刺[7]寡人之过者，受上赏；上书谏(jiàn)寡人者，受中赏；能谤(bàng)议于市朝(cháo)[8]，闻寡人之耳者，受下赏。”令初下，群臣进谏，门庭若市，数月之后，时时而间(jiàn)进，期(jī)年之后，虽欲言，无可进者。

齐威王说：“好！”就下了一道命令：“文武百官和百姓能够当面指出我的过错的，受上等赏；写信规劝我的，受中等赏；能够在公共场所指责议论我让我听到的，受下等赏。”命令刚下达时，群臣纷纷进谏，宫门口和院子里像闹市一样人来人往；几个月以后，要隔一些时候，才间或有人进谏；一年之后，虽然有人想说却没有什么可以进谏了。

燕(yān)、赵、韩、魏闻之，皆朝(cháo)于齐。此所谓“战胜于朝廷”。

燕、赵、韩、魏各国听到这情况，都向齐国朝见。这就是人们所说的“在朝廷里战胜了别人”。

7 刺：指责。

8 谤议：指责议论。市朝：指公共集会场所。市，做买卖的场所。朝，百官集会的地方。

明 仇英 《春山吟赏图》（局部）

颜斶说齐王[1]

《国策》

战国时代，许多文士游说诸侯，以猎取高官厚禄。但也有一些人，如本篇的颜斶，他们不慕利禄，不畏横强，洁身自爱，在当时是难能可贵的。全篇由对话组成，简洁精练，饶有风趣，写颜斶不畏权势的气节和齐宣王以富贵骄人的习态，都活灵活现。

齐宣王见颜斶(chù)，曰："斶前！"斶亦曰："王前！"宣王不说(yuè)。左右曰："王，人君也；斶，人臣也。王曰'斶前'，斶亦曰'王前'，可乎？"斶对曰："夫斶前为慕势，王前为趋士[2]；与使斶为慕势，不如使王为趋士。"王忿然作色曰："王者贵乎？士

齐宣王召见颜斶，说："颜斶，到我跟前来！"颜斶也说："大王，到我跟前来！"宣王不高兴。左右的人说："大王，是人君；颜斶，是人臣。大王说'颜斶到我跟前来'，你也说'大王到我跟前来'，这可以吗？"颜斶回答说："我到大王跟前去，是贪慕权势；大王到我跟前来，则是礼贤下士。与其使我做个贪慕权势的人，不如让大王做个礼贤下士的君。"宣王愤愤

1 本篇选自《战国策·齐策四》，中间删去一大段，有些地方删去几句。颜斶：齐国的隐士。
2 趋士：指礼贤下士。

贵乎？”对曰：“士贵耳，王者不贵。”王曰：“有说(shuō)乎？”斶曰：“有。昔者秦攻齐，令曰：‘有敢去柳下季[3]垄(lǒng)五十步而樵(qiáo)采者，死不赦！’令曰：‘有能得齐王头者，封万户侯，赐金千镒(yì)！’由是观之，生王之头，曾不若死士之垄也。”

宣王曰：“嗟乎，君子焉可侮哉！寡人自取病耳。愿请受为弟子。且颜先生与寡人游[4]，食必太牢[5]，出必乘车，妻子衣服丽都[6]。”颜斶辞去，曰：“夫(fú)玉生于山，制则破焉；非弗宝贵矣，然

地板起脸孔，说：“当王的尊贵呢，还是士尊贵呢？”颜斶回答说：“士尊贵啊，当王的不尊贵。”宣王说：“有依据吗？”颜斶说：“有。从前秦国攻打齐国，下命令说：‘有谁敢在柳下季墓前五十步范围内砍柴的，判处死罪，不赦免。’又下命令说：‘有能够得到齐王的头的，封为万户侯，赏黄金一千镒。’从这里来看，活着的君王的头，还不如死了的贤士的墓呢。”

宣王说：“啊呀！君子怎么可以侮辱呢！我自讨没趣了。我希望您收我做弟子。只要颜先生同我交往，吃的一定是太牢，出门一定乘车马，您的妻子儿女都穿上华丽的衣服。”颜斶告辞，要离开，说：“玉生在山上，一经制作，便把璞弄破了；加工后并非不宝贵，然而它的本来面貌不完

3 柳下季：见《展禽论祀爰居》注。春秋时著名的高士。
4 游：交往。
5 太牢：一牛、一羊、一猪，三牲具备，叫做“太牢”。
6 丽都：华美。

太璞[7]不完。士生乎鄙野，推选则禄焉；非不尊遂[8]也，然而形神不全。斶愿得归，晚食以当肉[9]，安步以当车，无罪以当贵，清净贞正以自虞[10]。”则再拜而辞去。

君子曰：“斶知足矣，归真反璞，则终身不辱。”

整。士生长在穷乡僻壤，一经推荐选拔便得到禄位；这并非不尊贵，可是士的形体精神已经不能保持本色。我情愿回去，晚点吃饭，可以抵得上吃肉；慢慢走路，可以抵得上乘车；不做官就不容易获罪，也抵得上富贵；清净不染，保持纯正的节操，使自己得到快乐。”他拜了两拜，便告辞离开了。

君子说：“颜斶知道满足了。能够保持自己的本色，那就终身不会蒙受羞辱。”

7 璞：蕴藏着玉的石块。
8 尊遂：尊贵显达。遂，达。
9 晚食以当肉：把饭吃得迟一点，虽没有好吃的，但是因为饥饿而感到香甜，抵得上吃肉。
10 虞：通“娱”。乐。

明 文徵明《溪桥策杖图轴》（局部）

冯煖客孟尝君[1]

《国策》

战国时期，齐国的孟尝君田文好士，门下有食客数千。本文记述孟尝君门下一个普通食客冯煖的故事。冯煖帮助孟尝君收债市义，游说诸侯，巩固了孟尝君的地位，从而表现了冯煖卓越的政治才能，也反映了“士”在当时政治生活中的重要作用。文章始终抓住孟尝君与冯煖的关系展开描述，情节典型而波澜起伏，语言细腻生动而性格化，塑造了一个足智多谋而又敢做敢当的形象。

齐人有冯煖者，贫乏不能自存，使人属[2]孟尝君，愿寄食[3]门下。孟尝君曰：“客何好？”曰：“客无好也。”曰：“客何能？”曰：“客无能也。”孟尝君笑而受之，曰：“诺[4]。”

齐国有个叫冯煖的人，穷困得没法养活自己，托人把自己介绍给孟尝君，希望在孟尝君的门下混口饭吃。孟尝君问：“客人有什么爱好？”来人说：“没有什么爱好。”又问：“客人有什么才能？”来人说：“没有什么才能。”孟尝君笑着答应道：“好吧。”

1 本文节选自《战国策·齐策四》。冯煖：一本作“冯谖”，《史记·孟尝君列传》作“冯驩”。孟尝君：姓田，名文，齐王室贵族，任相国。孟尝君是封号，封地在薛。
2 属：同“嘱”。嘱托，介绍。
3 寄食：依靠别人吃饭。此指到孟尝君门下做食客。
4 诺：答应的声音。

左右以君贱之也，食(sì)以草具[5]。居有顷(qǐng)，倚(yǐ)柱弹其剑，歌曰：“长铗(jiá)[6]归来乎，食无鱼！”左右以告。孟尝君曰：“食(sì)之比门下之客。”居有顷，复弹其铗，歌曰：“长铗归来乎，出无车(jū)！”左右皆笑之，以告。孟尝君曰：“为之驾，比门下之车客[7]。”于是乘其车，揭[8]其剑，过[9]其友曰：“孟尝君客我！”后有顷，复弹其剑铗，歌曰：“长铗归来乎，无以为家！”左右皆恶(wù)之，以为贪而不知足。孟尝君问：“冯公有

左右管事的人因为孟尝君不重视冯煖，便把粗劣的食物给他吃。过了不久，冯煖靠在厅堂的柱上弹着他的剑，唱道：“长铗啊，咱们回去吧！吃饭没有鱼。”管事的人把这件事报告孟尝君。孟尝君说：“按照一般门客的待遇给他饭菜。”过了不久，冯煖又弹着他的剑，唱道：“长铗啊，咱们回去吧！出门没有车子。”管事的人都笑话他，又把这件事报告了。孟尝君说：“给他车马吧，按照门下车客的待遇！”于是冯煖坐上他的车子，举起他的剑去拜访他的朋友，说：“孟尝君把我当成门客了！”后来过了一段时间，冯煖又弹着他的剑，唱道：“长铗啊，咱们回去吧！没有什么可以养家啊！”管事的人都厌恶他，认为他贪心重，不知足。孟尝君听了，问管事

5 食：给……吃。草具：粗劣的食物。
6 长铗：指长剑。铗，剑把。
7 车客：出门可以乘车的食客。
8 揭：高举。
9 过：拜访。

亲乎？”对曰：“有老母。”孟尝君使人给(jǐ)其食用，无使乏。于是冯煖不复歌。

的人：“冯先生有亲人吗？”管事的人回答说：“有位老母亲。”孟尝君派人供应她的吃用，不让她缺少什么。从此，冯煖不再弹剑唱歌了。

后孟尝君出记[10]，问门下诸客：“谁习计会(kuài)[11]，能为文收责(zhài)于薛者乎[12]？”冯煖署[13]曰：“能。”孟尝君怪之，曰：“此谁也？”左右曰：“乃歌夫‘长铗归来’者也。”

后来，孟尝君出了个通告，询问府里的宾客：“有谁熟悉算账理财，能够替我到薛地去收债？”冯煖在通告上书写：“我能。”孟尝君看了，感到奇怪，就问：“这是谁呀？”管事的人说：“就是唱‘长铗啊，咱们回去吧’的那个人啊！”

孟尝君笑曰：“客果有能也！吾负[14]之，未尝见也。”请而见之。谢[15]曰：“文倦于事[16]，愦(kuì)[17]于忧，而性懦(nuò)[18]愚，沉于国

孟尝君笑着说：“这位客人果然有才能啊，我亏待了他，还没跟他见过面呢。”就派人去请他来相见，道歉说：“我被政事缠扰得疲倦已极，被忧虑折磨得心烦意乱，而且生性懦弱愚

10 记：通告。
11 计会：算账，管理财务。
12 文：田文。孟尝君自称其名。责：通“债”。薛：孟尝君的封邑，故城在今山东滕州。
13 署：书写姓名。
14 负：亏待。
15 谢：道歉。
16 事：指政事。
17 愦：困扰。
18 懦：懦弱。

家之事，开罪于先生。先生不羞，乃有意欲为收责（zhài）于薛乎？”冯煖曰：“愿之。”于是约车治装，载券契（qì）[19]而行。

笨，完全淹没在国家大事之中，得罪了先生，先生不以为羞辱，还有意替我到薛地去收债吗？”冯煖说：“愿意去办这件事。”于是准备车马，整理行装，装好借债的契约就要出发。

辞曰：“责（zhài）毕收，以何市而反[20]？”孟尝君曰：“视吾家所寡有者。”驱而之薛[21]，使吏召诸民当偿者，悉来合券。券遍合，起矫（jiǎo）命，以责（zhài）赐诸民。因烧其券，民称万岁。

辞行的时候，冯煖问道：“债款全部收齐，用它买些什么东西回来？”孟尝君说：“看我家里缺少什么东西。”冯煖赶着马车到了薛城，派出官吏召集那些应当还债的百姓都来核对债券。借约都核对完了，冯煖站起来假传孟尝君的命令，把借款赐给百姓，于是烧掉他们的债券，百姓齐声欢呼万岁。

长驱到齐，晨而求见。孟尝君怪其疾也，衣冠而见之[22]，曰：“责（zhài）毕收乎？来何疾也？”曰：“收毕矣。”“以何

冯煖马不停蹄地赶回齐国都城，大清早就求见孟尝君。孟尝君奇怪他回来得这么快，便穿戴好衣帽出来接见他，问道：“债款全收齐了吗？怎么回来得这样快呀？”冯煖回答说：“收

19 券契：指债券，关于债务的契约。
20 市：买。反：同“返”。
21 驱：赶着车子。之：往。
22 衣冠而见之：穿戴整齐，表示恭敬。

市而反？”冯煖曰：“君云‘视吾家所寡有者’，臣窃[23]计，君宫中积珍宝，狗马实外厩(jiù)，美人充下陈[24]，君家所寡有者，以义耳。窃以为君市义。”孟尝君曰：“市义奈何？”曰：“今君有区区之薛，不拊(fǔ)爱子其民，因而贾(gǔ)利[25]之。臣窃矫君命，以责(zhài)赐诸民，因烧其券，民称万岁，乃臣所以为君市义也。”孟尝君不说(yuè)，曰：“诺。先生休矣。”

后期(jī)年，齐王谓孟尝君曰：“寡人不敢以先王之臣为臣！”[26]孟

齐了。”“用它买了些什么回来呢？”冯煖说：“您说‘看我家里缺少什么东西’，我私下考虑，您府里堆满了珍珠宝贝，好狗好马挤满了牲口棚，美丽的女子站满了堂下。您府里缺少的东西要算‘义’了。因此我私自做主替您买了‘义’。”孟尝君问：“‘义’怎么个买法？”冯煖说：“如今您只有一块小小的薛地，却不能抚育爱护那里的百姓，反用商贾的手段向百姓收取利息。我私自假传您的命令，把借款赐给百姓了，并烧掉了他们的借约，百姓齐声欢呼万岁，这就是我给您买的‘义’啊。”孟尝君不高兴，说：“好吧。先生算了罢！”

过了一年，齐湣王对孟尝君说：“我不敢拿先王的臣子作为自己的臣子。”孟尝君只好回到封邑薛城去住。走到

23 窃：私自。谦辞。
24 下陈：古代统治阶级堂下陈放礼品、站列婢妾的地方。
25 贾利：用商人的手段去取利。指向百姓放债榨取利息。
26 “寡人”句：这是罢免孟尝君职务的一种辞令。孟尝君在齐宣王时任丞相，齐宣王死后，其子齐闵王继位。

尝君就国于薛[27]。未至百里，民扶老携幼，迎君道中。孟尝君顾谓冯煖：“先生所为文市义者，乃今日见之！”

离薛城还有一百里的地方，百姓扶老携幼，在大路上迎接孟尝君。孟尝君回头对冯煖说：“先生替我田文买的‘义’，今天才看到。”

冯煖曰：“狡兔有三窟(kū)，仅得免其死耳！今有一窟，未得高枕而卧也。请为君复凿二窟。”孟尝君予车五十乘(shèng)，金五百斤，西游于梁[28]。谓梁王曰：“齐放其大臣孟尝君于诸侯，先迎之者，富而兵强。”于是梁王虚上位，以故相(xiàng)为上将军，遣使者，黄金千斤，车百乘(shèng)，往聘(pìn)孟尝君。冯煖先驱，诫孟尝君曰：“千金，重币[29]也；百乘，显使也。

冯煖说：“聪明的兔子有三个洞穴才能够避免死亡。如今您只有一个洞穴，还不能垫高枕头睡大觉呀。请让我替您再凿两个洞穴！”孟尝君给他车子五十辆，金五百斤，往西方游说梁国。冯煖对梁惠王说：“齐王放逐他的大臣孟尝君给诸侯，先迎接他的，就能使自己的国家富足，军队强大。”于是梁惠王空出最高的官位，把原来的丞相调做上将军，派遣使者带着千斤黄金，赶着百辆马车去薛城聘请孟尝君。冯煖抢先回薛，嘱告孟尝君说：“黄金千斤是一份厚重的聘礼啊！有马车百辆，是一位显贵的使节啊。齐王大概听到这个消息了。”梁

27 就：归，回。国：指封邑。
28 梁：即魏国。魏都于大梁（今河南开封），所以又称“梁”。
29 重币：贵重的礼物。

齐其闻之矣。”梁使三反，孟尝君固辞[30]不往也。

国的使节往返了三趟，孟尝君坚决推辞不肯到梁国去。

齐王闻之，君臣恐惧。遣太傅赍(jī)黄金千斤[31]，文车二驷(sì)[32]，服剑一，封书谢孟尝君曰：“寡人不祥，被于宗庙之祟(suì)[33]，沉于谄(chǎn)谀(yú)[34]之臣，开罪于君。寡人不足为[35]也，愿君顾先王之宗庙，姑反国统[36]万人乎！”

齐湣王听到这消息，君臣都惊慌害怕起来。便派太傅携带千斤黄金，两辆华丽的车子，一把佩带的宝剑，还写了一封亲笔信向孟尝君道歉，说：“我不好，遭受祖宗降给的灾祸，偏信阿谀逢迎的奸臣，得罪了您。我是不值得您辅佐了，只希望您念在先王宗庙的分上，暂且回到国都来治理广大的老百姓吧！”

冯煖诫孟尝君曰：“愿请先王之祭器，立宗庙于薛。”[37]庙成，还报孟尝君曰：“三窟已就，君姑

冯煖嘱告孟尝君说：“希望您向齐王请求分一部分先王的祭器，在薛建立宗庙。”宗庙建成了，冯煖赶回向孟尝君报告说：“三个洞穴已经

30 固辞：坚决推辞。

31 太傅：辅佐国君的最高官员之一。赍：带着。

32 文车：华丽的车子。驷：四匹马拉的车。此处作量词用。

33 祟：灾祸。

34 谄谀：阿谀逢迎。

35 为：帮助，辅佐。

36 统：治理，统率。

37 “愿请”二句：孟尝君是齐王室成员之一，因此可以请求立宗庙。古人重视宗庙，如果在薛立了宗庙，就可以巩固孟尝君的地位。

高枕为乐(lè)矣。”

凿好，您且垫高枕头过快乐日子吧！”

孟尝君为相数十年，无纤(xiān)介[38]之祸者，冯煖之计也。

孟尝君担任齐相几十年，没有一星半点的灾祸，都是由于冯煖的精心谋划啊。

南宋 佚名 《春山渔艇图》

38 纤介：细小。纤，细。介，通“芥”，小草。

赵威后问齐使[1]

《国策》

本篇主要写赵威后的政治见解。她连续七问，都表现了治国应以民为本的观点，但对于异己者又主张要杀掉，却是一种专制思想。用人物自己的话以及询问方式来表现文章主旨，是本文的写作特点。

齐王[2]使使者问赵威后。书未发[3]，威后问使者曰："岁[4]亦无恙（yàng）耶（yé）？民亦无恙耶？王亦无恙耶？"使者不说（yuè），曰："臣奉使使威后，今不问王，而先问岁与民，岂先贱而后尊贵者乎？"威后曰："不然。苟无岁，何有民？苟无民，何有

齐王建派遣使者问候赵威后。信还没有启封，威后就问齐使，说："今年的收成好吗？百姓好吗？君王好吗？"齐使听了不高兴，说："我奉王的使命出使到威后这里来，现在您不先问候我王，却先问收成和百姓，难道可以把卑贱的摆在前面，却把尊贵的搁在后头吗？"威后说："不是这样。假如没有收成，哪里还有百姓？如果没有百姓，哪里还有

1 本篇选自《战国策·齐策四》。赵威后：赵惠文王的王后。惠文王死时，其子孝成王尚幼，由威后执政。
2 齐王：齐襄王子，名建。
3 书：指齐王给赵威后的信。发：启封。
4 岁：一年的农业收成。

君？故有问舍(shě)本而问末者耶？”

君主呢？为什么有所询问不先问根本而先问末节呢？”

乃进而问之曰：“齐有处(chǔ)士曰钟离子[5]，无恙耶？是其为人也，有粮者亦食(sì)，无粮者亦食(sì)；有衣者亦衣(yì)，无衣者亦衣(yì)。是助王养其民者也，何以至今不业[6]也？叶(shè)阳子[7]无恙乎？是其为人，哀鳏(guān)寡(guǎ)[8]，恤(xù)孤独[9]，振(zhèn)[10]困穷，补不足，是助王息[11]其民者也，何以至今不业也？

威后又进一步问齐使说：“齐国有个处士叫钟离子的，他好吗？他的为人啊，有粮的人给吃，没粮的人也给吃；有衣服的人给穿，没衣服的人也给穿。这是帮助王养育百姓的呀，为什么直到现在还没有任用他呢？叶阳子好吗？他的为人啊，怜悯鳏夫寡妇，抚养孤儿孤老，救济贫穷的人，帮助衣食不足的人。这是帮助王安定百姓的呀，为什么直到现在还没有任用他呢？

“北宫之女婴儿子无恙耶[12]？撤其环瑱(tiàn)[13]，至老不嫁，以养父母，是皆

“北宫氏的女儿婴儿子，她好吗？她摘掉身上的首饰，到老不嫁人，来奉养父母。这是带动百姓推

5 钟离子：人名。钟离，复姓。
6 不业：不使他成就功业，意即不用他。
7 叶阳子：齐国的处士。叶阳，复姓。
8 鳏：年老无妻的男子。寡：寡妇。
9 恤：救济，抚养。孤：少年无父。独：年老无子。
10 振：同“赈”，救济。
11 息：安定，繁殖。
12 北宫：复姓。婴儿子：姓北宫的女子的名字，齐国有名的孝女。
13 环：耳环，臂环。瑱：作为耳饰的玉。

清　王时敏《云峰树色图》（局部）

率民而出于孝情者也，胡为至今不朝[14]也？此二士弗业，一女不朝，何以王齐国、子万民乎？於陵子仲尚存乎[15]？是其为人也，上不臣于王，下不治其家，中不索[16]交诸侯，此率民而出于无用者，何为至今不杀乎？”

行孝道的呀，为什么直到现在还不加封号让她上朝呢？这两个人不被任用，这个女子不加封号，又凭什么治理齐国、做百姓的父母官呢？於陵子仲还活着吗？他的为人啊，上不肯向君主称臣，下不能治理他的家业，中不求跟诸侯交往，这是带动百姓什么也不干，毫无用处的人呀，为什么到现在还不把他杀掉呢？”

14 不朝：古代妇女有封号的才能上朝，所以这里的“不朝”实际上是指不加封号。
15 於陵：齐邑名，在今山东邹平东南。子仲：齐国的隐士。
16 索：求。

庄辛论幸臣[1]

《国策》

本文记载了楚顷襄王在郢都失守逃到城阳后，庄辛告诫他的话。这篇劝谏之辞很有特点。它实际上是一篇寓言，运用了一系列生动的故事进行类比，说明居安忘危，只图眼前享乐，丧失警惕，必将招致严重后果。引喻从小到大，从物及人，远远说来，渐渐逼入，直到打中顷襄王的要害，很有感染力和说服力。

臣闻鄙(bǐ)语曰:"见兔而顾犬,未为晚也;亡羊而补牢,未为迟也。"臣闻昔汤、武以百里昌,桀(jié)、纣(zhòu)以天下亡。今楚国虽小,绝长续短,犹以数千里,岂特百里哉!

我听俗话说:"见到兔子才回头唤猎犬,并不算太晚;丢了羊才修羊圈,并不算太迟。"我听说,从前商汤和周武王凭着百里的领土昌盛起来,夏桀和商纣拥有整个天下却被灭亡了。现在楚国虽然小,取长补短,还有方圆几千里的地方,岂只有百里呢!

王独不见夫蜻蛉(líng)[2]乎? 六足四翼,飞翔乎

大王难道没有见过那蜻蜓吗? 六条腿四个翅膀,在天地之间自由地飞

1 本篇节选自《战国策·楚策四》。庄辛：楚臣，楚庄王的后代。楚襄王，即楚顷襄王，名横，怀王子，怀王被骗死在秦国，襄王继位，"淫逸侈靡，不顾国政"，庄辛于是进谏。幸臣：君主宠爱的臣子。

2 蜻蛉：即蜻蜓。

天地之间，俯啄(zhuó)蚊虻(méng)而食(shí)之，仰承甘露而饮之，自以为无患，与人无争也。不知夫(fú)五尺童子，方将调饴(yí)胶丝[3]，加己乎四仞(rèn)之上[4]，而下为蝼(lóu)蚁食(shí)也。

夫蜻蛉其小者也，黄雀因是以[5]。俯噣(zhuó)白粒[6]，仰栖(qī)茂树，鼓翅奋翼，自以为无患，与人无争也。不知夫(fú)公子王孙，左挟(xié)弹，右摄丸，将加己乎十仞之上，以其类为招[7]。昼(zhòu)游乎茂树，夕调乎酸咸(xián)[8]，倏(shū)忽之间，坠

翔，向下啄食蚊、虻，向上喝甜美的露水。它自以为没有什么祸患，跟世人没有争夺。它哪知道那五尺高的孩子正在调制糖浆粘在丝绳上，从四仞高的空中加害自己，掉下来成为蝼蛄、蚂蚁的食物呢！

那蜻蜓还是小的例子呢，黄雀也是这样的。它低头啄食雪白的米粒，飞上去栖息在茂盛的树林里，展翅奋飞，自以为没有什么祸患，跟世人没有争夺。它哪知道那些公子王孙，左手握着弹弓，右手安上弹丸，将从十仞高的空中加害自己，正把它们这类小鸟作为弹射的目标。它白天还在茂密的树林里飞来飞去，晚上就已经被人们用酸咸调味做成美食了。顷

3 饴：糖浆。胶：粘。

4 加：加害。仞：八尺，或说七尺。

5 黄雀因是以：黄雀仍然是这样啊。即不以蜻蜓为鉴戒。因，犹。是，此。以，通“已”，语助词。

6 噣：同“啄”。白粒：米。

7 以其类为招：类，同类。招，招诱，即靶子，目标。清王念孙以为“类当为‘颈’”。意思是拿它的颈部作为射击的目标。

8 调乎酸咸：用酸咸调味，指被烹煮。

于公子之手。[9]

刻之间，就落入公子手中。

夫(fú)黄雀其小者也，黄鹄(hú)[10]因是以。游乎江海，淹乎大沼，俯噣(zhǎo zhuó)鳝鲤，仰啮(niè)菱衡[11]，奋其六翮(hé)[12]，而凌清风，飘摇乎高翔，自以为无患，与人无争也。不知夫(fú)射者，方将修其碆(bō)卢[13]，治其矰缴(zēng zhuó)[14]，将加己乎百仞之上，被䃤(jiān)磻(bō)[15]，引微缴(zhuó)，折清风而抎(yǔn)[16]矣。故昼游乎江湖，夕调乎鼎鼐(nài)[17]。

那黄雀还是小的例子呢，天鹅也是这样的。它在大江大海上浮游，在广阔的湖沼边停歇，低头吞吃鳝、鲤，仰头咀嚼菱角水草，掀动它那强有力的翅膀，乘着清风，飘飘荡荡地在高空中飞翔，自以为没有什么祸患，跟世人也没什么争夺。它哪里知道那猎人正在修整他的石镞和黑弓，收拾他的系有生丝线的箭，将要从百仞高的空中加害自己。它被锋利的石镞射中，拖着箭上轻细的丝线，从清风中坠落到地上死了。白天，它还在江湖上游泳，夜晚，已经被放在鼎锅里烹调了。

夫黄鹄其小者

那天鹅还是小的例子呢，蔡灵侯的

9 “倏忽”二句：清王念孙认为这十个字是“后人妄加”的。
10 黄鹄：俗名天鹅。
11 衡：同“蘅”，水草。
12 六翮：翅膀。翮，本指羽毛的茎，代指鸟翼。
13 碆：石镞，即石制箭头。卢：即“玈”，上了黑漆的弓。
14 矰：短箭。缴：系在箭上的生丝线。矰缴是捕鸟的用具。
15 被：遭，受。䃤：锋利。磻：同“碆”，石镞。
16 抎：同“陨”，坠落。
17 鼎：古代烧煮食物的器具。鼐：大型的鼎。

也，蔡灵侯[18]之事因是以，南游乎高陂(bēi)，北陵乎巫山，饮茹(rú)溪[19]之流，食湘波之鱼，左抱幼妾，右拥嬖(bì)女，与之驰骋乎高蔡[20]之中，而不以国家为事。不知夫子发[21]方受命乎灵王，系(xì)己以朱丝而见之也。

事也是这样的。他往南漫游了高陂，向北攀登了巫山，喝的是茹溪的水，吃的是湘江的鱼，左手抱着年轻的姬妾，右手搂着宠爱的美女，跟她们在上蔡的原野上放马奔驰，却不把国家政务当作一回事。他哪知道子发正从楚灵王那里接受攻打蔡国的命令，最后自己被红绳绑着去见楚灵王。

蔡灵侯之事其小者也，君王之事因是以。左州侯[22]，右夏侯[23]，辇(niǎn)从鄢(yān)陵君与寿陵君[24]，饭封禄[25]之粟，而载方府[26]之金，与之驰骋乎

那蔡灵侯的事情还是小的例子呢，君王的情况也是这样。您左边有州侯，右边有夏侯，车后跟随着鄢陵君和寿陵君，吃的是封地里进贡的粮食，车上装的是四方贡入府库的金钱，跟他们在云梦泽中放马奔

18 蔡灵侯：蔡国国君，名班，公元前531年被楚灵王诱杀。
19 茹溪：源出巫山，在今重庆巫山以北。
20 高蔡：即上蔡。
21 子发：楚大夫。据《左传·昭公十一年》，接受灵王命令围蔡的是公子弃疾，不是子发。
22 州侯：楚襄王的宠臣。
23 夏侯：楚襄王的宠臣。
24 辇：上古指用人拉的车子，秦汉后才专指帝王坐的车子。鄢陵君、寿陵君：都是襄王的宠臣。
25 封禄：封地。
26 方：四方。府：府库。

云梦[27]之中，而不以天下国家为事。而不知夫穰（rǎng）侯方受命乎秦王[28]，填黾（méng）塞（sài）之内，而投己乎黾塞之外。[29]

驰，却不把天下国家的政务当成一回事情。您不知道穰侯正从秦王那儿接受攻打楚国的命令，将要把军队开进楚国，把您自己俘虏到秦国去。

清 余穉 《花鸟图册》

27 云梦：古泽名，在今湖北中部，跨长江两岸，包括湖南的洞庭湖。
28 穰侯：魏冉，秦昭王舅父，封于穰（在今河南邓州）。秦王：指秦昭王。
29 “填黾塞”二句：这里是说秦国将要用重兵进攻黾塞以南，把楚王俘虏送到黾塞以北即秦国去。黾塞，在今河南信阳西南平靖关，当时是楚国北部的要塞。所以黾塞之内是指楚国境内，黾塞之外是指秦国。

触詟说赵太后[1]

（zhé shuì）

《国策》

这篇文章的主旨即“父母之爱子，则为之计深远”。文章成功地塑造了一位忠诚为国，又富于生活经验、善于进谏的老臣形象和一个气盛偏执、溺爱幼子的女统治者的形象。作者善于用轻松、细致的笔触刻画人物的言谈举止，传神地表现了人物性格。

赵太后新用事[2]，秦急攻之。赵氏求救于齐。齐曰：“必以长安君为质[3]，兵乃出。”太后不肯。大臣强谏。太后明谓左右：“有复言令长安君为质者，老妇必唾（tuò）其面！”

赵太后新近执政，秦国便加紧进攻赵。赵国向齐王求救。齐王说：“一定要以长安君作为人质，军队才能派出来。”太后不答应，大臣们极力劝谏。太后明确地对左右的人宣布：“有再说让长安君做人质的，我这个老婆子一定把唾沫吐在他脸上！”

左师[4]触詟（zhé）愿见，太

左师触龙要求拜见太后。太后

1 本篇选自《战国策·赵策四》。触詟：据马王堆汉墓帛书及《史记·赵世家》，应为触龙。文中“触詟”是“触龙言”之误，故译文中均作“触龙”。赵太后：即赵威后。
2 用事：即任事，执掌政事。当时赵孝成王年幼，由赵太后执政。
3 长安君：赵太后宠爱的小儿子。
质：人质，以人作抵押。
4 左师：官名。

后盛气而揖(yī)之[5]。入而徐趋，至而自谢[6]，曰："老臣病足，曾(zēng)不能疾走，不得见久矣，窃自恕，恐太后玉体之有所郄(xì)[7]也，故愿望见。"太后曰："老妇恃辇(shì niǎn)[8]而行。"曰："日食饮得无衰[9]乎？"曰："恃鬻(zhōu)[10]耳。"曰："老臣今者殊不欲食，乃自强(qiǎng)步[11]，日三四里，少益嗜食，和于身。"曰："老妇不能。"太后之色少解(xiè)。	怒气冲冲地等候着他。触龙一进宫门便慢慢地向前小跑，到了太后面前请罪说："老臣的脚有病，没法快走，不能来拜见您已经很久啦。我私下里根据自己的情况推想，担心太后的贵体有不舒服的地方，因此很想看望您。"太后说："我靠人用车子推着走。"触龙问："每天饮食该不曾减少吧？"太后说："靠喝粥罢了。"触龙说："老臣近来特别不想吃东西，便自己勉强步行，每天走三四里，逐渐地增加了食欲，对于身体很有益。"太后说："我做不到。"太后的神色略微缓和了。
左师公曰："老臣贱息[12]舒祺(qí)，最少(shào)，不肖(xiào)，	左师公说："我那儿子舒祺，年纪最小，没什么出息。可是我年纪

5 盛气：怒气冲冲地。揖：应作"胥"，同"须"，等待。
6 谢：谢罪，道歉。
7 郄：同"隙"，病，不舒适。
8 辇：用人拉着走的车。后来多指国君乘的车。
9 衰：减少。
10 鬻："粥"的本字。
11 强步：勉强走动。
12 息：儿子。

而臣衰，窃爱怜之，愿令补黑衣[13]之数，以卫王宫。没(mò)死[14]以闻。”太后曰：“敬诺。年几何矣？”对曰：“十五岁矣。虽少(shào)，愿及未填沟壑(hè)[15]而托之。”太后曰：“丈夫[16]亦爱怜其少(shào)子乎？”对曰：“甚于妇人。”太后曰：“妇人异甚。”对曰：“老臣窃以为媪(ǎo)之爱燕(yān)后[17]，贤于长安君。”曰：“君过矣，不若长安君之甚！”左师公曰：“父母之爱子，则为之计深远。媪之送燕后也，持其踵(zhǒng)[18]，为之泣，念悲其远也，亦哀之矣。已行，非

大了，内心总疼爱他，希望您让他充当一名卫士，来保卫王宫。我冒着死罪把这件事禀告您。”太后说：“好吧。年纪多大呢？”左师公回答说：“十五岁啦。虽说还小，我希望趁自己还没有死，便把他托付给您。”太后说：“男人也疼爱他的小儿子吗？”触龙回答说：“比女人还厉害。”太后说：“女人爱得特别厉害啊。”触龙回答说：“我私下认为您爱燕后，超过了爱长安君。”太后说：“你错了！我爱燕后远远比不上爱长安君。”左师公说：“父母爱子女，就要为他们作长远打算。您送燕后出嫁的时候，紧跟在她身后哭泣，想起她远嫁异国就伤心，也确实够悲哀的了。她走了以后，您不是

13 黑衣：战国时王宫卫士穿黑色军服，这里代指卫士。
14 没死：冒着死罪。
15 填沟壑：指死。这是谦称。意思是死后无人埋葬，尸体被扔在山沟里。
16 丈夫：对男子的通称。
17 媪：对老年妇女的尊称。燕后：赵太后之女，嫁到燕国为后，故称燕后。
18 持其踵：指燕后出嫁时，太后跟在她身后不忍分别。

弗思也，祭祀必祝之，祝曰：'必勿使反[19]。'岂非计久长有子孙相继为王也哉？"太后曰："然。"

不想念她呀，可是祭祀时一定要为她祈祷，祈祷说：'必定不要使她回来。'这难道不是为她考虑长远，希望有子孙相继当君王吗？"太后说："是啊！"

左师公曰："今三世以前，至于赵之为赵[20]，赵王之子孙侯者，其继有在者乎？"曰："无有。"曰："微独赵，诸侯有在者乎？"曰："老妇不闻也。""此其近者祸及身，远者及其子孙，岂人主之子孙则必不善哉！位尊而无功，奉[21]厚而无劳，而挟(xié)重器[22]多也。今媪尊长安君之位，而封以膏腴(yú)之地，多予之

左师公说："从现在算起，三世以前一直上推到赵氏建成赵国的时候，赵王子孙封了侯的，他们的继承人还有存在的吗？"太后说："没有。"触龙说："不单是赵国，各诸侯国内还有继续存在的吗？"太后说："我没有听说过。"触龙说："这就是说他们之中近则自身便遭了祸，远则祸患便落到他们子孙身上了。难道说君王的子孙就一定不好吗？不是。只不过由于他们地位很高却没有什么功勋，俸禄很丰厚没有什么劳绩，却拥有很多贵重的东西罢了。如今您尊显长安君

19 必勿使反：古代诸侯之女出嫁他国，只有被废或亡国时才返回父母之国。这里是说太后常为燕后祈祷，希望她不要遭到不幸而返回本国。

20 赵之为赵：前赵字指赵氏，后赵字指赵国。赵氏本是晋国大夫赵衰之后，公元前403年，韩、赵、魏三家分晋，周天子正式封他们为诸侯。赵的第一个国君是赵烈侯。

21 奉：同"俸"，即俸禄。

22 重器：宝物，贵重的东西。

重器，而不及今令有功于国；一旦山陵崩[23]，长安君何以自托于赵？老臣以媪为长安君计短也，故以为其爱不若燕(yān)后。”太后曰：“诺，恣(zì)君之所使之。”于是为长安君约车百乘(shèng)，质于齐，齐兵乃出。

子义[24]闻之曰：“人主之子也，骨肉之亲也，犹不能恃无功之尊，无劳之奉，以守金玉之重[25]也，而况人臣乎！”

的地位，封给他富庶的土地，赐给他很多贵重的东西，却不趁着现在让他为国立功，一旦太后您百年之后，长安君凭什么在赵国安身呢？老臣认为您替长安君打算得太短浅了，所以说您对他的爱不如对燕后的爱。”太后说：“好吧，任凭你怎么调派他吧！”于是给长安君备办好百辆车子，到齐国去做人质。齐国的援兵就派出来了。

子义听到这件事，说：“君王的儿子，是亲生骨肉，尚且不能依靠没有功勋的高位，没有劳绩的俸禄，来保持他的富贵，何况是人臣呢！”

23 崩：古代称帝王死为崩。此处“山陵崩”喻指赵太后死去。
24 子义：赵国的贤士。
25 金玉之重：指富贵的地位。

清 袁耀 《汉宫秋月图》（局部）

鲁仲连义不帝秦[1]

《国策》

秦军围赵，魏派辛垣衍劝赵尊奉秦王为帝，鲁仲连挺身而出，反对投降，和辛垣衍进行了一场单刀直入的辩论。文章通过“帝秦”“抗秦”的论辩和鲁仲连在事成之后不居功受赏的行动，表现了鲁仲连反投降的立场和功成不居的高尚品德。鲁仲连的议论，具有远见卓识；分析利害，入情入理，又善于运用历史事实与生动的比喻，因而有很强的说服力。

秦围赵之邯郸(hán dān)[2]，魏安釐(xī)王使将军晋鄙(bǐ)救赵[3]，畏秦，止于荡(dàng)阴[4]，不进。

秦军包围了赵国的都城邯郸，魏安釐王派大将晋鄙率军救赵，因害怕秦国，把部队驻扎在汤阴，不再前进。

魏王使客将军辛垣(yuán)衍(yǎn)间(jiàn)入邯郸[5]，因平原君谓赵王曰[6]：“秦所以急围赵者，前与齐闵(mǐn)王争强为

魏王又派客将军辛垣衍从小路进入邯郸，通过平原君会见赵王，说：“秦之所以急忙围攻赵国，是因为从前秦昭王同齐闵王互相争强称帝，不

1 本篇选自《战国策·赵策三》。鲁仲连：齐国高士。
2 邯郸：赵国国都，今河北邯郸。
3 魏安釐王：魏国国君。晋鄙：魏国大将。
4 荡阴：地名，在今河南汤阴，是当时魏赵两国交界处。
5 客将军：原籍不是魏国而在魏国做将军，故称客将军。辛垣衍：复姓辛垣，名衍。间入：潜入，从小路进入。
6 因：作“通过”解。平原君：赵国的公子赵胜，封平原君。赵王：赵孝成王，名丹。

帝[7]，已而复归帝，以齐故。[8]今齐闵王益弱[9]，方今唯秦雄天下，此非必贪邯郸，其意欲求为帝。赵诚发使尊秦昭王为帝，秦必喜，罢兵去。”平原君犹豫未有所决。

久齐闵王不称帝，秦昭王也取消了帝号。现在的齐国比闵王时候更加衰弱了，当今只有秦国称雄天下。这次不是一定贪图邯郸，它的意图是想取得帝号。赵国如果派遣使臣尊奉秦昭王为帝，秦国必然高兴，撤兵离开。”平原君对这事犹豫得很，没有作出决断。

此时鲁仲连适游赵，会秦围赵。闻魏将欲令赵尊秦为帝，乃见平原君曰：“事将奈何矣？”平原君曰：“胜[10]也何敢言事！百万之众折于外[11]，今又内[12]围邯郸而不去。魏王使客将军辛垣衍令赵帝秦。

这时，鲁仲连正巧来到赵国，遇上秦军围赵。听说魏国想让赵国尊奉秦昭王为帝，就会见平原君说：“事情将怎么办呢？”平原君说：“我哪里还敢谈论国家大事！赵国百万大军在外战败，如今秦军又深入国境围攻邯郸不退。魏王派客将军辛垣衍来劝赵国尊秦王为帝，现在这个人还在这里。我哪里还敢谈论国家大事！”鲁仲连说：

7 “前与”句：指公元前288年秦昭王和齐闵王同时称帝。闵，通“湣”。

8 “已而”二句：齐闵王后来取消了帝号，秦昭王因此也不称帝。归帝，归还自封的帝号。

9 今齐闵王益弱：秦围邯郸时，闵王已死。故鲍彪注认为：“闵王”二字是衍文。吴师道说，此句应解为“今之齐，视闵王已益弱”。意思是：现在齐国的形势，比起齐闵王时已越发衰弱了。

10 胜：即平原君赵胜。

11 “百万”句：指秦赵长平之战。折：损伤。

12 内：深入国内。

今其人在是。胜也何敢言事！”鲁连曰：“始吾以君为天下之贤公子也，吾乃今然后知君非天下之贤公子也。梁客辛垣衍安在？吾请为君责而归之！”平原君曰：“胜请为召而见之于先生。”平原君遂见辛垣衍曰：“东国有鲁连先生，其人在此，胜请为绍介而见之于将军。”辛垣衍曰：“吾闻鲁连先生，齐国之高士[13]也。衍，人臣也，使事有职，吾不愿见鲁连先生也。”平原君曰：“胜已泄之矣。”辛垣衍许诺。

鲁连见辛垣衍而无言。辛垣衍曰：“吾视居此围城之中者，皆有求于平原君者也。今吾视先生之玉貌，非有求于平原君者，曷为久居此围城之中而不去也？”鲁连曰：

“当初我把你看成是天下的贤明公子，今天才知道你并不是天下的贤明公子啊！梁国客人辛垣衍在哪里？我替你责备他，叫他回去。”平原君说：“让我召他来见先生。”平原君就去见辛垣衍，说：“东方齐国有位鲁连先生，这个人在这里，让我介绍他会见将军。”辛垣衍说：“我听说鲁仲连先生是齐国的高士。我辛垣衍，是个做臣子的，出使到赵国有自己的职责，我不愿见鲁连先生。”平原君说：“我已把你的活动透露给他了。”辛垣衍只好答应。

鲁仲连见到辛垣衍，却不说话。辛垣衍说：“我观察居住在这个被围城市里的人，都是向平原君有所要求的。如今我观察先生的样子，并不是对平原君有所要求的人，为什么久住在这个

13 高士：品行高尚而不做官的人。

明 仇英《竹林居士》

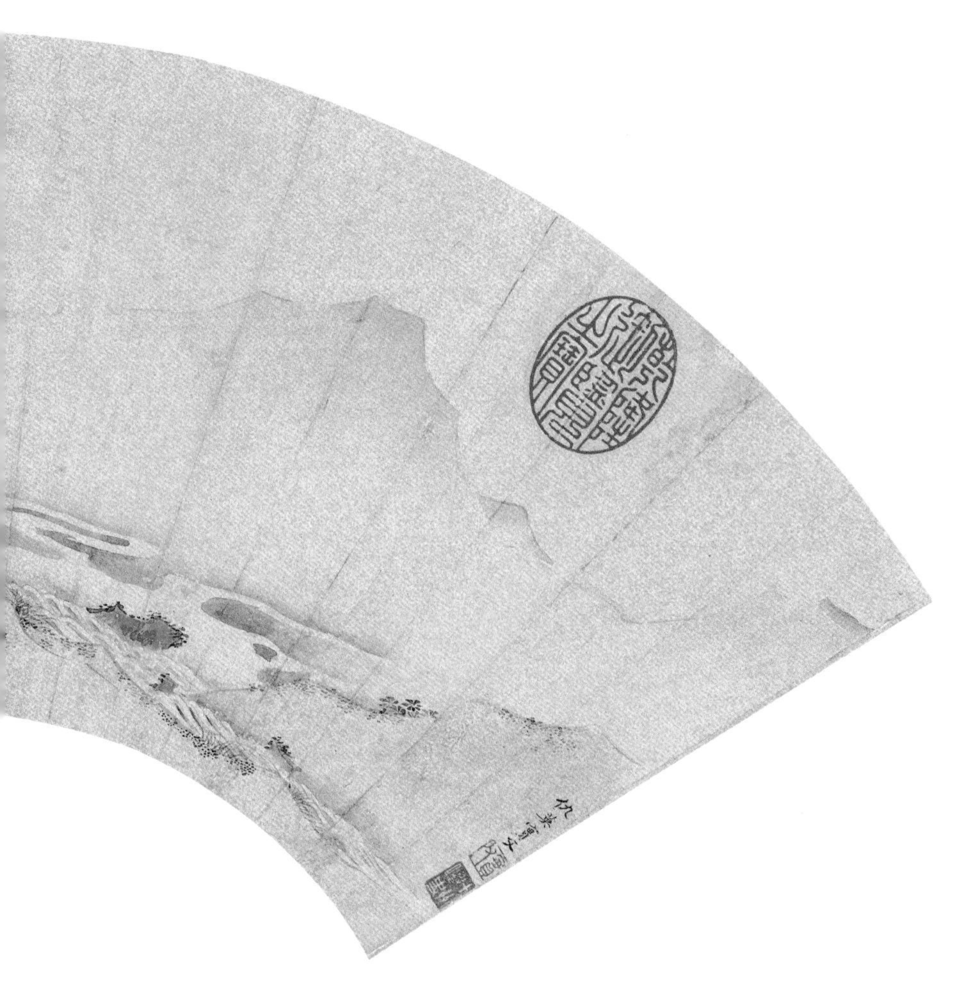

“世以鲍焦无从容而死者[14]，皆非也。今众人不知，则为一身。彼秦，弃礼义、上首功[15]之国也。权使其士，虏(lǔ)使其民，彼则肆(sì)然而为帝，过而遂正于天下[16]。则连有赴东海而死耳，吾不忍为之民也！所为见将军者，欲以助赵也。”

辛垣衍曰：“先生助之奈何？”鲁连曰：“吾将使梁及燕(yān)助之，齐、楚固助之矣。”辛垣衍曰：“燕则吾请(qǐng)以从矣。若乃梁，则吾乃梁人也，先生恶(wū)能使梁助之耶？”鲁连曰：“梁

被围的城市里而不离开呢？”鲁仲连说：“那些认为鲍焦是由于心地狭窄而死的看法，都是不对的。如今大家不了解鲍焦死的意义，还以为他只是为了个人。那秦国，是个抛弃礼义、崇尚战功的国家。秦王用权术去使唤他的士人，用对待奴隶的办法去驱使他的百姓。他若是肆无忌惮地自称为帝，甚至统治天下，那么我鲁仲连只有跳进东海里死掉，当他秦国的百姓我忍受不了！我之所以要见将军，是想救助赵国。”

辛垣衍说：“先生怎么样救助赵国？”鲁连说：“我将使梁和燕救赵，齐、楚本来就会帮助赵国的。”辛垣衍说：“燕国嘛，那我相信它会听从你的，至于梁，我便是梁国人，你怎能使梁救助赵国呢？”鲁连说：“这是梁国没有看清秦称帝的危害的缘故啊。假使梁国看清了秦称帝的危害，那就必定救助赵国

14 鲍焦：春秋时隐士，因对现实不满，抱树饿死。无从容：指心地不开阔。
15 上首功：崇尚战功。上，同“尚”，崇尚。首功，斩首之功。
16 “过而”句：甚至要统治整个天下。过，甚至。正于天下，统治天下。

未睹秦称帝之害故也，使梁睹秦称帝之害，则必助赵矣。”辛垣衍曰：“秦称帝之害，将奈何？”

鲁仲连曰：“昔齐威王[17]尝为仁义矣，率天下诸侯而朝(cháo)周。周贫且微，诸侯莫朝(cháo)，而齐独朝(cháo)之。居岁余，周烈王崩[18]，诸侯皆吊，齐后往，周怒，赴[19]于齐曰：‘天崩地坼(chè)[20]，天子下席[21]。东藩[22]之臣田婴齐，后至则斫(zhuó)[23]之。’威王勃然怒曰：‘叱嗟(chì jiē)[24]！而母，婢(bì)也！’卒为天下笑。故生则朝(cháo)周，死则叱之，诚不

了。”辛垣衍说：“秦称帝的危害，将是怎么样的？”

鲁仲连说：“从前齐威王曾行过仁义，他率领天下的诸侯朝见周天子。周贫穷弱小，诸侯没有谁理睬，只有齐国朝见他。过了一年多，周烈王死了，诸侯都去吊丧，齐威王后去。周天子发怒，派人到齐国报丧，说：‘天子去世，新天子离开宫室在守丧，你东方的臣子田婴齐，到得最晚，该杀！’齐威王听了勃然大怒，说：‘呸！你母亲是个婢女！’终于被天下的人耻笑。所以，周天子活着的时候去朝拜他，死了就斥骂他，这实在是齐威王忍受不了周天子的

17 齐威王：姓田，名婴齐。
18 周烈王：名喜，在位七年。崩：古代帝王死曰崩。
19 赴：同“讣”，报丧。
20 天崩地坼：指周烈王死。坼，裂。
21 天子下席：天子指周烈王太子周安王。下席，走下坐席，古时居丧要睡草席、枕土块，以示哀悼。
22 东藩：指齐国。
23 斫：杀，斩。
24 叱嗟：怒斥声。

忍其求也。彼天子固然，其无足怪。”

辛垣衍曰：“先生独未见夫仆(fú)乎？十人而从一人者，宁(nìng)力不胜、智不若邪(yé)？畏之也。”鲁仲连曰：“然梁之比于秦若仆耶？”辛垣衍曰：“然。”鲁仲连曰：“然则吾将使秦王烹醢(hǎi)[25]梁王。”辛垣衍怏(yàng)然不说(yuè)曰[26]：“嘻！亦太甚矣，先生之言也！先生又恶(wū)能使秦王烹醢梁王？”

鲁仲连曰：“固也。待吾言之：昔者鬼侯、鄂侯、文王[27]，纣(zhòu)之三公也。鬼侯有子[28]而好，故入之于纣。纣以为恶，醢鬼侯。鄂侯争之急，辨之疾，故脯(fǔ)[29]鄂侯。

苛求啊。那做天子的本来就是如此，并不奇怪。”

辛垣衍说：“先生独独没见过做奴仆的吗？十个人服从一个人，难道是力气不胜、智慧不及吗？是害怕他啊。”鲁仲连说：“对。可是梁国跟秦国比，像奴仆吗？”辛垣衍说：“是的。”鲁仲连说：“既然这样，我将叫秦王烹煮梁王，把他剁成肉酱。”辛垣衍满脸不高兴，说：“唉！先生说得太过分了！你又怎么能叫秦王烹煮剁杀梁王呢？”

鲁仲连说：“本是如此，待我说来。从前鬼侯、鄂侯、文王，是纣王的三公。鬼侯有个女儿很美，所以献给纣王。纣王认为她长得丑，就把鬼侯剁成肉酱。鄂侯为这件事争得很厉害，辩得很急切，因此纣王

25 烹醢：古代酷刑。烹，煮杀。醢，斩成肉酱。

26 怏然：不高兴的样子。说：同“悦”。

27 鬼侯、鄂侯、文王：商朝纣王时的三个诸侯。

28 子：此处指女儿。

29 脯：古代酷刑。把人杀死后，做成肉干。

文王闻之，喟（kuì）然[30]而叹，故拘之于牖（yǒu）里之库百日[31]，而欲令之死。曷（hé）为与人俱称帝王，卒就脯醢之地也？

“齐闵（mǐn）王将之鲁，夷维子执策而从[32]，谓鲁人曰：‘子将何以待吾君？’鲁人曰：‘吾将以十太牢待子之君。’夷维子曰：‘子安取礼而来待吾君？彼吾君者，天子也。天子巡狩（shòu），诸侯避舍（shè）[33]，纳管键[34]，摄衽（rèn）抱几（jī）[35]，视膳于堂下，天子已食，退而听朝（cháo）也。’鲁人投其籥（yuè）[36]，不果纳。

杀了鄂侯做成肉干。文王听到这事，叹了一口气，就被囚禁在牖里的监狱一百天，纣王想把他置于死地。为什么梁王和秦王都称帝王，却要尊秦为帝，突然走向被做成肉干、剁成肉酱的地步呢？

“齐闵王要到鲁国去，夷维子拿着马鞭跟从他，对鲁国人说：‘你们将用什么礼节接待我的君主？’鲁国人说：‘我们将用十头牛接待你的君主。’夷维子说：‘你们根据什么礼节这样接待我们的君主呢？我的君主，是天子啊。天子出来巡视，诸侯要退出自己住的宫殿，避居别处，交出钥匙，提起衣襟，捧着几案，站在堂下伺候天子吃饭。天子吃完了饭，诸侯才退下，回到自己的朝廷上处理政事。’于是鲁国人关了城门下了锁，不让齐闵王入境。齐闵王没能进入

30 喟然：叹息的声音。
31 牖里：地名，在今河南汤阴北。库：监牢。
32 夷维子：齐闵王的臣子。策：马鞭。
33 诸侯避舍：天子到了诸侯国里，诸侯要退出原住的宫舍，让给天子。
34 纳管键：纳，交纳。管键，锁钥，类似现在的钥匙。意即把管理权交给天子。
35 几：设在座侧的小桌子。
36 籥：同“钥”。

不得入于鲁。将之薛，假涂于邹[37]。

“当是时，邹君死。闵王欲入吊。夷维子谓邹之孤[38]曰：‘天子吊，主人必将倍殡柩[39]，设北面于南方，然后天子南面吊也。’邹之群臣曰：‘必若此，吾将伏剑而死。’故不敢入于邹。邹鲁之臣，生则不得事养，死则不得饭含[40]，然且欲行天子之礼于邹、鲁之臣，不果纳。今秦万乘之国，梁亦万乘之国，交有称王之名，睹其一战而胜，欲从而帝

鲁国，要往薛城，向邹国借路通过。

“正当这个时候，邹的国君死了。闵王打算进去吊丧。夷维子告诉邹国的新君说：‘天子吊丧，主人必须把灵柩换个方向，放在南边面向北方，然后天子朝南吊丧。’邹国的群臣说：‘一定要这样，我们不如用剑自刎而死。’因此闵王不敢进入邹国。邹、鲁两国的臣子，在国君活着的时候，不能按礼侍奉，死了不能按礼办理丧事，贫弱到了这个程度，尚且在齐闵王要求他们向自己行天子之礼的时候，而拒绝不肯接纳呢！如今秦是拥有万辆兵车的大国，梁也是拥有万辆兵车的大国，互相有称王的名，看到秦国打一仗得到胜利，就想服从他

37 邹：邹国，在今山东邹城。
38 邹之孤：指邹国的新君，因丧父，故称孤。
39 “主人”句：古代丧礼，灵柩停在西阶，主人站在东阶，正面对着灵柩；天子来吊丧，主人要站在西阶，面向北哭，不正面对着灵柩，叫倍殡柩。倍：同“背”，换个相反方向。
40 饭含：古时的殡礼，人死后，把粟米放在口中叫“饭”，把珠玉放在口中叫“含”。这里是说：邹鲁二国贫弱，大臣们对他们的国君生前不能侍养，死后不能尽礼，然而他们却不肯用天子的礼节接待齐王。

之，是使三晋之大臣，不如邹、鲁之仆妾也。[41]

尊他为帝，这是要使魏、赵、韩的大臣，还不如邹、鲁两国的奴仆呢！

“且秦无已[42]而帝，则且变易诸侯之大臣，彼将夺其所谓不肖(xiào)，而予其所谓贤；夺其所憎(zēng)，而予其所爱；彼又将使其子女谗(chán)妾[43]，为诸侯妃姬(jī)，处(chǔ)梁之宫，梁王安得晏(yàn)然[44]而已乎？而将军又何以得故宠乎？”

“况且，秦由于无人阻止而称了帝，那就要变换诸侯的大臣，他将撤掉他认为不好的，安插他认为贤能的；撤掉他所讨厌的，换上他所宠爱的，他又会把他的女儿及专门挑拨是非的姬妾去做诸侯的后妃，她们住在梁国的宫室里，梁王怎么能平安无事呢？而将军你又凭什么能保持原有的宠幸呢？”

于是辛垣衍起，再拜，谢曰：“始以先生为庸人，吾乃今日而知先生为天下之士也！吾请去，不敢复言帝秦。”

于是辛垣衍站起来，拜了几拜，谢罪说：“起初以为先生是个平庸的人，我今天才知道先生是天下的贤士啊！我就离开这里，不敢再说尊秦为帝的事了。”

41　“是使三晋”二句：这里是批评辛垣衍劝赵帝秦的行为，是要使魏、赵、韩的大臣丧失气节，还不如邹鲁两国的奴仆有骨气。前面辛垣衍自比梁为仆，所以鲁仲连不说邹鲁之臣，而说邹鲁之仆妾。三晋：魏氏、赵氏、韩氏原系春秋时晋国的大夫，后来三家势力扩大，瓜分了晋国，自立为侯，所以习惯称它们为“三晋”。妾：女奴隶。

42　无已：无人阻止。

43　谗妾：指善于进谗言，毁贤嫉能的妾妇。

44　晏然：平安地，安适地。

秦将闻之，为却[45]军五十里。适会公子无忌夺晋鄙军[46]，以救赵击秦，秦军引而去。

秦军的大将听说这件事，因此退兵五十里。恰好赶上魏公子无忌夺取了晋鄙的军权，来援救赵国，进攻秦军，秦军便撤退离开了。

于是平原君欲封鲁仲连。鲁仲连辞让者三，终不肯受。平原君乃置酒，酒酣，起，前，以千金为鲁连寿。鲁连笑曰："所贵于天下之士者，为人排患释难，解纷乱，而无所取也。即有所取者，是商贾[47]之人也，仲连不忍为也。"遂辞平原君而去，终身不复见。

当时，平原君打算封鲁仲连。鲁仲连再三辞谢推让，始终不肯接受。平原君便为他摆酒设宴。酒喝得很畅快的时候，平原君起身走到鲁仲连面前，捧上千金厚礼，赠给鲁连。鲁连笑着说："天下之士最宝贵的地方，是为人排除祸患、消除危难、解除纷乱，而不求取任何报答。如果有所求取，那就是做生意的商人了，仲连不忍做这种人。"于是辞别平原君，离开赵国，终身不再与平原君见面。

45 却：退。
46 "适会"句：魏公子无忌，安釐王异母弟，封号信陵君。他托魏王的爱姬如姬盗出兵符，假传魏王命令夺得晋鄙的兵权，带兵击退秦军，救了赵国。
47 商贾：商人的统称。

明 文徵明《幽洞濯足图》（局部）

鲁共(gōng)公择言[1]

《国策》

本文记述了鲁共公在梁王魏婴宴席上的即兴发言。就内容而论，劝戒酒、味、色、乐，自有意义；就语句而论，整齐、重复而又注意变化。

梁王魏婴[2]觞(shāng)诸侯于范台。酒酣(hān)，请鲁君举觞(shāng)[3]。鲁君兴(xīng)，避席择言[4]曰："昔者，帝女令仪狄作酒而美[5]，进之禹，禹饮而甘之，遂疏仪狄，绝旨酒[6]，曰：'后世必有以酒亡其国者。'

梁惠王魏婴在范台设酒宴会诸侯。当酒饮到畅快的时候，惠王请鲁共公举杯祝酒。鲁共公站起来，离开座位，选择了一番有意义的话，说："从前，帝女叫仪狄酿酒，味道很美，就进献给禹，禹喝了，觉得很甜美，于是疏远了仪狄，戒了酒。他说：'后世必定有因为饮酒而亡掉自己国家的人。'

"齐桓公夜半不嗛(qiè)[7]，

"齐桓公半夜里不舒服，易牙就把

1 本篇选自《战国策·魏策二》。鲁共公，鲁国国君，名奋。
2 梁王魏婴：即梁惠王。
3 觞：古代喝酒用的器物。一本作"觚（gū）"。
4 择言：择善而言，即选择有意义的话。
5 帝女：可能是尧或舜之女。仪狄：美女名。一本无"令"字。如无"令"字，帝女与仪狄当为一人。
6 旨酒：美酒。
7 嗛：舒服，快意。

易牙乃煎熬燔炙(fán zhì)[8],和调(tiáo)五味[9]而进之,桓公食之而饱,至旦不觉,曰:'后世必有以味亡其国者。'晋文公得南之威[10],三日不听朝(cháo),遂推南之威而远之,曰:'后世必有以色亡其国者。'楚王登强台而望崩山[11],左江而右湖[12],以临彷徨(páng huáng),其乐忘死,遂盟强台而弗登,曰:'后世必有以高台陂(bēi)池[13]亡其国者。'

"今主君之尊[14],仪狄之酒也;主君之味,易牙之调(tiáo)也;左白台而右闾(lǘ)

食物煎熬烧炒,调和五味,进献桓公,桓公吃得饱饱的,睡到第二天早晨还没醒。他说:'后世必定有因为贪图美味而亡掉自己国家的人。'晋文公得了美女南威,整整三天忘记上朝处理政事,就推开南威,并且疏远她。他说:'后世必定有因为女色而亡掉自己国家的人。'楚庄王登上强台,眺望崩山,左边是长江,右边是洞庭湖,他站在高处往下看,来回走动,快乐得忘记了死亡。于是在台上发誓再也不登。他说:'后世必定有因为大修宫殿园林而亡掉自己国家的人。'

"如今您的酒器里,就是仪狄的美酒;您的饮食,就是易牙调和的美味;左边的白台,右边的闾须,就是南威

8 "易牙"句:易牙,一作狄牙。春秋时齐桓公宠臣,善调味。煎、熬、燔、炙均为烹饪方法。
9 五味:甜、酸、苦、辣、咸。
10 南之威:美女名。一本无"之"字。
11 楚王:指楚庄王。春秋五霸之一。强台:章华台。崩山:一作"崇山"。
12 江:长江。湖:洞庭湖。
13 陂池:池塘。这里的高台陂池,泛指宫殿园林。
14 主君:对国君的尊称。尊:酒器。

须[15]，南威之美也；前夹林而后兰台[16]，强台之乐也。有一于此，足以亡其国。今主君兼此四者，可无戒与(yú)[17]！"梁王称善相属(zhǔ)[18]。

一样的美女；这前面的夹林，后面的兰台，就是强台那样的令人快乐的景色。只要有一条，就能够亡掉自己的国家，现在您兼有这四条，可以不警惕吗？"梁王听了，连声称好。

明 佚名 《月映松台图》

15 白台、闾须：皆美人名。
16 夹林、兰台：魏国的林、台名。
17 与：同"欤"。
18 相属：相互连接，这里指连声说好。

唐雎说信陵君[1]

《国策》

本文写的是唐雎在信陵君即将受到赵王的隆重欢迎时，对他提出的忠告。话虽不多，却有启发意义，如“人之有德于我也，不可忘也；吾有德于人也，不可不忘也”。

信陵君杀晋鄙，救邯郸，破秦人，存赵国，赵王自郊迎[2]。唐雎谓信陵君曰：“臣闻之曰：事有不可知者，有不可不知者；有不可忘者，有不可不忘者。”信陵君曰：“何谓也？”

对曰：“人之憎我也，不可不知[3]也；我憎人也，不可得而知[4]也。人之有

魏信陵君杀了晋鄙，救了邯郸，打败了秦军，保存了赵国，赵王亲自到邯郸郊外迎接。唐雎对信陵君说：“我听人说过事情有些是不可以知道的，有些是不可以不知道的；有些是不可以忘记的，有些是不可不忘记的。”信陵君说：“怎么说啊？”

唐雎回答说：“人家憎恶我，是不可以不知道的；我憎恶人家，是不可以知道的；人家对我有恩德，是不可

1 本篇选自《战国策·魏策四》。唐雎：魏臣。有的本子写作“唐且”。
2 郊迎：到郊外迎接。
3 不可不知：意即应该知道，以便对付。
4 不可得而知：意即人家的反应如何没法知道，要警惕。

德于我也，不可忘[5]也；吾有德于人也，不可不忘[6]也。今君杀晋鄙，救邯郸，破秦人，存赵国，此大德也。今赵王自郊迎，卒(cù)然[7]见赵王，臣愿君之忘之也。”信陵君曰：“无忌[8]谨受教(jiào)。”

以忘记的；我对人家有恩德，是不可不忘记的。如今您杀了晋鄙，救了邯郸，打败了秦军，保存了赵国，这是很大的恩德。现在赵王亲自到郊外迎接，您马上就要会见他，我希望您把这件事情忘掉。”信陵君说：“无忌真诚地接受您的教导。”

明 佚名《楼阁图》

5 不可忘：意即要永远记在心上。
6 不可不忘：意即应该忘掉，不记在心上。
7 卒然：同“猝然”，突然。这里有“马上”的意义。
8 无忌：信陵君的名。自称其名，表示恭敬。

唐雎(jū)不辱使命[1]

《国策》

本文赞扬了唐雎这位不畏强暴、敢于斗争的使臣，揭露了蛮横狡诈、色厉内荏的秦王。本文对照手法较突出，秦王与唐雎是一种对照，秦王前面的骄横，与后面的窘态，也是一种对照。

秦王使人谓安陵君曰[2]:“寡人欲以五百里之地易安陵,安陵君其许寡人!”安陵君曰:“大王加惠,以大易小[3],甚善。虽然,受地于先王,愿终守之,弗敢易。”秦王不说(yuè)。安陵君因使唐雎(jū)使于秦。

秦王派人对安陵君说:“我想拿五百里的土地来换安陵,安陵君可要答应我啊。”安陵君说:“承蒙大王施给恩惠,拿大面积的土地来换小小的安陵,实在好得很。虽说这样,可是我从祖先那里继承了这块封地,希望能够永远守住它,不敢拿来调换。”秦王不高兴。安陵君因此派唐雎出使秦国。

秦王谓唐雎曰:“寡

秦王责问唐雎说:“我拿五百里

1 本篇选自《战国策·魏策四》。不辱使命：奉命出使外国，能维护本国的尊严，不被威势压服。

2 秦王：即秦始皇嬴政。 安陵君：安陵的国君。

3 以大易小：安陵只有方圆五十里，秦假说用五百里调换，所以这么说。

人以五百里之地易安陵，安陵君不听寡人，何也？且秦灭韩亡魏[4]，而君以五十里之地存者，以君为长者[5]，故不错意[6]也。今吾以十倍之地请广于君，而君逆[7]寡人者，轻寡人欤（yú）？”唐雎对曰：“否！非若是也。安陵君受地于先王而守之，虽千里不敢易也，岂直[8]五百里哉！”

秦王怫（fú）然[9]怒，谓唐雎曰：“公亦尝闻天子之怒乎？”唐雎对曰：“臣未尝闻也。”秦王曰：“天子之怒，伏尸百万，流血千

的土地去换安陵，安陵君却不听从我，这是什么原因呢？再说，秦国灭了韩国，亡了魏国，可是安陵君凭着五十里的地方能够幸存到现在，因为我把安陵君当作忠厚长者，才不把他放在心上。如今我拿十倍的土地请安陵君扩大点领土，可是安陵君却违抗我，这不是轻视我吗？”唐雎回答说：“不！并不是这样。安陵君继承祖先的封地要守住它，即使有方圆千里的地方也不敢调换，何况只有方圆五百里呢！”

秦王变了脸色，怒气冲冲地对唐雎说：“你也曾听说过天子的发怒吗？”唐雎回答说：“我没有听说过。”秦王说：“天子一发怒，仆倒在地上的尸体上百万，千里的地面血

4 灭韩：在秦王政十七年（前230）。亡魏：在秦王政二十二年（前225）。
5 长者：忠诚厚重的人。也指年高有德行的人。
6 错意：同“措意”，放在心上。
7 逆：不顺从，违背。
8 直：只。
9 怫然：发怒的样子。

里。”唐雎曰：“大王尝闻布衣[10]之怒乎？”秦王曰：“布衣之怒，亦免冠(guān)徒跣(xiǎn)[11]，以头抢(qiāng)[12]地耳。”

水流淌。”唐雎说：“大王您也曾听说过平民百姓的发怒吗？”秦王说：“平民百姓发怒，不过摘下帽子，光着两脚，拿脑袋撞撞地罢了。”

唐雎曰：“此庸夫之怒也，非士[13]之怒也。夫(fú)专诸之刺王僚(liáo)[14]也，彗星袭月[15]；聂政之刺韩傀(guī)[16]也，白虹贯日[17]；要(yāo)离之刺庆忌[18]也，苍鹰击于殿上[19]。此三子皆布衣之士也，怀怒未发，

唐雎说：“这是庸人发怒，不是勇武的人发怒啊。当专诸刺杀吴王僚的时候，扫帚星冲击月亮；当聂政刺杀韩傀的时候，白虹贯穿太阳；当要离刺杀庆忌的时候，突然老鹰在殿堂上空搏斗。他们这三位，都是平民中的勇士，他们郁积的愤怒还没发作，老天爷就降下了吉凶的兆头。加上

10 布衣：平民。古代没有官职的平民不能穿丝织品制的衣服，只能穿粗布衣服，故称平民为布衣。
11 徒跣：赤脚步行。
12 抢：撞。
13 士：含义很广。这里指勇武的人。
14 专诸之刺王僚：专诸，人名。王僚，吴王名僚。春秋时吴国的公子光想夺吴王僚的王位，阴养勇士专诸。一日，公子光设宴请王僚，专诸把匕首藏在鱼腹中献上，乘机刺杀了吴王僚。
15 彗星袭月：扫帚星袭击月亮。这是说专诸刺王僚时，感应了上天，使得彗星袭月。
16 聂政之刺韩傀：聂政，战国时齐人。韩大夫严仲子跟韩傀有仇，便请聂政去刺杀了韩傀。韩傀，又名侠累，韩国的丞相。
17 白虹贯日：白虹贯穿太阳。指因人事而引起天变的景象。
18 要离之刺庆忌：庆忌，吴王僚的儿子。吴王阖闾夺了王位后，庆忌逃往魏国。阖闾怕庆忌借魏兵复国，便指使勇士要离投奔庆忌，趁机刺死庆忌。
19 苍鹰击于殿上：要离刺庆忌时，突然有苍鹰飞到殿上搏斗。

明 佚名 《岩壑清晖册》

休祲降于天[20]，与臣而将四矣。若士必怒，伏尸二人，流血五步，天下缟素[21]，今日是也。”挺剑而起。

我唐雎，将要成为四位了。如果勇武的人真的发了怒，倒下的不过两个人，血水淌过的地面只有五步，但是普天之下都得穿白戴孝，今天就要发生这种情况。”说着，拔出宝剑，站了起来。

秦王色挠[22]，长跪[23]而谢之曰：“先生坐，何至于此！寡人谕矣：夫韩、魏灭亡，而安陵以五十里之地存者，徒以有先生也。”

秦王害怕了，现出屈服的神色，伸直身子跪着向唐雎道歉说：“先生请坐，哪里要到这个地步！我明白了，那韩国、魏国灭亡，可是安陵君凭五十里地却还保存下来，只是因为有先生啊。”

20 休：吉祥的预兆。祲：凶险的预兆。
21 天下缟素：意指国君死亡，全国的人都穿孝服。缟，白绢。素，白绸。
22 挠：屈服。
23 长跪：古代没有凳椅，人坐在铺有席子的地面上，坐的姿势是两个膝盖跪在地上，臀部靠在脚后跟上。为了向对方表示敬重，把腰挺直，臀部离开脚后跟，就是长跪。

乐毅报燕王书[1]

《国策》

《乐毅报燕王书》全文包含着深沉的忧愤，表达出乐毅对燕昭王的一片赤忱。文章紧扣奔赵的目的，反复论述，旁征博引，步步深入，是一封苦心构思的著名书信。

昌国君乐毅，为燕昭王合五国之兵而攻齐[2]，下七十余城，尽郡县之以属燕。

昌国君乐毅，替燕昭王联合五个国家的军队共同攻打齐国，连下七十多座城池，全都改为郡县归属于燕。

三城[3]未下，而燕昭王死。惠王即位，用齐人反间[4]，疑乐毅，而使骑劫[5]代之将。乐毅奔赵，赵封以

还有三座城池没有攻下，燕昭王就死了。燕惠王即位，听信了齐人的离间，怀疑乐毅，就派骑劫代替乐毅做大将。乐毅逃奔到赵国，

1 本篇选自《战国策·燕策二》。乐毅：战国时著名军事家。燕王：指燕惠王，昭王子。
2 “为燕昭王”句：燕昭王伐齐是有历史原因的。燕王哙欲效法尧舜禅让，把王位让给大臣子之，遭到王族反对，国内混乱。齐宣王乘机伐燕，大败燕军。燕昭王即位，决心报复齐国，于是筑黄金台招揽人才，人才纷纷从各地来燕。齐宣王死后，湣王骄横，结怨诸侯，臣民离心，故燕能联合五国伐齐，取得大胜。
3 三城：聊城、莒、即墨。
4 用齐人反间：齐将田单放出谣言，说乐毅想反叛燕国，自己做齐王。燕惠王信以为真。
5 骑劫：原误作“骑却”。

为望诸[6]君。齐田单诈骑劫[7]，卒败燕(yān)军，复收七十余城以复齐。

燕(yān)王悔，惧赵用乐毅乘燕(yān)之敝以伐燕(yān)。燕(yān)王乃使人让[8]乐毅，且谢之曰："先王[9]举国而委将军，将军为燕(yān)破齐，报先王之仇(chóu)，天下莫不振动，寡人岂敢一日而忘将军之功哉！会先王弃群臣，寡人新即位，左右误寡人[10]，寡人之使骑劫代将军，为将军久暴(pù)露[11]于外，故召(zhào)将军，且休计事。将军过听，以与

赵国封他做望诸君。齐国将军田单诈骗骑劫，最后大败燕军，又收复七十多座城池，恢复了齐国的领土。

燕惠王非常后悔，害怕赵国起用乐毅，乘着燕国衰败来攻打燕国。惠王就派使者去赵国责备乐毅，并向他道歉说："先王把整个国家都托付给将军，将军为燕国攻破齐国，报了先王的仇，天下没有谁不震动，我哪敢一天忘记将军的大功呢？正碰上先王抛下群臣与世长辞，我刚刚即位，左右的人误了我。我叫骑劫代替将军，是考虑到将军长期风餐露宿在外，所以召回将军暂时休息一下，并且商议国事。将军理会错

6 望诸：古泽名。

7 田单：齐国大将，为齐收复失地，封安平君。诈骑劫：田单派人向燕军诈降，使燕军麻痹；又用牛千余头，角上缚兵刃，尾上缚苇灌油，夜间以火点燃，使猛冲燕军，并以五千勇士随后冲杀，结果大败燕军，杀死骑劫。这便是有名的"火牛阵"。

8 让：责备。

9 王：指燕昭王。

10 左右误寡人：指左右亲近的人造谣说乐毅背叛燕国。

11 暴露：指乐毅长期行军作战，风餐露宿，很辛苦。暴，同"曝"。

寡人有隙(xì)[12]，遂捐燕(yān)而归赵。将军自为计则可矣，而亦何以报先王之所以遇将军之意乎？”

了，因而同我有了隔阂，便抛弃燕国，归向赵国。将军为自己打算是可以这样的，但又怎么报答先王厚待将军的心意呢？”

望诸君乃使人献书报燕(yān)王曰：

望诸君乐毅便派人送信回答燕王。信上说：

“臣不佞(nìng)[13]，不能奉承先王之教，以顺左右之心，恐抵斧质[14]之罪，以伤先王之明，而又害于足下[15]之义，故遁(dùn)逃奔赵。自负以不肖(xiào)之罪，故不敢为辞说。今王使使者数(shǔ)之罪，臣恐侍御者[16]之不察先王之所以畜(xù)幸臣之理，而又不白于臣之所以事先王之心，故敢以书对。

“臣子不才，未能秉承先王的教诲，顺从您的心意，恐怕要遭杀身之罪，从而损害先王知人善任之明，又使您落个不义的名声，因此逃奔到赵国。自己宁肯背着不肖的罪名，所以不敢为自己辩解。如今您派使者前来数说我的罪过，我怕您不了解先王为什么要畜养宠信我的道理，而且又不明白我为什么要侍奉先王的衷心，因此大胆地写了这封信来回答您。

“臣闻贤圣之君，不以

“我听说贤圣的君主，不拿俸禄

12 隙：裂痕，隔阂。
13 不佞：不才。
14 斧质：斩人的刑具，即铡刀。斧，刀；质，即锧，刀下的垫座。
15 足下：指燕惠王。这是旧时书信中对收信人的敬称。
16 侍御者：侍候国君的人，犹左右、执事。此处代指惠王。

禄私其亲，功多者授之；不以官随其爱，能当者处(chǔ)之。故察能而授官者，成功之君也；论行而结交者，立名之士也。臣以所学者观之，先王之举措[17]，有高世之心，故假节[18]于魏王，而以身得察于燕(yān)。先王过举，擢(zhuó)[19]之乎宾客之中，而立[20]之乎群臣之上，不谋于父兄，而使臣为亚卿[21]。臣自以为奉令承教，可以幸无罪矣，故受命而不辞。

“先王命之曰：‘我有积怨深怒于齐，不量轻弱，而欲以齐为事。’

私自给亲近的人，功劳多的才授给他；不拿官职随意赐给所爱的人，而是对能力胜任的才把他安排在相应的位置上。因此考察对方能力之后再授给官职的，是能成就功业的君主；衡量对方德行之后再去交朋友的，是能成就名声的人。我根据所学到的知识观察，先王的举止措施高出当时一般人的见解，因此向魏王借用出使的符节，得以亲自来到燕国考察。先王过分抬举，从宾客中把我提拔起来，安置在群臣的上面，不和王族的父老兄弟商量，便叫我做了燕国的亚卿。我自认为只要奉行先王的命令，接受先王的教诲，便可以侥幸免除罪过了，因此接受了任命，没有推辞。

“先王命令我说：‘我有积累了几代的冤仇，对齐国深为痛恨，因此不估量自己国小力弱，想把报复齐国作为首要

17 举措：措施，安排。
18 假节：凭借符节。节，使者所拿的符节。指乐毅凭着魏王的符节出使到燕。
19 擢：提拔。
20 立：位置，这里指给以高位。
21 亚卿：仅次于上卿的官职。上卿是当时的最高官位。

臣对曰：‘夫(fú)齐，霸国之余教(jiào)[22]，而骤(zhòu)胜之遗事也[23]。闲[24]于甲兵，习[25]于战攻。王若欲伐之，则必举天下而图之。举天下而图之，莫径(jìng)[26]于结赵矣；且又淮北、宋地[27]，楚、魏之所同愿也。赵若许约，楚、魏尽力，[28]四国攻之，齐可大破也。’先王曰：‘善！’

“臣乃口受令，具[29]符节，南使臣于赵，顾返命，起兵随而攻齐。以天之道，先王之灵，河北[30]之地，随先王举而有之于

大事。’我回答说：‘那齐国，具有霸国的遗业和屡胜他国的历史，熟习军事，擅长进攻。大王如果要出兵伐齐，那就必须联合天下的力量来对付它。联合天下的力量来对付它，没有比联络赵国更直接的了。况且淮北、宋地，是楚国、魏国都希望得到的地方。赵国如果答应缔结盟约，楚、魏都能尽力，四个国家攻齐，就可以大破齐国。’先王说：‘好。’

“我便接受先王的亲口命令，拿着符节，向南出使到赵，又赶快回来，跟随先王起兵伐齐。凭借着上天的佑助，先王的威望，黄河以北的土地，跟随先王的军队一下子占有了，并把

22 霸国：指齐桓公时曾称霸中原，为诸侯盟主。余教：余下的业绩。
23 骤胜：屡次战胜。遗事：旧事。
24 闲：通“娴”，熟习。
25 习：熟悉。
26 径：直接。
27 淮北、宋地：都是齐国属地。宋在今河南商丘一带，为齐所吞并。
28 此句或可句读为：“赵若许，约楚魏尽力。”
29 具：持。
30 河北：黄河以北。

济(jǐ)[31]上。济上之军，奉令击齐，大胜之。轻卒锐兵[32]，长驱至国[33]，齐王[34]逃遁(dùn)走莒(jǔ)，仅以身免。

军队推进到济水边上。来到济上的燕军，奉令进攻齐军，取得巨大胜利。轻装的精锐部队长驱而入，一直攻到齐国国都，齐湣王逃跑到莒，仅仅保住了自己的性命。

“珠玉财宝、车甲珍器，尽收入燕(yān)，大吕陈于元英[35]，故鼎反乎历室[36]，齐器设于宁台[37]，蓟(jì)丘之植，植于汶篁(wènhuáng)。[38]

“齐国的珠玉、财宝、战车、铠甲、珍贵器物全被收到燕国：大吕钟摆在元英殿前；被齐夺走的燕鼎又回到燕国，放在历室；齐国的贵重器物陈列在宁台殿；而燕都蓟丘的竹木种植在齐国汶水的竹田里。

“自五伯(bà)[39]以来，功未有及先王者也。先王以为顺于其志，以臣为不顿命[40]，故裂地而封

“从春秋五霸以来，功劳没有谁赶得上先王。先王认为我顺从他的意志，因为我没有辜负使命，所以割地封我，

31 济：济水。
32 轻卒锐兵：轻装的精兵。
33 长驱至国：指燕军攻到齐国国都。
34 齐王：齐闵王。
35 大吕：钟名。元英：燕宫殿名。
36 故鼎：燕国过去的鼎，为齐取去，今又复归燕。历室：燕宫殿名。
37 宁台：燕宫殿名。
38 蓟丘之植，植于汶篁：蓟丘，燕都，今北京西南。前一“植”字指竹木之类；后一“植”字是动词，种植。汶，汶水，在齐国境内。篁，竹田。
39 五伯：指春秋时的五霸。伯，通“霸”。
40 不顿命：不辜负使命。顿，败落。

之[41]，使之得比乎小国诸侯。臣不佞(nìng)，自以为奉令承教(jiào)，可以幸无罪矣，故受命而弗辞。

“臣闻贤明之君，功立而不废，故著(zhù)于春秋[42]；蚤[43]知之士，名成而不毁，故称于后世。若先王之报怨雪耻，夷[44]万乘之强国，收八百岁之蓄积[45]，及至弃群臣之日，遗令诏(zhào)后嗣(sì)之余义[46]。执政任事之臣，所以能循(xún)法令，顺庶孽(niè)[47]者，施(yì)及萌(méng)隶[48]，皆可以教(jiào)于

使我能够和小国诸侯相比。我没有才能，自认为只要奉行先王的命令，接受先王的教诲，便可以侥幸免除罪过了，因此接受任命，没有推辞。

“我听说贤明的君主，功业建立起来了就不会废弃，所以能记载在史册上；有预见的贤士，名声成就起来了就不会毁坏，所以被后世称道。先王报怨雪耻，踏平了有万辆兵车的强国，收取了齐国八百年积累下来的财富；等到他抛下群臣与世长辞的时候，还留下命令告诫后代，用意很深远。因此，执政任事的大臣能够遵循法令，使庶出的儿子安分守己，让好处惠及全国百姓。先王的这些

41 裂地而封之：指割地封乐毅为昌国君。
42 春秋：史册。
43 蚤：通“早”。
44 夷：平。
45 收八百岁之蓄积：从姜太公建国到齐闵王约有八百年，这长期积累的财富被燕国收取。
46 遗令诏后嗣之余义：指燕昭王留下遗嘱告诫子孙，用意深远。
47 顺庶孽：指昭王死前就预先安置了继位的事，使庶出的儿子安分守己。庶孽，不是正妻生的儿子。
48 施及萌隶：指昭王的遗教能惠及全国百姓。施，延续，延伸，此处指惠及。萌，通“氓”。萌隶，犹百姓。

后世。

遗教，都是可以教育后代的啊！

“臣闻善作者[49]不必善成，善始者不必善终。昔者伍子胥(xū)说听乎阖闾(hé lǘ)，故吴王远迹[50]至于郢(yǐng)，夫差弗是也，赐之鸱(chī)夷而浮之江。[51]故吴王夫差不悟先论[52]之可以立功，故沉子胥而弗悔。子胥不蚤见主之不同量，故入江而不改。

“我听说善于开创事业的人不一定善于守成，善始的人不一定能够善终。从前，伍子胥的主张被吴王阖闾采纳听从，所以吴王的足迹到了楚国的郢都。吴王夫差不是这样，却把伍子胥的尸体装在皮口袋里抛入大江。吴王夫差不懂得伍子胥的预见可以用来建立功业，因而把伍子胥的尸体沉到江中也不后悔。伍子胥没有早早发现这两个君主的胸怀度量不同，因而到死没有改变态度。

“夫免身全功以明先王之迹者，臣之上计也；离[53]毁辱之非，堕(huī)先王之名者，臣之所大

“避免自己被杀死，保全过去的功劳，以显示先王的业绩，这是我的上策；遭受诽谤责难，败坏先王知人善用的好名声，这是我最大的恐惧；面

49 作者：指开创事业的人。
50 远迹：在远处留下足迹。指长途伐楚。
51 “夫差”二句：吴王夫差（阖闾之子）打败越国，越王勾践请和。伍员劝夫差乘胜灭越，夫差不听。后来夫差听信谗言，怀疑伍员不忠，赐剑逼伍员自杀。伍员临死前对左右的人说：“剜出我的眼珠挂在东门上，看越寇进来灭亡吴国。”夫差听说大怒，把伍员的尸首盛在皮袋里，抛入江中。伍员死后九年，勾践果然灭吴。鸱夷，皮革制的口袋。
52 先论：预见。即上注伍子胥临死前说的话。
53 离：通“罹”，遭受，遭遇。

明 佚名 《岩壑清晖册》

恐也；临不测之罪，以幸为利者，义之所不敢出也。

“臣闻古之君子，交绝不出恶(è)声；忠臣之去也，不洁其名。臣虽不佞(nìng)，数奉教(jiào)于君子矣。恐侍御者之亲左右之说，而不察疏远之行也[54]，故敢以书报，唯君之留意焉！”

临着大罪却想侥幸助赵伐燕来谋取私利，在道义上我是不敢这样做的。

“我听说古代的君子，断绝交谊之后不说伤人的恶语；忠臣因受冤屈而离开本国，不毁谤国君来洗刷自己的名声。我虽不才，却多次从贤人君子那里受到教育。恐怕您听信左右亲近的人的话，不能考察我这个被疏远了的人的行为，因此大胆地写了这封信回答您，请大王对此事考虑一下吧！”

54 疏远：指自己是被燕惠王疏远了的人。行：行为，心迹。

谏逐客书

jiàn（谏）

李斯[1]

李斯上书在秦王政十年（前237）。在这之前，韩国使水工郑国来秦，劝秦王大规模兴修水利，企图消耗秦的国力，以免对韩用兵。这事被发觉后，秦王接受宗室大臣的建议，下令驱逐所有的外籍官员。客卿李斯闻讯，便上书劝谏。秦王最后采纳了李斯的意见，取消了逐客令。

秦宗室[2]大臣皆言秦王曰:“诸侯人来事秦者,大抵为其主游间（jiàn）[3]于秦耳,请一切逐客[4]。”李斯议亦在逐中。斯乃上书曰:

秦国的宗室大臣们一起向秦王说:“各诸侯国的人来服侍秦国的,大都是在替他们的君主进行游说、离间。请把所有的客籍人都赶走。”李斯也是此议中要驱逐的一个。李斯就写信给秦王说:

“臣闻吏议逐客,窃以为过矣。

“我听说官吏们建议赶走客籍人,私下认为这样做是错误的。

1 李斯：战国时楚国上蔡（今河南上蔡西南）人，年少时做过郡小吏。后来与韩非一同从荀卿学“帝王之术”。入秦，初为吕不韦舍人，后任郎中，说秦王政，拜为客卿。助秦始皇统一中国，官至丞相。始皇死后，赵高矫诏杀太子扶苏，李斯被迫胁从。二世立，赵高用事，诬李斯谋反，把他腰斩，夷灭三族。

2 宗室：与国君同一祖宗的贵族。

3 间：离间。

4 客：指当时在秦国做官任事的外籍人。

“昔穆公[5]求士，西取由余于戎(róng)[6]，东得百里奚(xī)于宛(yuān)[7]，迎蹇(jiǎn)叔[8]于宋，求丕(pī)豹、公孙支于晋[9]。此五子者，不产于秦，而穆公用之，并国二十，遂霸西戎。

“过去，秦穆公访求贤才，从西边戎族那里选拔了由余，从东面楚国的宛地得到了百里奚，从宋国迎来了蹇叔，从晋国请来了丕豹和公孙支。这五个人，并不是出生在秦国的，可是穆公重用他们，因而秦吞并了二十个小国，于是称霸西戎。

“孝公用商鞅(yāng)[10]之法，移风易俗，民以殷盛，国以富强，百姓乐用[11]，诸侯亲服，获楚、魏之师[12]，举地千里，至今治强。

“孝公采用商鞅变法的主张，移风易俗，百姓因此兴旺富足，国家因此繁荣富强，百姓都乐意为国出力，各国都对秦国亲善归服，战胜了楚魏的军队，占领了上千里的土地，使得国家至今还保持安定强盛。

5 穆公：即秦穆公。
6 由余：春秋时晋人，逃亡到戎地，奉戎王命使秦。戎：我国古代西部的民族。
7 百里奚：本虞大夫，晋灭虞，奚被俘，作为晋献公女儿陪嫁的奴仆入秦。后逃入楚，被楚人捉住。穆公听说他很有能力，便用五张羊皮赎了他，并任用为大夫。宛：楚地，今河南南阳。
8 蹇叔：百里奚的朋友，住在宋国，经百里奚推荐入秦，封为上大夫。
9 求：一本作“来”，招来。丕豹：晋大夫丕郑的儿子，丕郑被杀，豹奔秦，穆公任用为将。公孙支：又名子桑，先游晋，后归秦为穆公谋臣。
10 商鞅：战国时卫人，姓公孙，名鞅，又称卫鞅。佐秦孝公变法，使秦富强，孝公以商於之地封鞅，号为商君。
11 乐用：乐于被使用，即肯为国出力。
12 获楚、魏之师：楚宣王三十年（前340），秦封卫鞅于商，南侵楚。秦孝公二十二年（前340），商鞅击败魏军，俘魏公子卬（áng），得魏河西之地。

“惠王用张仪[13]之计，拔三川[14]之地，西并巴、蜀(shǔ)，北收上郡[15]，南取汉中，包九夷[16]，制鄢(yān)、郢(yǐng)[17]，东据成皋(gāo)[18]之险，割膏腴(yú)之壤，遂散(sàn)六国之从(zòng)[19]，使之西面事秦，功施(yì)[20]到今。

“惠王采用张仪的计策，攻取了三川一带，向西并吞了巴、蜀，向北收得了上郡，向南夺取了汉中，拿下了广大夷族地区，控制着楚国的鄢、郢，向东占据了成皋的天险，取得了大片肥沃的土地，从而拆散了六国的合纵联盟，迫使他们面向西方侍奉秦国，功效一直延续到今天。

“昭王得范雎(jū)，废穰(rǎng)侯[21]，逐华阳[22]，强公室，杜私门，蚕食诸侯，使秦成帝业。此四君者，皆以客之功。由此观之，客何负于秦哉？向使四君却客而不内(nà)[23]，疏士

“昭王得到范雎，罢黜穰侯，放逐华阳君，加强王室的权力，限制豪门贵族，蚕食各国的疆土，使得秦国完成了帝王的基业。这四位君主，都是凭借着客的功劳。从这些事例看来，客有什么对不起秦国的呢？假使当时四位君主拒绝客籍人而不肯接纳

13 张仪：魏人，惠王用为相，为秦定连横之计，游说诸侯侍奉秦国。
14 三川：今河南洛阳一带。
15 上郡：今陕西榆林。
16 九夷：泛指当时楚国中的夷族地区。
17 鄢、郢：楚地。鄢，今湖北宜城。郢，楚的国都，今湖北江陵。
18 成皋：今河南荥阳虎牢关。
19 六国之从：指韩、魏、赵、齐、燕、楚联合抗秦的合纵政策。
20 施：延续。
21 穰侯：即魏冉，秦昭王母宣太后的异父弟，曾为秦相，封于穰，专朝政三十余年。
22 华阳：即华阳君芈（mǐ）戎，宣太后同父弟，封于华阳。也因宣太后的关系专权。
23 向使：假使。内：同“纳”。

而不用，是使国无富利之实，而秦无强大之名也。

他们，疏远人才而不肯任用他们，那就使国家不会收到富足的效果，秦国也不会有强大的名声了。

“今陛下致昆山[24]之玉，有随、和之宝[25]，垂明月之珠，服太阿(ē)之剑[26]，乘纤离[27]之马，建翠凤之旗[28]，树灵鼍(tuó)之鼓[29]。此数宝者，秦不生一焉，而陛下说(yuè)之，何也？

“如今陛下弄来了昆山的宝玉，有了随侯珠、和氏璧，悬挂着光如明月的珍珠，佩带着太阿宝剑，乘着名叫纤离的骏马，竖立着用翠凤装饰的彩旗，安放着鳄鱼皮蒙的大鼓。这几种宝物，秦国一种也不能出产，可是陛下却非常喜爱它们，这是为什么呢？

“必秦国之所生然后可，则是夜光之璧，不饰朝廷；犀(xī)象之器[30]，不为玩好(hào)；郑、卫之女，不充后宫；而骏马駃騠(jué tí)[31]，不实外厩(jiù)；江南金锡(xī)不为

“一定要秦国土生土长的才能用，那么，夜光的珍珠不该装饰朝廷，犀角象牙的器具不该做玩赏的东西，郑卫两国的美女不该住满后宫，駃騠骏马不该关满外面的马厩，江南地区的铜、锡不该用作器物，西蜀一带的丹

24 昆山：在今新疆和田，以产玉著称。
25 随、和之宝：指随侯之珠与和氏之璧。
26 太阿之剑：即太阿剑。相传是春秋时名匠欧冶子、干将所铸的名剑。
27 纤离：骏马名。
28 翠凤之旗：装饰有翠羽的凤形的旗帜。
29 灵鼍之鼓：用鼍皮蒙的鼓。鼍是鳄鱼的一种。
30 犀象之器：用犀牛角和象牙制作的器具。
31 駃騠：良马名。

用，西蜀丹青[32]不为采。

“所以饰后宫，充下陈，娱心意，说(yuè)耳目者，必出于秦然后可，则是宛(yuān)珠[33]之簪(zān)，傅玑(jī)之珥(ěr)[34]，阿(ē)缟(gǎo)[35]之衣，锦绣之饰，不进于前，而随俗雅化[36]、佳冶(yě)[37]窈窕(yǎo tiǎo)，赵女不立于侧也。

“夫击瓮(wèng)叩(kòu)缶(fǒu)[38]，弹筝(zhēng)搏髀(bì)[39]，而歌呼呜呜快耳目者，真秦之声也；郑、卫桑间[40]，《韶(sháo)虞(yú)》《武象》者[41]，异国之乐也。今弃击瓮(wèng)而

青不该用作彩饰。

“凡是装饰后宫、充满厅堂，娱乐心意，悦人耳目的东西，一定要产自秦国的才可用，那么，嵌着宛珠的簪子，镶着小珠的耳环，东阿丝绸的衣服，锦绣的边饰，就不该进呈到您的面前。还有那些打扮时兴、姿态优雅、妖艳苗条的赵国姑娘就不该站立在您的身边。

“敲打着瓦瓮瓦钵，弹着竹筝，拍着大腿，哇哇地歌唱呼喊，让耳目感到快乐，这才真是秦国的音乐。郑国、卫国的民间歌曲，舜的《韶虞》，周的《武象》，这些都是外国的音乐。如今抛弃敲打瓦器而欣赏郑、卫的音乐，

32 丹青：颜料。丹，丹砂。青，青雘（hù）。
33 宛珠：宛地的珠。
34 傅玑之珥：镶着小珠的耳环。
35 阿缟：齐国东阿所产的缟。缟，白色的薄绸。东阿在今山东东阿。
36 俗：世俗。雅：优雅。
37 佳冶：美好艳丽。
38 瓮：盛水的坛。缶：瓦钵。
39 筝：竹制乐器名。髀：大腿。
40 桑间：卫国地名，在濮水上。当时那里的地方音乐很出名。
41 《韶虞》：相传为舜乐。《武象》：周乐。

就郑、卫，退弹筝而取韶虞，若是者何也？快意当前，适观而已矣。今取人则不然，不问可否，不论曲(qū)直，非秦者去，为客者逐。然则是所重者在乎色、乐(yuè)、珠、玉，而所轻者在乎人民也。此非所以跨[42]海内、制诸侯之术也。

“臣闻地广者粟多，国大者人众，兵强则士勇。是以泰山不让[43]土壤，故能成其大；河海不择细流，故能就其深；王者不却众庶，故能明其德。是以地无四方，民无异国，四时充美，鬼神降福，此五帝三王之所以无

撤走竹筝而选择韶虞的乐曲，这样做是为什么呢？为了眼前的称心快意、适合观赏罢了。如今用人却不肯这样做，不问适宜不适宜，不论正确不正确，只要不是秦国人就要他离开，只要是客籍人就赶走。那么，这就说明，您所重视的是女色、音乐、珍珠、宝玉，而所轻视的则是人才了。这可不是什么统一天下、制服诸侯的策略啊。

“我听说，土地一广粮食就丰富，国家一大人口就众多，武器精良兵士就勇敢。因此，泰山不拒绝土壤，所以能够形成它的高大；河海不挑剔细流，所以能够形成它的深广；帝王不排斥百姓，所以能够光大他的道德事业。因此，地不分东西南北，民不分本国外籍，才能够四季都富庶美好，鬼神都来保佑。这是五帝三王无敌

42 跨：凌驾。比喻统一。
43 让：舍弃，拒绝。

敌也。今乃弃黔(qián)首[44]以资敌国，却宾客以业[45]诸侯，使天下之士退而不敢西向，裹足不入秦，此所谓借寇兵而赍(jī)[46]盗粮者也。

于天下的根本原因。如今您却抛弃百姓去资助敌国，驱逐客籍人去辅助诸侯成就功业。这就使得天下有才能的人都退缩畏惧，不敢向西，停住脚步，不进入秦国。这种做法就叫作送给敌寇武器、送给强盗粮食啊。

“夫(fú)物不产于秦，可宝者多；士不产于秦，而愿忠者众。今逐客以资敌国，损民以益仇，内自虚而外树怨于诸侯[47]，求国之无危，不可得也。”

“物资不出产在秦国的，其中值得珍贵的很多；贤士不出生在秦国的，其中愿意为秦国效忠的不少。如今驱逐客籍人去帮助敌国，损害百姓去增加对手的力量，对内使得国家空虚，对外在诸侯各国树立仇怨，想求得国家没有危险，是办不到的啊。”

秦王乃除逐客之令，复李斯官。

秦王（看了李斯的书信）便撤销逐客的命令，恢复了李斯的官职。

44 黔首：秦称百姓为黔首。黔，黑色。
45 业：作动词用，促成其事的意思。
46 赍：给予，赠送。
47 外树怨于诸侯：意思是把客籍人赶回各国，这些人会怨恨秦国，下死力辅佐诸侯攻秦。这等于秦王自己在外部树立了众多的仇敌。

明 佚名 《岩壑清晖册》

卜居[1]

《楚辞》[2]

屈原忠直而遭放逐，痛恨“黄钟毁弃，瓦釜雷鸣，谗人高张，贤士无名”的混浊世道，假借问卜来抒发自己的不平和苦闷。中间连用八对“宁……将……”这样的选择句式，正反两面反复对照，将所憎所爱，形象地揭露了出来。

屈原既放[3]，三年不得复见。竭知[4]尽忠，而蔽(bì)障[5]于谗(chán)。心烦虑乱，不知所从。乃往见太卜(bǔ)郑詹(zhān)尹曰[6]：“余有所疑，愿因先生决[7]之。”詹尹乃端策拂龟曰[8]：“君将

屈原已经被放逐，三年不能再见到楚王。他竭尽了才智，尽忠报国，却被谗言障蔽，心情烦闷，思虑混乱，不知道该往哪里去。于是他去见太卜郑詹尹说：“我有些疑惑的事，希望根据您的帮助来决断。”詹尹就摆正蓍草，拂净龟壳，说：“您有

1 《卜居》为《楚辞》篇名。卜居，占卜自己该怎样处世、何去何从。
2 《楚辞》：诗歌总集名。西汉刘向辑。收战国时楚人屈原、宋玉及汉代淮南小山、东方朔、王褒、刘向等人的作品共十六篇，其中以屈原的作品为主。
3 屈原：战国时代伟大诗人。其生平参看本书《屈原列传》。放：放逐。
4 知：一作“智”。
5 蔽障：遮蔽阻挡。一本无“而”字。
6 太卜：卜官之长。郑詹尹：人名。
7 决：决断。
8 策：古代占卜用的蓍草。龟：古代占卜用的龟甲。

何以教(jiào)之？”

屈原曰：“吾宁悃悃款款(kǔn kǔn)，朴(pǔ)以忠乎？将送往劳来，斯无穷乎？[9]宁诛锄草茆(máo)[10]，以力耕乎？将游大人[11]，以成名乎？宁(nìng)正言不讳，以危身乎？将从俗富贵，以偷生乎？宁超然高举，以保真[12]乎？将哫訾栗斯(zú cī lì)[13]，喔咿嚅唲(wō yī rú ér)[14]，以事妇人[15]乎？

“宁(nìng)廉洁正直，以自清乎？将突梯滑稽(gǔ jī)[16]，如脂如韦[17]，以絜楹(jié yíng)[18]乎？宁(nìng)

什么见教呢？”

屈原说：“我是宁可朴实忠诚，真心待人呢，还是忙着应酬世俗，因而永不困穷呢？宁可割茅锄草，勤力耕作呢，还是去逢迎达官贵人，谋取名声呢？宁可直言不讳，危害自己呢，还是去同流合污，贪图富贵，苟且偷生呢？宁可远走高飞，保全我本有的情性呢，还是去阿谀奉承，奴颜婢膝，向贵妇人献媚邀宠呢？

“宁可廉洁奉公，正直无私，做个清清白白的君子呢，还是圆滑谄媚、毫无骨气，做个吹牛拍马的小

9 宁：宁可，宁愿。悃悃款款：忠实诚恳。将：抑或，还是。送往劳来：对来来往往的客人，不停息地交谈迎送。意即忙于世俗的应酬。

10 茆：通“茅”。茅草。

11 游大人：指逢迎达官贵人。

12 真：本真，本来面目。

13 哫訾：阿谀奉承。栗斯：小心奉承、献媚的样子。“哫訾栗斯”，与下文的“喔咿嚅唲”“突梯滑稽”，都可能是当时的楚方言。

14 喔咿嚅唲：强颜欢笑的样子。嚅唲，也作“儒儿”。

15 妇人：暗指楚怀王的宠姬郑袖。

16 突梯滑稽：圆滑的样子。

17 如脂如韦：形容柔软而无骨气。脂，脂肪。韦，柔软的熟皮革。

18 絜楹：谄谀。

昂昂[19]若千里之驹乎？将泛泛[20]若水中之凫(fú)[21]乎？与波上下偷以全吾躯乎？宁与骐(qí)骥(jì)亢(è)轭乎[22]，将随驽(nú)马[23]之迹乎？宁(nìng)与黄鹄(hú)比翼乎[24]，将与鸡鹜(wù)[25]争食乎？

“此孰吉孰凶？何去何从？世溷(hùn)浊而不清，蝉翼为重，千钧为轻。黄钟[26]毁弃，瓦釜雷鸣[27]。谗(chán)人高张，贤士无名。吁(xū)

人呢？宁可气概轩昂，像匹千里马呢，还是漂漂浮浮，像水上的野鸭随波逐流，苟且偷生，以保全性命呢？宁可同骏马一道，负重载远呢，还是跟随在劣马的后边呢？宁可同天鹅比翼高飞、直上云天呢，还是去和鸡鸭同群，争夺食物呢？

“这些，到底哪个吉利，哪个凶险？什么该背弃，什么该听从？世道混浊不清，把薄薄的蝉翼说成很重很重，将千钧的重物看得轻而又轻。把那黄铜的编钟毁弃不用，却将土烧的瓦釜敲打得如同雷鸣。谄谀小人飞黄腾达，贤良君子无声无息。唉，有什么可说的呢，哪

19 昂昂：气概轩昂的样子。
20 泛泛：漂浮的样子。
21 凫：野鸭。
22 骐骥：千里马。亢：通“抗”“伉”，匹敌。轭：马具。状如人字形，套在马的颈部。
23 驽马：能力低下的马。
24 黄鹄：天鹅。
25 鹜：家鸭。
26 黄钟：乐器。比喻有才能的人。
27 瓦釜雷鸣：比喻无德无才的人占据高位，显赫一时。瓦釜，用陶土烧成的打击乐器，与黄钟相对比。

嗟(jiē)默默[28]兮，谁知吾之廉贞？”

詹尹乃释策而谢曰：“夫(fú)尺有所短，寸有所长[29]，物有所不足，智有所不明，数有所不逮(dài)[30]，神有所不通。用君之心，行君之意，龟策诚不能知此事。”

个知道我的廉洁忠贞？”

詹尹听了屈原的话，就放下蓍草，辞谢说：“尺有所短，寸有所长。事物总有它的不足，智慧总有它的局限，术数有时弄不清，神灵有时也不灵验。凭你的本心去干符合你心意的事吧。我的龟壳蓍草实在不能预知这些事。”

28 默默：一作“嘿嘿”。无言的样子。

29 尺有所短，寸有所长：这是说尺比寸长，但比丈却短；寸比尺短，但比分却长。用来比喻人和事各有长短，难以尽言。

30 数：指卜筮的方法（术数）。逮：及，达到。

明 文徵明《绝壑鸣琴图》（局部）

宋玉对楚王问[1]

《楚辞》

宋玉是战国后期楚国的辞赋家。本文抒发了宋玉孤芳自赏的思想感情，也反映了才智之士在当时不被人了解的实况。通篇全是借喻，写歌曲，写凤写鲲，都是为了写自己。成语“曲高和寡”便出自本文。

楚襄王问于宋玉曰：“先生其有遗行[2]与（yú）？何士民众庶不誉之甚也[3]？”

楚襄王问宋玉说：“先生或许有不大检点的行为吧？为什么有那么多的士民群众对您非议这样厉害呢？”

宋玉对曰：“唯（wěi）[4]，然，有之[5]。愿大王宽其罪，使得毕其辞。

宋玉回答说：“嗯，是的，有这种情况。希望大王宽恕我的罪过，使我能够把话讲完。

“客有歌于郢（yǐng）[6]中者。

“有位在郢都唱歌的人。他开始

1 宋玉：战国后期楚国著名辞赋家，生于屈原后，和唐勒、景差同时。他是屈原的学生，曾为顷襄王小臣。宋玉的作品收入《楚辞》《文选》的，有《九辩》《高唐赋》《神女赋》《风赋》《登徒子好色赋》等。除《九辩》一篇被一致认为是宋玉的手笔外，其他诸篇多为世人所疑。楚王：楚襄王，即楚顷襄王。名横，楚怀王之子。
2 遗行：指不检点的行为。
3 士民众庶：犹言士民群众。不誉：不称誉。实指人们议论他的不是。
4 唯：敬谨答应的意思，相当于“是”“嗯”等。
5 有之：有这事。
6 郢：楚国都城，故地在今湖北江陵。

其始曰《下里》《巴人》[7]，国中属（zhǔ）而和（hè）者数千人[8]。其为《阳阿（ē）》《薤（xiè）露》[9]，国中属（zhǔ）而和（hè）者数百人。其为《阳春》《白雪》[10]，国中属（zhǔ）而和（hè）者不过数十人。引商刻羽[11]，杂以流徵（zhǐ）[12]，国中属（zhǔ）而和（hè）者，不过数人而已。是其曲（qǔ）弥高，其和（hè）弥寡。

“故鸟有凤而鱼有鲲（kūn）[13]。凤凰上击九千里，绝[14]云霓（ní），负苍天，足乱浮云，翱（áo）翔乎杳冥（yǎo míng）[15]之上。夫藩篱之鷃（yàn）[16]，岂能与之

唱《下里》《巴人》，城中接着应和的有数千人。他唱《阳阿》《薤露》，城中接着应和的有数百人。当他唱《阳春》《白雪》时，城中接着应和的不过是数十人。当他一会儿高唱商音，一会儿低唱羽音，又夹杂着流动的徵音，唱得变化无穷的时候，城中接着应和的，只不过是几个人罢了。他唱的乐曲越高雅，应和的人就越少。

“所以鸟中有凤凰，鱼中有鲲鱼。凤凰拍打双翅飞上九千里，超越云雾，背负青天，脚踏浮云，翱翔在高远的太空。那处在篱笆间的鷃鸟，怎能够同它一起估算天地的高

7 《下里》《巴人》：古时通俗的民间歌曲，当时认为是一种较低级的音乐。
8 属：接续。和：应和。
9 《阳阿》《薤露》：歌曲名。曲子不如下里巴人通俗。
10 《阳春》《白雪》：歌曲名。当时认为是一种高级的音乐。
11 引商刻羽：古代以宫、商、角、徵、羽为五音，也称五声。其中商声轻劲敏疾，羽声低平掩映，所以引高其声而为商音，减低其声而为羽音。刻，削、减。
12 流徵：流动的徵音。其声抑扬递续。
13 鲲：传说中的大鱼。
14 绝：超越。
15 杳冥：指极高远看不清的地方。杳，高远。冥，幽深。
16 藩篱：篱笆。鷃：小鸟。

料[17]天地之高哉？

鲲鱼朝发昆仑之墟(xū)[18]，暴(pù)鬐(qí)于碣(jié)石[19]，暮宿(sù)于孟诸[20]。夫尺泽之鲵(ní)[21]，岂能与之量(liáng)江海之大哉？

"故非独鸟有凤而鱼有鲲也，士亦有之，夫圣人瑰(guī)意琦(qí)行[22]，超然独处，世俗之民，又安知臣之所为哉？"

大呢？

鲲鱼早晨从昆仑山起程，中午在碣石晒鱼脊，晚上又住宿在孟诸。那一尺来深的小水塘里的鲵鱼，怎能够和它计算江海的深广呢？

"所以不只是鸟中有凤凰，鱼中有鲲鱼而已，人里面也有特出的人物。特出的人物有卓异的思想和不平凡的行为，超出一般人。那些平庸的俗人，又哪能了解我的作为呢？"

17 料：计数。
18 墟：指山。昆仑之墟，即昆仑山。
19 暴：同"曝"，晒。鬐：鱼脊。碣石：海畔山名。
20 孟诸：大泽名。故址在今河南商丘东北。
21 尺泽：一尺来深的水塘。鲵：小鱼。
22 瑰意琦行：卓异的思想和不平凡的行为。瑰，奇伟。琦，卓异。

南宋 马远《山楼来凤图》（局部）